NOLTE
RECHENSCHWÄCHEN UND
GESTÖRTE SPRACH-
REZEPTION

W0039920

RECHENSCHWÄCHEN
UND GESTÖRTE SPRACHREZEPTION

Beeinträchtigte Lernprozesse im Mathematikunterricht
und in der Einzelbeobachtung

von
Marianne Nolte

2000

VERLAG JULIUS KLINKHARDT · BAD HEILBRUNN/OBB.

Die Deutsche Bibliothek – CIP-Einheitsaufnahme

Nolte, Marianne :
Rechenschwächen und gestörte Sprachrezeption :
beeinträchtigte Lernprozesse im Mathematikunterricht und in der Einzelbeobachtung /
von Marianne Nolte. –
1. Aufl.. – Bad Heilbrunn / Obb. : Klinkhardt, 2000.
ISBN 3-7815-1086-7

2000.3.r. © by Julius Klinkhardt
Gesamtherstellung: WB-Druck GmbH & Co. Buchproduktions-KG, Rieden
Printed in Germany 2000
Gedruckt auf chlorfrei gebleichtem alterungsbeständigem Papier
ISBN 3-7815-1086-7

7

1 Problemaufriss

„Children cannot wait to grow up until we know all we need to know to help them. We must apply our knowledge in its most imperfect state."
F. D. Horowitz (1991, S. 100)

Kinder, die große Schwierigkeiten beim Erwerb mathematischer Inhalte haben, gehören zum Schulalltag. Vielen Lehrerinnen[1] ist die Problematik vertraut. Differenzierungsangebote sind bei der Unterschiedlichkeit der Leistungsfähigkeit unserer Grundschüler heute alltäglich. Wenn jedoch Lehrkräfte in ihren vertrauten Ansätzen zur Förderung der Kinder keinen Erfolg sehen und übliche Erklärungsansätze wie z. B. längere Fehlzeiten, häufiger Lehrerwechsel oder allgemeine Lernschwächen des Kindes nicht greifen, erzeugen Lernschwierigkeiten im Mathematikunterricht häufig Unsicherheiten. Eine Frage, die sich Lehrerinnen und Eltern - auch durch eine Diskussion in den Medien begünstigt - dann stellen, ist, ob bei dem betreffenden Kind eine Rechenschwäche vorliegen könnte.

1.1 Aussagen von Lehrerinnen und Lehrern, welche die Dringlichkeit der Problematik in der Schule verdeutlichen[2]

„Die kleinen Fehler der Kinder sind nicht das Problem. Das Problem ist, dass die Kinder den Zahlaufbau nicht verstehen, was ist ein Zehner, ein Hunderter. Das Kind, das mir vor Augen steht, konnte nur plus rechnen und das tat es immer."

---

[1] Da in der Grundschule überwiegend Lehrerinnen arbeiten, verwende ich meistens die Bezeichnung Lehrerinnen und schließe darin ebenfalls Lehrer mit ein.

[2] Die folgenden Aussagen wurden auf einer Lehrerfortbildung zum Thema „Rechenschwäche" in der Reinhardswaldschule Fuldatal (Hessen) im September 1996 gesammelt. Die Lehrerinnen und Lehrer äußerten sich über ihre Sorgen. Ihre Beiträge sind hier undiskutiert wiedergegeben.

„In Deutsch gibt es die Lese-Rechtschreibschwäche. Wird es so etwas auch in Mathe geben? Wie kann ich die Kinder differenziert unterrichten und Noten geben? Wie geht es im 5. Schuljahr weiter, wenn sie den Grundschulstoff noch nicht durchgenommen haben?"

„Mein Problem sind nicht Fehler, die Kinder bei einer bestimmten Aufgabe machen. Es sind eher die Kinder, die überhaupt nicht durchblicken, die nie ohne Finger rechnen können. Beim Lesen habe ich den Eindruck, dass das anders ist. Irgendwann lernen das alle Kinder bei mir, wenn ich ihnen nur Zeit gebe. In Mathe ist das anders, da sehe ich manchmal am Ende der 4. Klasse kaum Fortschritte. Sie lernen zwar irgendwelche Techniken, aber blicken immer noch nicht durch."

„Bei manchen Kindern mangelt es überall beim Rechnen. Sie entwickeln keine Mengenvorstellung, können keinen Zehnerübergang oder über Hundert rechnen. Wenn ich dann so zurückgehe, stelle ich dann fest, dass ich eine Schülerin in der 3. Klasse habe, die weiß gar nicht, wie viel 1 Zehner plus 3 Zehner sind. Wo nehme ich bloß die Zeit für solche Kinder her! Manche zählen am Anfang des 1. Schuljahrs bis 30, andere können nicht bis 5 zählen."

„In der Psychiatrie erlebe ich, dass immer mehr Schüler kommen, die eigentlich normal intelligent sind und trotzdem eine massive Rechenschwäche haben. Es werden immer mehr Kinder."

„Montags ist immer der schlimmste Tag in der Schule. Da denke ich, ich habe den Beruf verfehlt. Bei uns gucken 50% der Kinder Fernsehen, bevor sie in die Schule kommen."

„Viele Kinder haben massive Schwierigkeiten, wenn sie die Augen zumachen. Viele können das nicht. Manche Kinder können keine Berührungen vertragen, manche zucken zusammen und manche werden aggressiv."

„Egal, was ich mit den Kindern mache, sie kommen nicht weiter. Ich habe schon verschiedene Materialien ausprobiert, aber manchmal denke ich, es hat alles keinen Zweck."

In den zufällig gesammelten Aussagen der Lehrerinnen und Lehrer zeigt sich ein breites Spektrum von Problemen, Engagement aber auch Hilflosigkeit. Lebensgewohnheiten wie Fernsehen vor der Schule, Probleme von Kindern, nach einem Wochenende lernen zu können, Probleme der Kinder, mit Sinneswahrnehmungen umzugehen, werden im Zusammenhang mit schulischen Leistungsanforderungen und Grenzen eigener didaktischer und methodischer Möglichkeiten genannt. Die Probleme erscheinen sehr vielfältig und komplex. Sie führen zu dem häufig geäußerten Eindruck, keine

Handlungsmöglichkeiten zu kennen, um die Kinder ihren Bedürfnissen und den schulischen Bedingungen entsprechend fördern zu können. In dieser Untersuchung wird der Versuch unternommen, in der Komplexität des Unterrichtsalltags zu beobachten, warum es so schwierig ist, gestörte mathematische Lernprozesse im Unterrichtsalltag zu erfassen. Dies ist jedoch eine wichtig Voraussetzung für die Entwicklung von Handlungskonzepten.

Im theoretischen Teil der Arbeit wird zunächst die Problematik von „Rechenschwächen" erörtert und die Schwierigkeit einer genauen Definition diskutiert. Der Schwerpunkt „Sprache" im Zusammenhang mit dem mathematischen Lernprozess wird in einer allgemeinen Auseinandersetzung mit der Sprachentwicklung und den Besonderheiten der mathematischen Fachsprache thematisiert. Erkenntnisse über gestörte Spracherwerbsprozesse werden im Weiteren erörtert.

Im Anschluss daran werden vier Fallstudien vorgestellt, in denen einzelne Kinder im Unterricht und in Einzelsitzungen beobachtet wurden. Die Auswertung der Beobachtungen werden zunächst auf jedes einzelne Kind und seine besondere Situation bezogen. Im abschließenden theoretischen Teil werden die Schlussfolgerungen aus den Beobachtungen zusammengefasst.

2 Was versteht man unter „Rechenschwäche"?
- Die Literatur gibt keine eindeutige Antwort -

Zeitungen (z.B. Hamburger Abendblatt, 2. 5. 92; natur, 10/1993; Der Spiegel 34/1992; Die Zeit, 10. 5. 91, 7. 2. 92) nehmen sich dieses Themas ebenso an wie das Fernsehen (NDR). Im Film "Das Schwinden der Sinne" (Kahl, 1992) wurde Rechenschwäche in Verbindung mit der wachsenden Unfähigkeit von Kindern gesehen, Körpererfahrungen zu machen. Z. B. wurde zu der Unfähigkeit, rückwärts zu gehen, ein Zusammenhang zu Schwierigkeiten, rückwärts zu zählen, hergestellt. Im Hamburger Abendblatt beschreibt Döser (1992), "Schulkinder, denen Rechnen und später Mathematik ein Graus ist, ein entmutigender Wirrwarr von Zahlen, Regeln, Tricks" (S. 7). Die notwendigerweise verkürzten und damit nicht immer richtigen Darstellungen der Problematik in den Massenmedien erschweren es verunsicherten Eltern sowie Lehrkräften, Antworten zu finden.

In der wissenschaftlichen Debatte über Rechenschwäche werden zwar Aussagen über die Häufigkeit des Auftretens von Rechenschwäche gemacht - Lorenz spricht davon, "dass bei etwa 6% der Grundschüler in der Bundesrepublik eine Dyskalkulie vorliegt", Ellrott bezieht sich auf Aussagen von Lehrkräften, nach denen "mindestens 20% der Schüler im mathematischen Anfangsunterricht erhebliche Schwierigkeiten" (Ellrott, 1993, S. 27) haben, Radatz entnimmt einer Befragung niedersächsischer Grundschullehrerinnen und -lehrer, dass 9,6% der Schüler "spezifische Rechenschwächen" (Radatz, 1989a; Radatz, Schipper et al. 1981) haben, Badian (1983) konstatiert, dass bei 6,4% der Kinder Lernschwierigkeiten in Mathematikunterricht vorliegen (nach Geary 1993) und Klauer spricht von 4,4% der Kinder, die von einer Teilleistungsschwäche in Mathematik betroffen sind (Klauer, 1992). Die unterschiedlichen Angaben weisen jedoch auf Unterschiede in der Erhebung der Daten hin. Den Untersuchungen eine allgemein geteilte Vorstellung zu entnehmen, was als Rechenschwäche zu verstehen sei, wäre fragwürdig. So stehen der Verunsicherung auf Seiten der Lehrerinnen und Eltern vielfältige Forschungsansätze gegenüber, die nach Lorenz eher als "Desiderate und widersprechende Befunde" (Lorenz 1991a, S. 4), denn als "gesicherte Ergebnisse" (a.a.O.) bezeichnet werden können.
Rechenschwäche wird als

- Teilleistungsschwäche (Bauer, L., 1991; Klauer, 1992; Rosenkranz, 1992),
- Teilfunktionsstörung (Graichen, 1975),

- Teilleistungsstörung (Schöninger, 1989),
- partielles Lernproblem (Zielinski, 1995),
- multikausale Störung (Grissemann 1992; Grissemann/Weber, 1993; Lorenz/Radatz 1993; Schmassmann 1990), bei der abhängig von der Situation des einzelnen Kindes bestimmte Störungsbereiche überwiegen können, angesehen.

I. Rechenschwäche als *Teilleistungsschwäche- oder störung* wird unter verschiedenen Gesichtspunkten betrachtet: einmal werden damit *Störungen in Funktionsbereichen* wie z.b. in der räumlich-visuellen Orientierung verbunden, die zu einer Rechenschwäche führen können. Mit dieser Beschreibung wird ein Bezug von Teilleistungsschwächen zu schulischen Leistungsbereichen hergestellt. Dieser Bezug ist jedoch nicht als zwangsläufig zu verstehen: Bei Vorliegen einer Teilleistungsschwäche kann, aber muss sich nicht eine Rechenschwäche entwickeln.

Zum anderen kann die Leistung im Mathematikunterricht in *Bezug zu einer weiteren Größe*, wie z.b. der Leistung in anderen Fächern, gesetzt werden. Teilleistungsschwäche wird hier auf ein Leistungsspektrum in Schulfächern bezogen.

Damit verbunden kann sowohl die Orientierung an durchschnittlichen Leistungen einer Klasse sein, als auch die Orientierung am *individuellen Leistungsspektrum* eines Kindes. Diese Beschreibung würde alle Schüler ausschließen, die in mehreren Bereichen Schwächen aufweisen.

II. Eine Kombination aus dem ersten Punkt, mit einer Minderleistung in Bezug zum Gruppendurchschnitt, fällt unter die Definition der internationalen Bezeichnung für umschriebene Entwicklungsstörungen *ICD-10*. „Kriterien für das Vorliegen einer umschriebenen Entwicklungsstörung bzw. einer Teilleistungsschwäche (TLS) sollten sein: IQ > 70, eine Diskrepanz zwischen Teilleistung und Intelligenzleistung von > 2 Standardabweichungen und eine Teilleistung, die mindestens zwei Standardabweichungen unter dem Mittelwert der Altersgruppe für diese Teilleistung liegt" (Esser, 1994, S. 50). Rechenschwächen werden hier als „umschriebene Rechenstörungen (F 81.2)" (Esser, a.a.O.) bezeichnet. Diese *Diskrepanzdefinition* kann sich auf Kinder beziehen, die ein hohes Begabungsniveau mit einem Ausfall im Bereich arithmetischer Fähigkeiten zeigen. Damit würden die rechnerischen Leistungen dieser Kinder trotzdem noch in oder knapp unter den Normbereich fallen. Es würden ebenfalls Kin-

13

der mit vergleichbarer Diskrepanz innerhalb ihres Begabungsprofils von der Definition berücksichtigt werden, die insgesamt eine geringere Begabung aufweisen, so dass die mathematische Leistung mindestens 2 Standardabweichungen unter der Norm liegen würde.

Die Abhängigkeit dieser Definition von einem IQ-Wert schließt Kinder aus, deren Begabungen unter dem angegebenen Bereich liegen. Sie lässt ebenfalls die Frage zu, ob eine Testung des Intelligenzquotienten[3] eine gesicherte Aussage über die Lernfähigkeit des Kindes ermöglicht.

Der Ansatz, *Rechenschwäche als Entwicklungsstörung* zu bezeichnen, schließt die Möglichkeiten einer Veränderung mit ein. Kinder, bei denen eine solche Diagnose gestellt wurde, haben deshalb einen Anspruch auf Förderung, z.B. auf heilpädagogische Übungsbehandlungen, die teilweise von Krankenkassen oder Jugendämtern finanziert werden. Mit eingeschlossen ist in dieser Definition also die Möglichkeit, dass die Folgen einer Entwicklungsstörung wie Rechenschwäche bei einem Kind Krankheitswert annehmen können.

III. Rechenschwäche *als multikausales Phänomen* lässt ein breites Spektrum an individueller Ausprägung und Verursachungsfaktoren von Lernschwierigkeiten zu. Beeinträchtigungen in den Basisfunktionen und -qualifikationen (Schmassmann, 1990), wie z.B. Wahrnehmungstätigkeiten, Gedächtnisprozesse, Aufmerksamkeitssteuerung, Teilfunktionsstörungen[4] gehören ebenso dazu wie methodisch-didaktische Fragen, Begriffsbildungsprozesse und Fragen nach der Lernumgebung des Kindes.

Mit dieser Auffassung wird die Frage nach einer isolierbaren Störung nicht verneint - "Dass es eine Rechenschwäche als isolierte schulische Minderleistung gibt, ist unumstritten, wohl hingegen das, was genauer darunter zu verstehen ist und was dieses Erscheinungsbild bewirkt" (Lorenz/Radatz, 1993, S. 16) - aber auch nicht eindeutig beschrieben, was wovon isoliert werden sollte. Gerade die Vielfalt möglicher Faktoren, die in Wechselwirkung zueinander stehen können, scheint es häufig zu erschweren, die Problematik einzugrenzen. "Dies deutet darauf hin, dass die Erfassung einer Lernstörung in Mathematik Schwierigkeiten bereitet. Sie ist in geringerem

---

[3] Auf die Diskussion um den Aussagewert von Intelligenztestergebnissen soll hier nicht eingegangen werden.

[4] Siehe Punkt IV

14

Maße isolierbar. Ein schlechter Leistungstest ermöglicht es noch nicht, einen Schüler als rechenschwach einzustufen, und Förderhinweise lassen sich aus dem Testergebnis schon gar nicht ableiten." (Lorenz/Radatz, 1993, S. 15).

Im Unterschied zu den ersten beiden Punkten werden damit Schwierigkeiten nicht allein auf die Voraussetzungen des Kindes bezogen.

IV. Mit der Auffassung, Rechenschwäche sei Folge einer *Teilfunktionsstörung*[5] wird ein Zusammenhang zu beeinträchtigten Funktionssystemen hergestellt, die bedingt durch die Variabilität psychischer Funktionen individuell verschieden sind.

Durch die Polyvalenz neuronaler Systeme lassen sich die Folgen solcher Störungen in der Regel nicht auf eine isolierte Störung im Mathematikunterricht reduzieren. "Bei gründlicher Untersuchung aber zeigt sich in jedem Fall, dass die in den Legasthenien und Dyskalkulien enthaltenen Teilleistungsschwächen auch andere komplexe Funktionsgefüge stören, an deren Konstellierung sie beteiligt sind" (Graichen, 1975, S. 53).

Damit ist auch diese Zuschreibung an einem vielfältigen Erscheinungsbild ausgerichtet. Das Konstatieren einer Beeinträchtigung von Teilfunktionen muss jedoch nicht zwangsläufig zu einer Rechenschwäche führen. Teilweise sind Kompensationen möglich, teilweise werden Leistungen in den unterschiedlichsten schulischen Leistungsbereichen beeinträchtigt. Deshalb wird mit diesem Ansatz keine Abgrenzung von anderen Störungen, die aus Beeinträchtigungen funktioneller Systeme resultieren, geleistet, so dass die Frage nicht beantwortet wird, was als das Spezifische einer Rechenschwäche im Unterschied zu anderen Beeinträchtigungen anzusehen ist.

2.1 Zur Diskussion um Teilleistungsstörungen

Mit diesen Begriffen reiht sich die Diskussion um Rechenschwäche in eine Debatte um Lernschwierigkeiten und ihre Ursachen ein. Zum Verständnis scheint es hilfreich, die Geschichte der Entwicklung des Teilleistungsbe-

---

[5] Mit dieser Auffassung wird ein neuropsychologischer Ansatz beschrieben. Heute wird die These vertreten, dass an der Ausführung höherer psychischer Funktionen, darin sind kognitive Prozesse eingeschlossen, viele Bereiche des Gehirns beteiligt sind. Kognitive Prozesse werden von verschiedenen Teilfunktionen geleistet, die als funktionelle Systeme die Ausführung des Prozesses bestimmen und verschiedenen Bereichen des Gehirns zuzuordnen sind. Je komplexer die psychische Tätigkeit ist, um so größer ist der Anteil von Teilfunktionen (Kandel 1996).

griffs zu erfassen (nach Naggl, 1994). Zunächst stand die Beobachtung von Zusammenhängen von Hirnschädigungen mit bestimmten Auffälligkeiten im Verhalten sowie in der kognitiven Entwicklung im Vordergrund. Die Auffälligkeiten reichten von nachweisbaren Hirnschädigungen bis hin zu Auffälligkeiten, bei denen keine organischen Störungen mehr feststellbar waren und die Grenzen zum gesunden Kind fließend erschienen. Dies drückte sich in der Verwendung der Bezeichnung *MCD*: minimale cerebrale *Dysfunktion* im Unterschied zu der Bezeichnung „brain damage", die sich auf eine Schädigung bezieht, aus. Dieser Begriff war auf eine Vielzahl von Auffälligkeiten anwendbar, deren Ursachen letztlich jedoch nicht genau trennbar und nachweisbar waren. Die Auffälligkeiten in der kognitiven Entwicklung konnten auf Teilbereiche, bei ansonsten unauffälliger Entwicklung, bezogen sein (v. Suchodoletz, 1994). Somit wurden *Teilleistungsstörungen* in das Konzept der MCD miteinbezogen. Sie bezeichneten "manchmal - jedoch nicht immer - auftretende umschriebene Funktionsstörungen der Wahrnehmung, der Sprache und der Motorik" (Naggl, 1994, S. 3).

Im Verlauf dieser Entwicklung wurde es zunehmend schwieriger, aus dem Sammelbegriff präzise Hinweise für eine Diagnose zu erhalten. Zudem wurde die Gruppe der erfassten Kinder und damit auch deren Unterschiedlichkeiten immer größer. Esser schrieb als Kritik am MCD Konzept: "Bei der weichen Verwendung der Kriterien könne für nahezu jedes Kind, bei dem der Arzt einen entsprechenden Verdacht hege, eine organische Diagnose nachgewiesen werden" (Naggl, 1994, S. 4).

Auch mit der Ablösung des Begriffs *MCD* von der Bezeichnung *Teilleistungsstörung* wurde noch keine Klarheit erzielt. Der Begriff *Teilleistungsstörung* wird „allerdings inhaltlich verschieden verwendet, so dass er oft mehr Verwirrung stiftet, als Klarheit schafft" (v. Suchodoletz, 1994, S. 10). Er wurde sowohl auf *Hirnleistungsstörungen*, als auch auf *Schulleistungsstörungen* angewandt. Die Verwirrung hängt sicherlich auch mit den unterschiedlichen Berufsgruppen zusammen, die sich mit den Konzeptionen befassen. So sind für die medizinische Diagnostik andere Differenzierungen bedeutsam als für die Arbeit mit den Kindern im Erziehungs- oder Lehr-Lernprozess.

Die Fokussierung auf Diagnosen verstellte weitgehend die Perspektive auf die Situation des Kindes und dessen situative Bedingungen und Beziehungsaspekte. Auffälligkeiten der Kinder konnten unter diesen Gesichtspunkten allein den Kindern angelastet werden, die somit therapiebedürftig wurden. Sie führten zu einer Zuschreibung der Ursachen auf die

Person des Kindes und verkannten, dass ein Kind unter den besonderen Bedingungen, unter denen es lebt und lernt, betrachtet werden muss. Zu schnell hat eine Diagnose wie MCD zur Betrachtung eines Symptoms als Persönlichkeitsvariable geführt, die für die verschiedensten Auffälligkeiten verantwortlich gemacht wurde. Eine solche Diagnose führte häufig zu ungerechtfertigten Urteilen wie: "Diesem Kind kann ich Lesen und Schreiben oder auch Rechnen nicht beibringen. Es hat MCD." Mit diesen Zuschreibungen konnten Auffälligkeiten im Sozial- oder Lernverhalten des Kindes zu massiven Lernstörungen führen, die einen "Teufelskreis" (Betz/Breuninger, 1982) von Selbst- und Fremdattributierungen in Gang setzten[6].

Durch die Verlagerung der Ursachen allein in die Person des Schülers werden die wechselseitigen Verflechtungen mit situativen Faktoren sowie in der Lerngeschichte des Schülers liegende Ursachen ausgeblendet. "Das konkrete Lernverhalten des Schülers selbst ist nach wie vor nicht erklärt, der soziale und materiale Kontext des Verhaltens ist verloren gegangen" (Wember, 1991, S. 6).

Gegen die *defektorientierte Sichtweise* der Lernschwäche wurden vielfach Argumente gesammelt und diese Sicht zugunsten einer *systemischen* Betrachtungsweise zurückgedrängt (Grissemann, 1992, 1995; Schuck, 1994/95; Wember, 1991). Grissemann plädiert für einen "Bezug zu einem Konzept von Lernstörungen (...), das sich auf dynamisch-systemische und mathematisch-psychologische Kriterien ausrichtet und damit das medizinische Paradigma zu überwinden trachtet" (Grissemann, 1992, S. 6).

Mit dem Hinweis auf die Komplexität und Vernetztheit von Bedingungen, die zu einer Rechenschwäche führen können, wird die Eingrenzung der Problematik nicht leichter. Definitionsansätze wie die *Diskrepanzdefinitionen*[7] von Grissemann/Weber (1982), „Dyskalkulie als *Teilleistungsschwäche* bei *mindestens durchschnittlicher Intelligenz. ... Dyskalkulie als partielles Underachievement auf jeder Intelligenzstufe. ... Dyskalkulie ... als akzentuiertes Rechenversagen* im Schulleistungsbereich" (S. 14) zu verstehen, so-

---

[6] Betz/Breuninger (1982) wiesen in ihrem Modell "Teufelskreis Lernstörungen" auf die Problematik verbunden mit dem Schrift-Spracherwerb hin, die von Ebeling (1989) auf den Mathematikunterricht übertragen wurde.

[7] Die Diskrepanz bezieht sich auf unterschiedliche Leistungsfähigkeiten in schulischen Leistungsbereichen wie sie z. B. in frühen Debatten um Legasthenie vorgenommen wurden. Dort sollten Schwächen allein im Bereich des Schriftspracherwerbs (im Unterschied zu z. B. mathematischen Leistungen) ausschließen, dass nur solchen Kindern eine spezielle Förderung zuteil wurde, bei denen keine generellen Lernschwächen vermutet wurden.

wie die von ihnen bevorzugte Definition, „den Begriff Dyskalulie auch zu beziehen auf *Rechenversagen im Rahmen eines allgemeinen Underachievements" (a.a.O.)* werden ebendort mit Hinweisen auf die Problematik einer Definition verbunden und dabei wird konstatiert, „dass diese Unterscheidung vor allem für die Forschung ... bedeutsam ist" (Grissemann/Weber, 1982, S. 16). Die Autoren warnen vor einer Anwendung solcher Definitionen im schulischen Alltag und fordern Förderung für alle Kinder ein, deren Rechenleistungen ohne zusätzliche Hilfen zu schwach erscheinen.

Jede Diskrepanzdefinition muss sich zudem mit der Frage auseinandersetzen, die Lorenz/Radatz (1993) stellen: „Wie weit müssen die Leistungen zwischen den beiden Bereichen[8] auseinander klaffen, damit ein Schüler als rechenschwach klassifiziert werden darf/soll? Reicht eine Note, müssen es drei sein?" (S. 16).

In der Mathematikdidaktik führte die Problematik der Definitionsansätze - Meyer (1993) bezeichnet Dyskalkulie abwertend als Leerformel - und die Flut unterschiedlicher Bezeichnungen (Lorenz, 1991a) dazu, dass die Diskussion um die Definition der Rechenschwäche zugunsten der Frage nach den Ursachen und möglichen Therapien zurückgestellt wurde. Es "wurde zumindest im deutschsprachigen Raum das Definitionsproblem zurückgestellt und hat der mathematikdidaktischen Frage nach a) den Ursachen der Rechenschwäche und b) den Möglichkeiten ihrer Erkennung und Behebung Platz gemacht" (Lorenz, 1991 a, S. 8).

Das Zurückstellen einer Definition in der Forschung lässt jedoch die Frage von Lehrerinnen und Eltern unbeantwortet, ob bei einem Kind Rechenschwächen vorliegen könnten. Im Unterrichtsalltag stellen sich Lehrerinnen diese Frage und entwickeln eigene Kriterien. Das Auswahlverfahren, das sich darauf bezieht, ob bei einem Kind diese Frage gestellt wird, ist höchst individuell und danach ausgerichtet,

- dass die Leistungen des Kindes hinter den Leistungen der Klasse weit zurück liegen,
- dass in den Leistungen des Kindes im Mathematikunterricht eine Diskrepanz zu den von ihm erwarteten Leistungen zu beobachten ist,
- dass eine Lehrerin sich bei einem Kind an ihre methodisch - didaktischen Grenzen geführt sieht,
- dass die Schwächen des Kindes auch durch die üblichen Fördermaßnahmen der Schule nicht aufgefangen werden können.

---

[8] Z. B. die Leistungen in den Fächern Deutsch und Mathematik.

Bei diesen Kriterien richtet sich die Annahme, eine Rechenschwäche könnte vorliegen, nach den persönlichen Einschätzungen der Lehrerinnen und Lehrer zum Leistungsstand und zur Situation der jeweiligen Klasse, nach ihren eigeden methodisch-didaktischen und pädagogischen Kompetenzen sowie ihren Erfahrungen über altersgemäße Leistungen von Kindern. Miteinbezogen werden die Ansprüche, die sich aus dem sozialen Umfeld des Kindes ergeben.

Damit ist die Problematik einer Definition erneut angesprochen.

- Würde das Kind, das in einer Klasse mit seinen Leistungen hinter den anderen Kindern zurückliegt, dies ebenfalls in einer anderen Klasse tun?
- Wären seine Leistungen unter anderen methodisch-didaktischen Vorgehensweisen ebenso schwach?
- Würden seine Leistungen bei veränderten Erwartungen des Elternhauses ebenfalls als zu schwach bewertet, usw.?

Die Gemeinsamkeit, die letztlich die Vermutung, ein Kind könnte rechenschwach sein, erzeugt, erweist sich als Folge der Leistungsbewertung. Ein Kind liegt mit seinen Leistungen hinter Erwartungen zurück. Ebenfalls miteinbezogen werden zeitliche Faktoren. Das Kind zeigt die Schwierigkeiten in seinen Leistungen über einen längeren Zeitraum. Ein unmittelbarer Zusammenhang zu Fehlzeiten des Kindes wird nicht gesehen.

Mit diesem Minimalkonsens wäre die Untersuchung einer Rechenschwäche zwar einer Testung zugänglich, es ist jedoch noch keinerlei Hinweis zu entnehmen, aus welchen Zusammenhängen die schwachen Leistungen beim Rechnen erwachsen sind. Lernschwierigkeiten als allgemeiner Ausdruck einer Lernbehinderung, weitere Faktoren, die aus der Situation der Klasse, der Kompetenz der Lehrerinnen und Lehrer, der Präsentation von Aufgaben, der Einflussnahme aus dem Elternhaus, sowie psychischen Faktoren erwachsen, können von einer solchen Leistungsmessung nicht erfasst werden. Damit enthalten die Ergebnisse der Leistungsmessung zwar Ansatzpunkte über fehlende Kenntnisse der Kinder, was sich für die Entwicklung von Förderkonzepten als unbedingt notwendig erweist.

Eine Förderung alleine auf die fehlenden Leistungen auszurichten, würde vergleichbar der defektorientierten Sichtweise, die im Zusammenhang mit Teilleistungsschwächen diskutiert wurde, die Komplexität der Ursachen unzulässig reduzieren.

Eine Eingrenzung des Problems *Rechenschwäche* scheint mir aus einem Definitionsansatz Grissemanns (1991) zu erwachsen. Er unterschied zwischen *schulischen Teilleistungsschwächen* (wie Rechenschwäche, Leseschwäche etc.) und den für sie als potentielle Verursachungsfaktoren zu sehenden *Teilfunktionsstörungen* (wie Störungen der Hand-Auge-Koordination u.ä.) (nach Naggl, 1994, S. 6).

Damit besteht die Möglichkeit, die Ebene der Phänomene, die wir in der Schule beobachten können - ein Kind hat Lernschwierigkeiten im Mathematikunterricht - von der Ebene der verursachenden Faktoren zu trennen. Allerdings sollten die verursachenden Faktoren bei dieser Unterscheidung nicht auf Teilfunktionsstörungen beschränkt werden, sondern mit dem Ansatz, Rechenschwäche *als multikausales Phänomen* zu betrachten, verbunden werden. Damit ist es möglich, mit Fragen nach der Lernumgebung des Kindes von Hypothesen auszugehen, die in den Kompetenzbereich der Schulen gehören, aber ebenso Ursachenbereiche miteinzubeziehen, deren Überprüfung von anderen Einrichtungen durchgeführt werden sollte.

Rechenschwächen sollen demzufolge als längerfristig zu beobachtende schulische Teilleistungsschwächen verstanden werden, für die verschiedene Ursachen, die in Wechselwirkung zueinander stehen können, in Betracht kommen.

2.2 Versuche, Rechenschwächen zu klassifizieren

Es gibt ebenso viele „Typen" von Rechenschwäche, wie es rechenschwache Kinder gibt. Fehler, die rechenschwache Kinder machen, unterscheiden sich nicht von denen anderer Kinder. Damit gibt es auch nicht *die Rechenschwäche* und es erscheint sinnvoll von *Rechenschwächen* zu sprechen. Die Vielfalt möglicher Erscheinungsbilder lässt es sinnvoll erscheinen, dies auch in der Bezeichnung *Rechenschwächen* im Unterschied zu *der Rechenschwäche* auszudrücken.

2.2.1 Störungen in der Entwicklung visueller Vorstellungsbilder

Nach Lorenz (1991, 1992) können jedoch sehr viele Schwierigkeiten in der Entwicklung mathematischer Konzepte auf Störungen in der Entwicklung visueller Vorstellungsbilder zurückgeführt werden. „Es ist unsere Grundthese, dass es dabei primär auf visuelle Repräsentationen, auf die internen Bilder des Schülers ankommt" (Lorenz, 1992, S. 3). Der Schwerpunkt dieser Aussage auf der visuellen Modalität lässt die Frage nach der Bedeutung anderer Modalitäten der Informationsverarbeitung stellen. Interne Repräsentationen können Bilder ebenso wie Erinnerungen an andere sensorische Eindrücke sein. Wenn die Entwicklung visueller Repräsentationen in Verbindung mit deren Entstehung betrachtet wird, erscheinen sie als Folge multimodaler Erfahrungen (Einsiedler, 1996). Die visuelle Repräsentation kann damit als eine bedeutende neben weiteren modalitätsspezifischen Repräsentationen betrachtet werden.

2.2.2 Neuropsychologische Ansätze

Neben diesen Ansätzen stehen Versuche, aus Erkenntnissen der neuropsychologischen Forschung eine Klassifizierung von Rechenschwächen vorzunehmen. Erforscht wird dabei ebenfalls ein Bezug zwischen der erworbenen Rechenschwäche bei Erwachsenen infolge von Verletzungen oder Erkrankungen und einer entwicklungsbegleitenden Schwäche bei Kindern. „Indeed, studies of aquired and developmental dyscalculias converge on the same conclusions described in the cognitive studies of MD (e.g., McCloskey, 1992; McCloskey, et al., 1985; Temple, 1991)." (Geary, 1993, S. 352).

Die Suche nach gemeinsame Merkmale bei Störungen in eingrenzbaren neuronalen Bereichen veranlasste Geary (1993) zur Unterscheidung von drei Dyskalkulietypen. Als ersten Typ beschreibt er Schwierigkeiten bei eingrenzbaren lokalen neuronalen Verletzungen wie Funktionsstörungen als Folge linkshemisphärischer Dysfunktionen, evtl. unter subkortikaler Beteiligung wie z.B. dem Thalamus. Dabei werden Probleme mit der Abrufbarkeit arithmetischen Faktenwissens sowie langsames Arbeiten beschrieben.

Noch unklare linkshemisphärische Dysfunktionen werden mit einem zweiten Subtyp, mit Schwierigkeiten bei der Durchführung von Prozeduren beschrieben. Rechtshemisphärische Dysfunktionen werden eher mit Schwierigkeiten im räumlichem und visuellen Vorstellungsvermögen, die oft bei einer isolierten Rechenschwäche beobachtet werden, in Verbindung gebracht (nach Geary, 1993, S. 362) .

Die Unterscheidung nach verschiedenen Formen von Dyskalkulie findet sich ebenfalls bei Strang und Rourke (1983), die zwei Dyskalkulieformen unterscheiden: "Die eine Gruppe rechengestörter Kinder zeigt gleichzeitig erhebliche Schwächen im Bereich des Lesens und Schreibens. Die Rechenfehler, die diese Kinder machten, waren nach Ansicht der Autoren vornehmlich auf eine akustische Merkfähigkeitsstörung zurückzuführen. In der zweiten Gruppe dagegen besteht ein Defizit im Bereich visuell-räumlicher und körperbezogener Wahrnehmungsleistungen. Die Rechenfehler, die diese Kinder machten, waren insgesamt zahlreicher und auch sehr verschiedenartig. Die Autoren sprechen hier von einem mangelnden mathematischen Verständnis im Zusammenhang mit einer Störung der nonverbalen Konzeptbildung. Sie bezeichnen diese beiden Formen entsprechend als "Verbal" und als "Non-Verbal-Learning Disability Syndrome". Die isolierte Rechenstörung - also die nichtverbale Form - sehen die Autoren als vom Verlauf her ungünstiger an" (von Aster 1991, S. 45).

	Ursachen bezogen auf funktionelle Systeme	Erscheinungsbilder
Geary (1993)	linkshemisphärische Dysfunktionen unter Beteiligung subkortikaler Regionen	Probleme bei der Abrufbarkeit von Faktenwissen, verbunden mit Schwierigkeiten im sprachlichen Bereich
	noch unklare linkshemisphärische Dysfunktionen	Probleme bei der Durchführung von Prozeduren
	rechtshemisphärische Dysfunktionen	Probleme, die mit Schwächen im visuellen und räumlichen Vorstellungsvermögen verbunden sind
Strang und Rourke (1983)	Schwächen im akustischen Gedächtnis	Fehler, die auf Schwächen im akustischen Gedächtnis zurückzuführen sind; ebenfalls Probleme im Schriftspracherwerb
	Defizite im Bereich visuell-räumlicher und körperbezogener Wahrnehmungsleistungen	sehr verschiedenartige Fehler

2.2.3 Schwächen in Stützfunktionen der Intelligenz

Störungen von Wahrnehmungsleistungen in Verbindung mit einem multikausalen Ansatz werden ebenfalls von Grissemann und Weber (1982), Englbrecht und Weigert (1991) sowie Lorenz und Radatz (1993) beschrieben. Grissemann und Weber weisen neben Störungen im emotionalen Persönlichkeitsbereich und der Motivation, Mängeln in den Rechenfertigkeiten und Störungen, die sich auf den Erwerb der Kulturtechniken beziehen auf die Bedeutung von kognitiven Stützfunktionen der Intelligenz hin. Die Au-

22

toren beziehen sich dabei auf die Begabungstheorie von Schenk-Danzinger, „in welcher Begabung als die *Wechselwirkung zwischen Intelligenz und deren Stützfunktionen* verstanden wird" (Grissemann/Weber, 1982, S. 57). Dazu zählen die Autoren „Perzeption, Gedächtnis, Sprache und Konzentration" (ebd.), deren Stärke Auswirkungen auf die Rechenfähigkeit haben können.

2.3 Schwächen sprachlicher Informationsverarbeitung im Zusammenhang mit Rechenschwächen

Aus den angegebenen Stützfunktionen sollen sprachliche Fähigkeiten und deren Bedeutung für die Entwicklung mathematischer Konzepte herausgegriffen werden. Damit wird nach Gemeinsamkeiten der beobachteten Kinder gesucht, die langfristig zu einer Klassifizierung von Phänomenen im Kontext Rechenschwächen führen könnten.

Die Verbindung von Rechenschwächen mit Schwächen in der sprachlichen Entwicklung, die mit Schwächen im Schriftspracherwerb verbunden sein kann, führen im Alltag häufig dazu, dass bei einem Kind eher eine generelle Lernschwäche vermutet wird.

2.3.1 Anlage der Arbeit

Bisher wurden Erkenntnisse um rechenschwache Kinder in der Regel aus der Beobachtung von Kindern in Einzelsituationen gewonnen. Anforderungen an Sprachrezeption sind jedoch in Einzelsituationen andere als in einem Gruppenprozess wie Unterricht. Die Eingrenzung auf Kinder mit Schwächen in der sprachlichen Entwicklung lässt es deshalb als sinnvoll erscheinen, die Lern- und Arbeitsbedingungen rechenschwacher Kinder unter den konkreten Bedingungen des schulischen Alltags zu beobachten.

Anhand von Fallstudien sollen die Probleme von Kindern beim Lernen von Mathematik unter den in der Regel herrschenden Bedingungen des Unterrichtsalltags aufgezeigt werden.

Ziel ist es, zur Entwicklung eines Modells beizutragen, das die Abhängigkeit mathematischer Leistungen von den in den Einzelfallstudien gewonnenen Faktoren aufzeigt.

3 Zur Bedeutung von Sprachrezeption im mathematischen Lernprozess

3.1   Sprache und Konzeptbildung

Sprache in ihrer Bedeutung für die Entwicklung von Konzepten soll in Anlehnung an kognitionspsychologische Ansätze (z. B. Piaget/Inhelder 1986; Aebli, 1988) eng verbunden mit der vorsprachlichen sensormotorischen Phase aufgefasst werden.

Zunächst gewinnt das Kind überwiegend durch Handlungen Erfahrungen über die Eigenschaften von Objekten und Beziehungen unter diesen. Es lernt im Spiel über verschiedene sensorische Modalitäten Gegenstände und ihre Eigenschaften kennen. Ein Baustein wird mit einer bestimmten Form ertastet, das Kind sieht wie er aussieht, es prüft, was mit ihm gemacht werden kann. „Indem ein Gegenstand an einer Handlung teilnimmt oder indem er zu einem anderen in eine bestimmte Beziehung gesetzt wird, erwirbt er im Bewusstsein des Handelnden oder des Betrachters ein Merkmal, das er vorher nicht besessen hat" (Aebli 1988, S. 230). Das kann hier die Eigenschaft sein, dass Bausteine im Unterschied zu einem Ball nicht rollen kann. Das, was das Kind zu diesem Objekt im Gedächtnis speichern kann, interne Repräsentationen, die es aufbaut, sind in der Entwicklung damit zunächst an sensormotorische Eindrücke gebunden.

Mit dem Erwerb von Sprache wird diesen sensomotorischen Eindrücken eine Bezeichnung, ein bestimmtes Klangbild zugeordnet[9]. Dieser Name ermöglicht es später, das Wort als Zeichen für ein Objekt aufzufassen. Bereits das Nennen eines Wortes wie Apfel lässt uns eine Vielzahl von Gedächtnisinhalten abrufen. Wir erinnern uns an sensorische Eindrücke wie seinen Geschmack ebenso wie an abstraktere Informationen, z. B. seine Klassifikation als Obst.

Mit zunehmender Sprachentwicklung bildet Sprache ein eigenes System, das sich durch Abstraktionsprozesse von seiner Bindung an konkrete Objekte lösen kann und Verknüpfungen, Operationen und Erkenntnisse allein auf symbolischer Ebene ermöglicht. Die Verwendung von Sprachzeichen kann bereits als erste Verallgemeinerung aufgefasst werden (Wygotski 1987),

---

[9] Mit der Schriftsprache wird zusätzlich ein Schriftbild zugeordnet.

denn das Wort muss sich nicht nur auf ein in der Situation konkret vorliegendes Objekt beziehen, sondern bezeichnet alle Objekte gleichen Namens. Sind interne Repräsentationen von Objekten entwickelt, kann mit diesen allein in der Vorstellung operiert werden. Wir können uns einen Apfel vorstellen und überlegen ob dieser zu einem Kuchenrezept passt.

Diese Prozesse können von Sprache begleitet oder durch Sprache gesteuert werden. Wenn ein Objekt beschrieben wird, kann dabei die Erinnerung an sensorische Eindrücke von und mit diesem Objekt entsprechend verschiedener Modalitäten aufgerufen werden. Die Beschreibung findet jedoch auf der sprachlichen Ebene statt.

Wir können uns vorstellen, wie ein Apfel riecht, wie er aussieht und welches Geräusch durch das Abbeißen entsteht. Diese Vorstellung kann allein durch Sprachzeichen ausgelöst werden. Diese rufen zwar die Erinnerung an sensorische Eindrücke ab, wir brauchen für unsere Überlegungen jedoch den Gegenstand nicht vor uns zu sehen.

Denkprozesse, die an die Einbeziehung der Sensorik gebunden sind, bezeichnet Aebli als „anschauliches und praktisches Denken" (Aebli 1988, S. 234). Auch dabei können komplexe Tätigkeiten zu einem neuen Konzept zusammengefasst werden. Ein Beispiel hierzu könnte das Decken eines Tisches sein. Mit dieser Bezeichnung sind eine Vielzahl von Tätigkeiten verbunden, die alle unter einem Oberbegriff zusammengefasst werden können.

Als „begriffliches Denken" (Aebli, 1988, S. 234f) bezeichnet Aebli Denkprozesse, die durch die Verknüpfung von sprachlichen Zeichen und die Entwicklung von Beziehungen zustande kommen. „Begriffliches Denken ist ein beziehungsstiftendes Denken, das jede der gestifteten Beziehungen in einem sprachlichen Ausdruck objektiviert und sie dergestalt zur weiteren Verarbeitung bereitstellt" (Aebli, 1988, S. 236).

Anschauliches Denken beschreibt nach diesem Ansatz Tätigkeiten, die auf der Repräsentation von Bildern oder anderen sensorischen Modalitäten beruhen, begriffliches Denken solche, die allein auf der Aktivierung von Sprache basieren.

Diese Trennung soll als eine analytische aufgefasst werden. In vielen Situationen werden sowohl Repräsentationen der sprachlichen, als auch der sensorischen Ebene aufgerufen. Diese Verbindung wird im Unterricht unterstützt, um Vorstellungen der Kinder zu aktivieren oder zu entwickeln und damit die Erarbeitung neuer Informationen zu erleichtern.

Das Herstellen von Beziehungen unter Sprachzeichen als Möglichkeit des Erkenntnisgewinns führt dazu, dass neue Sprachzeichen gebildet werden können, die einer wachsenden Komplexität als Oberbegriffe zugeordnet werden. Der konkrete Apfel heißt „*Apfel*" wie alle anderen Äpfel. Ihm wird durch die Klassifizierung ebenfalls die Bezeichnung „*Obst*" zugeordnet. Dieses kann zur Gruppe der „*Lebensmittel*" zugeordnet werden usw.

Mit zunehmenden Verallgemeinerungen von Sprachzeichen wird Sprache verdichtet. Dies ermöglicht die Bildung abstrakter Konzepte wie z.B. "Abstraktion", die nicht mehr einer sensorischen Erfahrung zugänglich sind, ohne dass damit die zugehörigen Sprachzeichen an Einfachheit verlieren müssen. Dies zeigt Klix (1985) mit folgendem Beispiel: "Zwischen der Feststellung: Ein Stern bewegt sich und der Aussage: Alle Planeten bewegen sich, liegen eine Vielzahl kognitiver Operationen" (S. 274).

Die Verwendung der Sprache befreit uns von den Einschränkungen konkreter Situationen.

- Es ist möglich, Erfahrungen in Kommunikationsprozessen weiterzugeben und damit können Erkenntnisse gewonnen, die ein anderer gemacht hat.

- Gleichzeitige Klassifizierungen von Objekten, die sich auf einzelne Eigenschaften beziehen, können vorgenommen werden. Die Bausteine können nach ihrer Farbe sortiert werden oder nach ihrer Form und die jeweilige Klassifizierung kann eine andere vorgenommene Sortierung aufheben.

- "Eine feste multiple Klassifizierung von Dingen ist, genau betrachtet, nur durch verschiedenartige sprachliche Benennungen möglich. Erst durch sie werden die jeweils spezifischen Merkmalsanteile bei einem mehrfach klassifizierten Gegenstand im Gedächtnis stabilisiert." (Klix, 1980, S. 273). In der Vorstellung ist die Klassifizierung mal unter dem einen, mal unter dem anderen Merkmal möglich, abhängig von der Eigenschaft, die wir durch unsere Bezeichnung herauslösen.

- Handlungsabläufe sind an eine bestimmte Reihenfolge gebunden. Mit Hilfe der Sprache wird es möglich, von der Reihenfolge der Handlung abzusehen. Einzelne Aspekte der Handlung können herausgegriffen und in veränderter Reihenfolge zusammengefügt werden. Wenn sich ein Kind anzieht, ist es an eine bestimmte Reihenfolge gebunden. Es sollte zuerst die Strümpfe und anschließend die Schuhe anziehen. Es kann jedoch erzählen, dass es seine neuen Sportschuhe anhat und ebenfalls Sportsocken.

- Handlungen sind an einen zeitlichen Ablauf gebunden. Mit Sprache können davon unabhängig Ereignisse formuliert werden. Eine Übertragung von Handlungen in eine andere Zeit mittels Sprache lässt uns in der Gegenwart eine entsprechende Vorstellung aufrufen. Die Handlung selbst kann in der Vorstellung in eine andere Zeit übertragen werden, sie kann in ihren Auswirkungen auf zukünftiges oder vergangenes Geschehen überdacht werden.

- Eine Handlungsfolge kann in der Vorstellung verändert werden und die entsprechenden Konsequenzen durchdacht werden.

Die Beweglichkeit der Sprache erleichtert nicht notwendigerweise deren Deutung. Syntaktische und semantische Struktur können, aber müssen nicht übereinstimmen. Dies soll am Beispiel der Reihenfolgen von Sprachzeichen erläutert werden.

Für gleichen semantischen Kontext ist eine Verschiebung der Reihenfolge der Sprachzeichen möglich: Peter steht auf dem Turm, auf dem Turm steht Peter - drücken eine räumliche Beziehung aus, die durch die Abfolge der Wörter nicht verändert wird. Vergleichbare Formulierungen sind aus allen Relationen ableitbar. Mit Passivsätzen ist ebenfalls die Reihenfolge der Wörter gegenüber der realen Handlung verändert. Nicht-reversible Passivsätze wie "Der Ball wurde von dem Jungen geworfen", sind leichter verständlich als reversible wie "Thomas wurde von seinem Bruder getreten" [10].

Sprachrezeption[11] verlangt bei verschiedener syntaktischer Oberflächenstruktur gleichen semantischen Gehalt zu konstatieren, oder bei geringfügig verschiedener syntaktischer Struktur Bedeutungsunterschiede festzustellen. So gibt es Formulierungen, bei denen sich der Sinn aus einer genauen Einhaltung der Reihenfolge ergibt wie: "Abwasch" oder "Wasch ab!" "Das Kind hat das Tier gesucht." oder "Das Tier hat das Kind gesucht". Auch diese Beispiele verweisen auf die Fähigkeit, sprachliche Reihenfolgen zu erkennen, um eine Deutungszuweisung von Sätzen vorzunehmen.

3.1.1 Zur Bedeutung der Kommunikation für den Erwerb von Konzepten

Wir haben somit die Möglichkeit, über sensorische Eindrücke Eigenschaften von Objekten kennenzulernen und können diese ebenfalls klassifizieren. Wir entwickeln interne Repräsentationen von Objekten und Handlungen und

---

[10] Bei Patienten mit Schädigungen in der vorderen perislyvischen Region, die häufig auch Konjunktionen und Pronomen auslassen, sowie die Reihenfolge der Worte verändern, beobachteten Damasio und Damasio (1992) diese Probleme.

[11] Darunter wird die Aufnahme und Deutung von Sprache verstanden.

können bereits auf dieser Ebene Beziehungen feststellen[12]. Die Entwicklung der Sprache macht es jedoch möglich, unabhängig von sensorischen Eindrücken zu Erkenntnissen zu gelangen. Ein erster Hinweis findet sich in der Übertragbarkeit einer Bezeichnung von einem konkreten Objekt zu einer Klasse von Objekten.

Mit zunehmender Sprachentwicklung können Kategorisierungen, die sich zuvor durch sensorische Eindrücke, gebildet haben, allein durch sprachliche Kommunikation verändert werden. Damit ist es möglich, Erfahrungen von einer Person an eine andere[13] mit Hilfe der Sprache weiterzugeben, ohne dass diese die sensorische Erfahrung selbst gemacht haben muss.

Daneben verändert sich die individuelle Informationsverarbeitung in gemeinsam erlebten Situationen durch Kommunikationsprozesse. Interaktionistische Ansätze deuten so die Entwicklung von Konzeptionen entstehend aus gemeinsamen Handlungen und Dialogen (Füssenich/Heidtmann 1984; Krummheuer 1992). Die eigene Erfahrung ist immer mit einer Fokussierung auf bestimmte Aspekte verbunden. In Interaktions- und Kommunikationsprozesse werden vom Kommunikationspartner vielleicht andere Aspekte betrachtet. Damit kann die Aufmerksamkeit von einer subjektiven Perspektive auf Aspekte gelenkt werden, die dem Gesprächspartner wichtig erscheinen. Die individuelle Deutung einer Situation kann mit einer anderen Deutung verglichen und gegebenenfalls verändert werden.

Die Entwicklung von Begriffen enthält mit diesem Ansatz einen subjektiven Aspekt, der aus dem individuellen Prozess der Konstruktion von Bedeutung besteht - „Sie sind aufgrund der Einmaligkeit der individuellen Identität idiosynkratische Konstruktionen" (Krummheuer, 1992, S. 215). Daneben entwickelt sich in der Interaktion eine gemeinsame Bedeutungskonstruktion. „Sie sind aufgrund der nicht auf das einzelne Individuum reduzierbaren Originalität der interaktiven Aushandlungsprozesse als gemeinsam geteilt geltende Konstruktion zu verstehen" (Krummheuer, 1992, S. 215). Zur Aushandlung der gemeinsam geteilten Bedeutungskonstruktion ist es erforderlich, dass sich die Gesprächspartner um Verständigung bemühen, eine gemeinsam geteilte Sinnzuweisung entwickeln.

Unterschiede in der individuellen internen Repräsentation bleiben jedoch bestehen. So wird z. B. nicht alles Wissen in Kommunikationsprozessen aktiviert und gemeinsam besprochen. In Situationen, die durch eine erfolg-

---

[12] Ein Kleinkind kann erkennen, dass ein Baustein durch ein Loch passt oder nicht.

[13] auch über Medien

reiche Verständigung gekennzeichnet sind, wird es einen Kern gemeinsam geteilten Wissens neben individuell verschiedenem Wissen geben. Welches Wissen in Interaktions- und Kommunikationsprozessen erworben werden kann, hängt nach Wygotski von der „Zone der nächsten Entwicklung" (Wygotski 1986; Wygotski 1987) ab. Damit bezeichnet Wygotski die Fähigkeiten, die das Kind sich demnächst erwirbt und die es in einer hierarchischen Kommunikationsstruktur durch entsprechende Hinweise eines Erwachsenen oder erfahreneren Kindes bereits zeigen kann.

Die Teilnehmer der Kommunikation, als Hörer und Sprecher bezeichnet (Herrmann 1995), verweisen auf die unterschiedlichen Anforderungen, die Kommunikation bezogen auf Sprache erfordert. So werden für das Verständnis von Sprache rezeptive, für das Sprechen produktive Fähigkeiten gebraucht. Die Fähigkeit, etwas zu formulieren, setzt voraus, dass Vorstellungen in Worte gefasst werden können, also den Abruf von Bezeichnungen, die Umsetzung einer Handlungsplanung in Sprache oder die Beschreibung von Ereignissen. Sprache macht es damit notwendig, vage Vorstellungen zu präzisieren, um mitteilen zu können.

Die Strukturierung kognitiver Handlungen durch Sprache wird von Kindern genutzt, wenn sie allein spielen und trotzdem Handlungen durch Sprache begleiten. Wygotski fasst dies als wichtiges Merkmal in Problemlöseprozessen auf (Wygotski, 1986, 1987). Zunehmend findet diese Auffassung Bestätigung (Lewis 1970; Donaldson 1991; Berk 1995). In Problemlösesituationen können Selbstgespräche als Selbstanleitungen verstanden werden, die sich mit wachsenden Fähigkeiten zu einem inneren, zunehmend verkürzt ablaufenden Gespräch entwickeln (Berk, 1995). Damit könnten Selbstgespräche eines Kindes als wichtiger Schritt auf dem Weg zum inneren Sprechen gedeutet werden. Dieser Prozess kann auch im Unterricht beobachtet werden. Kinder, die bei der Bearbeitung einer Aufgabe vor sich hin murmeln, könnten in ihrem Problemlöseprozess gestört werden, wenn die Lehrkraft auf vollständige Ruhe besteht.

3.1.2   Zur Mehrdeutigkeit gesprochener Sprache

Der Informationsgehalt gesprochener Sprache ist in der Regel nicht vollständig. Sowohl auf Seiten des Sprechers als auch auf Seiten des Hörers ist die Kommunikation auf Ergänzungen ausgerichtet.

Der Sprecher erläutert in der Regel seine Intentionen unvollständig. Der Hörer deutet die Sprachzeichen bereits sehr früh, so dass Sprachverständnis einem Mustererkennungsprozess gleicht, in dem kontextgebundene situative Faktoren die unvollständige Information ergänzen[14]. In die Bedeutungszuweisung der Sprache gehen von Seiten des Hörers vielfältige zusätzliche Informationen mit ein, wie z. B. Prosodie, Stellung der Worte im Satzgefüge, Häufigkeit der Buchstaben in der gesprochenen Sprache, Gestik und Mimik (Herrmann, 1995; Pitt/Samuel, 1995; Weinert, 1992; Weinert, 1993). Durch diese zusätzlichen Informationen wird es möglich, den Sinn des Gesprochenen zu erfassen, selbst wenn nicht alle Wörter verstanden wurden. "Pollak und Picket (1964) haben in einem ihrer Experimente gefunden, dass man einen gesprochenen *Text* vollständig verstehen konnte, auch wenn man nur etwa die Hälfte der diesen Text ausmachenden Wörter verstand, falls diese *isoliert* dargeboten wurden" (Herrmann, 1995, S. 39).

Dies weist auf die besondere Bedeutung von situativen Elementen zur Entschlüsselung von Informationen hin, aber auch darauf, dass in solchen Situationen die Aufmerksamkeit auf den gleichen Inhalt gelenkt wird. "Wenn es ein gemeinsames Subjekt in den Gedanken der Gesprächspartner gibt, verstehen sie sich voll und ganz mit Hilfe einer maximal verkürzten Sprache mit einer extrem vereinfachten Syntax; im entgegengesetzten Fall kommt es selbst bei einer ausführlichen Sprache zu keinem gegenseitigen Verstehen" (Wygotski, 1986, S. 333).

Unsere Erwartungen in einer bestimmten Situation, unser Wissen um den Kontext, aktivieren entsprechende Repräsentationen, so dass Sprachrezeption oder Produktion als *eine unter anderen* Möglichkeiten der Informationsaufnahme betrachtet werden kann. "Der Hörer/Sprecher ist jemand, der dann und wann Gesprochenes versteht und der gelegentlich auch spricht" (Herrmann, 1995, S. 40). Wygotski (1986) bezeichnet das Gespräch als "Ergänzung der einander zugeworfenen Blicke" (S. 335).

Verständigungsschwierigkeiten, die mit einer gestörten Wahrnehmungstätigkeit im auditiven Bereich in Verbindung gebracht werden als Folge von Diskriminationsleistungen, z. B. der Beeinträchtigung, ähnlich klingende Wörter nur schlecht unterscheiden zu können, müssen unter den Ergebnissen dieser Forschung neu überdacht werden.

Eine weitere Ursache für die Mehrdeutigkeit von gesprochener Sprache liegt nach Wygotski (1986) in der Möglichkeit, dem gesprochenen Wort

---

[14] „Wenn Phoneme in gesprochenen Wörtern durch nicht-sprachliches Rauschen ersetzt werden, so nimmt ein Hörer diese Entstellung nicht wahr. ... Darüber hinaus finden diese Autoren (Marslen-Wilsow und Welsh, 1978, Einf. M. Nolte) bei Reaktionszeitexperimenten, zur Worterkennung auch, dass der Erkennungsprozess häufig schon lange abschlossen ist, bevor das gesamte Reizmaterial präsentiert wurde" Ruoß, 1995, S. 38).

einen anderen Sinn zuzuweisen. Ein Satz kann psychologisch völlig verschiedene Bedeutungen haben. Denn "der Eimer ist voll ..." könnte heißen: "Ich habe genug getan" oder "Du hast den Eimer nicht ausgeleert", usw. Die Bedeutungsunterlegung von Sprache macht es möglich, dass hinter der gesprochenen Sprache ein anderer Sinn auf anderer Ebene mitgedacht wird. Auch hier wird der Sinn durch den Kontext bestätigt. "Der Gedanke fällt also nicht unmittelbar mit dem sprachlichen Ausdruck zusammen" (Wygotski, 1986, S. 353) "Was im Denken simultan vorhanden ist, entfaltet sich in der Sprache sukzessiv" (ebd.)[15].

3.1.3 Eindeutigkeit und Mehrdeutigkeit von Sprachzeichen in der kindlichen Entwicklung

Nach Wygotski (1986) können Mehrdeutigkeiten in der Sprachverwendung auch Ausdruck der kognitiven Entwicklung sein. Im Prozess der Begriffsbildung verändern sich Bedeutungszuweisungen zu Sprachzeichen im Lernprozess. Als wichtigen Schritt in der kindlichen Entwicklung bezeichnet Wygotski die Entwicklung von Komplexen, die Zusammenfassung bestimmter Erlebnisse, Situationen oder Eigenschaften mit einem gemeinsamen Wort. „Die Bedeutung des Wortes besteht auf dieser Entwicklungsstufe in der völlig unbestimmten, ungestalteten synkretischen Verkettung einzelner Gegenstände, die sich auf irgendeine Weise in der Vorstellung und Wahrnehmung des Kindes zu einem einzigen zusammenhängenden Bild verbunden haben" (Wygotski, 1986, S. 120).
Beispiel:
Ein Kind bezeichnet eine Ente, die auf dem Wasser schwimmt mit „ua" (Wygotski, 1987, S. 176). Es nannte zwar die Ente immer „ua", übertrug diesen Namen jedoch auf ein Glas verschüttete Milch, sowie andere Flüssigkeiten. Dieser Prozess wurde weitergeführt, so dass kaum noch ein innerer Zusammenhang zur ursprünglichen Assoziation „Ente - ua" zu erkennen war. Für Personen, die mit dem Kind die Erlebnisse teilen, ist eine Verständigung möglich. Andere Personen werden zu „ua" andere Assoziationen haben, die eine Verständigung erschweren.
Später beginnt das Kind, Gruppierungen vorzunehmen und Gegenstände aufgrund objektiver Eigenschaften und Beziehungen zusammenzufassen.

---

[15] Dies kann sich z. B. auf eine Situation beziehen, in der viele Aspekte gleichzeitig erfasst und damit gedanklich repräsentiert sind. Wollte man sie alle durch Sprache ausdrücken, wäre damit eine sukzessive Entfaltung der verschiedensten Aspekte in einem zeitlichen Ablauf erforderlich.

Dies drückt z. B. „Wauwau" aus, das auf alle Vierbeiner, Katzen und Hunde, angewendet wird. Ein entscheidender Unterschied ist, dass die Zusammenhänge aufgrund faktischer und konkreter Beziehungen erkannt werden. Erst im Begriff findet eine Verallgemeinerung von Eigenschaften statt. Eigenschaften, die nicht zu den definierenden Eigenschaften des Begriffs gehören, können vernachlässigt werden.

Beim Denken in Komplexen kann jede Eigenschaft des konkret Erfahrenen zu einer Zusammenfassung zu einer Ganzheit führen. Wenn Worte unter assoziativen Gesichtspunkten unterschiedlich gebraucht werden können, dann kann ein Objekt nach seinen verschiedenen Merkmalen in verschiedene Komplexen eingehen und auch verschiedene Benennungen erhalten, je nachdem, zu welchem Komplex es gehört.

Die Bedeutung von Wörtern ist hier stark situationsabhängig. Aus der Perspektive des Erwachsenen können Objekte mit dem gleichen Wort bezeichnet werden, die nicht zusammen gehören.

„ ... in besonders interessanten Ausnahmefällen (kann, M.N.) ein und dasselbe Wort gegensätzliche Bedeutungen in sich vereinen" (Wygotski, 1986, S. 140).

Diese Beobachtungen fanden Lurija und Judowitsch (1970) bei sprachretardierten Zwillingen bestätigt. Sie gebrauchten Wörter ohne feste Bedeutung. Die Bedeutung konnte von Situation zu Situation wechseln.

Dieser Umgang mit Sprache hat Ähnlichkeit mit dem Umgang mit mehrdeutigen Wörtern wie z. B. Bank als Geldinstitut oder Bank als Möbelstück. Auch hier entschließt sich die Bedeutungszuweisung aus ergänzenden Informationen. Kinder müssen jedoch lernen, wann Sprachzeichen mehrere Bedeutungen haben können und auf welche Weise diese beschrieben werden.

Solange einem Wort situativ verschiedene Bedeutungen zugeordnet werden, kann ein Sprachzeichen noch nicht zur Bildung von Klassen im Sinne der Erwachsenenperspektive genutzt werden. Das Beispiel Wygotskis „ua" als Ente, Wasser oder andere Flüssigkeiten zu bezeichnen, lässt durchaus eine Bedeutungszuweisung erkennen. Sie ist jedoch für unseren Kulturraum zu undifferenziert. Aus der unterschiedlichen Perspektive des Erwachsenen, der die verallgemeinerbaren Aspekte der Bezeichnung mitdenkt und des kontextbezogenen Konzepts des Kindes sind im kindlichen Denken Widersprüchlichkeiten enthalten.

Für die Bildung von Abstraktionen und Klassifizierungen auf einer allgemeinen Ebene, muss es möglich sein, dass Sprachzeichen situationsunabhängig verwendet werden können.

4 Sprache im Mathematikunterricht

Die mathematische Sprache wird als knapp und präzise bezeichnet. Sie unterscheidet sich in ihrer Ausdrucksform situations- und kontextspezifisch. Mathematik als Sprache kann als Instrument der Kommunikation und der Kognition aufgefasst werden (Esty, 1992; Schweiger, 1996). Mit der kognitiven Funktion verbindet Schweiger die Bildung von Begriffen und ihre unterschiedlichen Ausdrucks- bzw. Darstellungsformen, z.B. als Sprachzeichen oder als Symbole. Eine zunehmende Verdichtung der Sprache führt dazu, dass eine Bezeichnung verschiedene zusätzliche Informationen enthält, ohne dass auf diese ausdrücklich hingewiesen wird (Schweiger, 1996).
Beispiel:
„Einen Bruch kann man mit jeder natürlichen Zahl (außer 0) erweitern. Einen Bruch kann man nur mit den gemeinsamen Teilern von Zähler und Nenner kürzen. Einen Bruch, der nur mit 1 gekürzt werden kann (Zähler und Nenner sind teilerfremd) bezeichnet man als Grunddarstellung der betreffenden Bruchzahl." (Athen/Griesel 1978, S. 79).
Dieser Text aus einem Schulbuch der 6. Klasse ist nur verständlich, wenn man weiß, was die Fachbegriffe bedeuten. Was ist ein Bruch? Was ist eine natürliche Zahl? Was versteht man unter kürzen? Für jede dieser Bezeichnungen könnte man ausführliche Beschreibungen liefern.
Bei einer Definition ist die mathematische Sprache in der Regel so stark verkürzt, dass keine überflüssige Information vermittelt wird.
Im Lernprozess werden die Kinder an die Fachsprache herangeführt. Insbesondere in der Grundschule entsprechen Erklärungen von Objekten oder Operationen nicht den strengen Anforderungen an Knappheit im Sinne mathematischer Definitionen. Gleichwohl kann aus der Perspektive des Kindes bezogen auf seine kognitive Entwicklung eine Erläuterung sehr knapp sein.
Sprache als Mittel der Kommunikation enthält Elemente aus der Umgangssprache ebenso wie solche aus der mathematischen Fachsprache. Kürzen bei einer Schneiderin bedeutet etwas anderes als Kürzen im Kontext der Bruchrechnung.
Gerade darin liegt eine der Schwierigkeiten, mathematische Sprache zu verstehen, denn für die Verwendung von Sprachzeichen gelten im Alltag andere Konventionen als in der mathematischen Fachsprache. Das betrifft die Verwendung der Wörter, aber auch die Strukturierung von Sätzen (Maier 1996). Welche Konvention gerade angewendet wird, muss sich aus

dem Kontext ergeben. Die Bedeutung der eigenen Wörter und Symbole der mathematischen Sprache müssen gelernt werden. Bei der Verwendung von umgangssprachlichen Bezeichnungen können Schwierigkeiten aus Bedeutungsinterferenzen zwischen mathematischer Fachsprache und Alltagssprache (Maier 1996, Käpnick 1989, Radatz/Schipper 1983, Anghileri, 1995; Kidd/Lamb, 1995) erwachsen.

Aus dem englischen Sprachraum führt Anghileri die Bedeutungszuweisung für das Wort „Differenz" an: „A classic example is given by Pimm (1987), who cites two pupils` responses to the questions „What is the difference betwenn 24 and 9?" One says „One`s even and the other`s odd", and the other says „One has two numbers in it and the other has one" , suggesting the pupils`failure to „comprehend the term *difference* as being used in a mathematical sense whose meaning involves the notion of subtraction"." (Anghileri, 1995, S. 10).

Die Aussagen der Kinder können als Suchhaltung gedeutet werden, die sich aus der Mehrdeutigkeit des Wortes „Differenz" ergibt, wenn noch nicht über die Eindeutigkeit der Bedeutungszuweisung der mathematischen Fachsprache verfügt wird oder der Kontext „mathematische Fachsprache" nicht sofort erkannt wird. Im Unterricht werden verschiedentlich solche Mehrdeutigkeiten erfahren, weil die Unterrichtssprache stark von umgangssprachlichen Elementen geprägt ist.

Maier unterscheidet *für Wörter* dabei drei Fälle:

„ - Die fachsprachliche Bedeutung kann die alltagssprachliche umfassen, jedoch über diese hinausgehen. Die Bedeutung des Ausdrucks in der Fachsprache ist also weiter bzw. allgemeiner als die in der Alltagssprache übliche. Beispiele: Fläche[16] (in der Alltagssprache vor allem für etwas Ebenes gebraucht) , ...

- Die fachsprachliche Bedeutung kann gegenüber der alltagssprachlichen eingeschränkt, also enger bzw. spezieller sein als die in der Alltagssprache übliche. Beispiele: Menge[17], Umfang, ...

- Die fachsprachliche Bedeutung kann von der in der Alltagssprache üblichen verschieden sein. Beispiele: Produkt[18], Scheitel ..." (Maier, 1996, S. 5f).

---

[16] Beispiel: Die Oberfläche einer Kugel wird im Alltag in der Regel nicht assoziiert, wenn von einer Fläche die Rede ist.

[17] Beispiel: Im Alltag denken wir bei Menge auch an eine unbestimmte Vielheit: eine Menge Leute, das hat eine Menge gekostet, usw.

Neben unterschiedlicher Bedeutungszuweisung für *Nomen* werden solche auch für Konjunktionen (und, oder), Verben, Adjektive, Quantoren sowie Relationen beschrieben.

Lörcher (1990) weist auf Schwierigkeiten beim Verständnis von *Verben* hin. Werden diese innerhalb eines Satzes zerlegt - wie bei untereinander schreiben, nebeneinander schreiben, durcheinander schreiben: Maria schreibt die Zahlen nebeneinander, sie schreibt sie untereinander, sie schreibt sie durcheinander[19] - entschlüsselt sich die präzise Bedeutung erst nach der vollständigen Analyse des Satzes. Das Verb vermittelt die Tätigkeit ebenso wie deren Lokalisation. Diese Zerlegung des zunächst einen Wortes in zwei, abhängig von der grammatikalischen Struktur, fällt ausländischen Kindern besonders schwer.

Schweiger (1996) weist u. a. auf die Problematik im Umgang mit *Adjektiven* hin. Z. B. skalenbildende Adjektive verhalten sich bezüglich der Vervielfältigung missverständlich. „So bedeutet doppelt so teuer Multiplikation mit dem Faktor 2, aber dreimal so billig..." (S. 3) entspricht der Division durch 3.

Für *Sätze* zeigen sich Unterschiede zur Alltagssprache „in der Generierung und Interpretation von Aussagen[20] bzw. in der Struktur der Satzbildung sowie in der Vollständigkeit und Prägnanz von Texten;" (Maier, 1996, S. 12).

Dies zeigt sich z.B. in der Verwendung von *Quantoren* (Schwaiger 1996, Maier 1996). In der Alltagssprache werden diese oft weggelassen und durch kontextspezifische Informationen über Weltwissen „mitgedacht". In der Mathematik beschreiben Quantoren den Geltungsbereich der jeweiligen Aussage.

Beispiel aus einem Schulbuch (Mathematik heute (1985) 5, S. 65, Nr. 11):
Carsten denkt sich eine Zahl.

a) Er subtrahiert von dieser 61, dividiert das Ergebnis durch 13, addiert zu dem Quotienten 35, multipliziert die Summe mit 25 und erhält 2200.

---

[18] Beispiel: Ein Produkt im Alltag kann ein produziertes Objekt sein. Es wird dabei nicht an eine Multiplikation gedacht.

[19] Siehe S.

[20] Beispiel: Bei einer mathematischen Aussage können wir eindeutig feststellen, ob sie wahr oder falsch ist.

b) Er dividiert diese durch 27, addiert zu dem Quotienten 43, multipliziert das Ergebnis mit 125, subtrahiert von dem Produkt noch 1243 und erhält 8757.

c) Er multipliziert diese mit 678, subtrahiert von dem Produkt 555, dividiert die Differenz durch 41, addiert zu dem Ergebnis 997 und erhält 1000.

Welche Zahl hat Carsten sich gedacht?

Janina: *Die Aufgabe ist leicht. Ich muss nur a) ausrechnen, dann weiß ich ja schon die Zahl.*

Nachdem für b) und c) jeweils andere Ergebnisse berechnet wurden, zeigte sich Janina verwirrt und veränderte die Formulierung:

Janina: *Es müsste heißen „Carsten denkt sich Zahlen. Welche Zahlen hat Carsten sich gedacht?"*

Janina verstand die Verwendung „eine Zahl" als „genau eine Zahl". In der Umgangssprache kann die Verwendung „eine" als Zahlzeichen, aber auch als unbestimmter Artikel verwendet werden. Nur im ersten Fall wird es im Sinne des mathematischen „genau eins" verstanden.

Auch in Passivsätzen (in der Umgangssprache) werden Quantoren häufig nicht formuliert, aber mitgedacht (Schwaiger, 1996). In der Umgangssprache kann sich durch die Reihenfolge der Wörter der Sinn des Satzes verändern, die Reihenfolge kann aber auch unwesentlich sein. Dies trifft in der Mathematik weniger zu. Bei der Abfolge von Zeichen, z.B. von Ziffern oder in Termen, ist die Reihenfolge in der Regel bedeutsam.

Bei der Formulierung von Relationen wird der Geltungsbereich häufig nicht angesprochen. In eine Aussage wie „9 ist größer als 5" eingebunden, ergibt sich die Richtigkeit aus dem jeweiligen Kontext. In der Regel wird bei Aussagen dieser Art nicht die Größe des Zahlzeichens, sondern die Größe der Menge, auf die es sich bezieht, betrachtet. Verwechslungen zwischen Zeichen und Bezeichnetem sind jedoch häufig zu beobachten. So auch bei Barbara (8 Jahre, 2. Klasse):

Auf die Frage, ob sie die vorgegebenen Zahlen der Größe nach ordnen könne, schreibt Barbara die Zahlen wie folgt auf:

Erste Vorgabe:

17, 9, 7, 11, 18

Barbaras Zahlen:

B: *Da hab ich so gemacht, da hab ich die verschieden gemacht, die drei Stück sind größer: 17, 11, 18 und die kleinen sind 9 und 7.*
N: *Welches ist die kleinste Zahl?*
B: *Die 7.*

Zweite Vorgabe:

N: *Welches ist jetzt die kleinste Zahl?*
B: *17, 11, 18.*

Dritte Vorgabe:

Barbara äußert sich zu den ersten beiden Zahlen nicht, bezeichnet in der zweiten Reihe die 36 als kleiner und in der dritten als größer als 63. Zur vierten Reihe sagt sie:

B: *Sind beide größer.*

In ihrem Überlegungen spielte der kardinale Aspekt der Zahl keine Rolle. In weiteren Aufgaben zeigte sich, dass ihr dieser Aspekt der Zahlen noch nicht zur Verfügung stand. Das weist darauf hin, dass Schwierigkeiten, die sich als sprachliche darstellen, ihren Ursprung nicht in der Sprache haben müssen.

4.1.1 Sprachverständnis und kognitive Entwicklung

Beim Verständnis von Sprache ist zu unterscheiden, ob das Sprachzeichen nicht verstanden wird, also die interne Repräsentation nicht abrufbar erscheint, oder ob die zum Sprachzeichen gehörende Vorstellung nicht entwickelt wurde.

Graichen beschreibt in einem Vortrag den Fall eines Mädchens, das bei Nennung des Wortes "Zwiebel" nicht wusste, was mit diesem Wort gemeint war. Hinweise auf andere sensorische Eindrücke wie Aussehen, Tränen beim Schneiden der Zwiebel, riefen die Erinnerung an das Objekt "Zwiebel" auf. Genutzt wurde hier die typische Eigenschaft einer Zwiebel, Tränen zu produzieren, die sie fast ebenso sicher kennzeichnet wie ihre Bezeichnung. Dieses Kind hatte eine Vorstellung entwickelt, konnte diese beim Hören des Wortes jedoch nicht abrufen.

Ob eine Aussage als wahr oder falsch bestimmt werden kann, ob ein Ereignis als „sicheres Ereignis", aufgefasst werden kann, hängt mit von individuellen Lebenserfahrungen ab. Welchen Stellenwert haben „wahre" Aussage in der Familie, verhindern Autoritätsstrukturen die eigene Erfahrung, wahre Aussagen machen zu können? Welche Erfahrungen machen z.B. Kinder, die wiederholt doublebind -Situationen erleben?[21] In diesen Fällen ist es fraglich, ob die sprachlichen Zeichen mit einer Bedeutung verbunden sind, die als allgemein geteilte Deutung von „wahr" bezeichnet werden können. Diese Beispiele ließen sich fortsetzen.

Für Probleme mit Sprachzeichen, die Allgemeingültigkeit, wie z.B. für alle, immer, niemals, die Kausalbeziehungen, wie z. B. weil, wenn ... dann oder räumlich-zeitliche Präpositionen, wie z.B. vor, nach, ausdrücken, entstehen Probleme aus der kognitiven Entwicklung der Kinder. Es stellt sich die Frage, ob Grundschulkinder in der Lage sind, Aussagen, in denen solche Präpositionen auftreten, zu verstehen.

Im aktiven Sprachgebrauch sollte die Verwendung einer Verallgemeinerung wie „immer" oder „nie" vorsichtig beurteilt werden. Die Äußerung „Bei uns zu Hause gibt es nie Obst", veranlasste die Lehrerin, eine sehr ernährungsbewusste Mutter auf ihre Ernährungsgewohnheiten anzusprechen. Die Aussage von eines Kindes „nie komme ich dran", wurde direkt nachdem es einen Gesprächsbeitrag geliefert hatte, geäußert. In der Begriffsbildung der Kinder wurde auf deren Situationsgebundenheit hingewiesen (Wygotski, 1986; Käpnick, 1989). Der Gegenwartsbezug der Kinder in ihrem Erleben könnte eine Ursache dafür sein, dass Kinder im Grundschulalter Unsicherheiten in der Verwendung von Quantoren zeigen, weil

---

[21] Die Mutter schlägt ihr Kind. Es hat einen Bluterguss: „Du erzählst, dass Du hingefallen bist. Wenn Du erzählst, dass ich Dich geschlagen habe, gibt's Ärger! Und wehe Du lügst!".

für deren Verständnis ein Heraustreten aus der gegenwärtigen Situation erforderlich ist.

Auch das Verständnis von Kausalbeziehungen erfordert eine bestimmte kognitive Entwicklung. Die Fähigkeit, Kausalbeziehungen nachzuvollziehen, entwickelt sich in der Vorschulzeit. Sie ist jedoch an das Wissen um Zusammenhänge gebunden. Kausalbeziehungen werden demzufolge von Kindern um so leichter erkannt, wenn sie über Erfahrungen im entsprechenden Bereich verfügen (Nickel, 1972).

Räumlich-zeitliche Präpositionen sind nur dann verständlich, wenn Fähigkeiten, sich in der Zeit oder im Raum zu orientieren, entwickelt sind. Die Eindeutigkeit von Aussagen in der mathematischen Sprache zu verstehen, setzt kognitive Reifungsprozesse voraus. Die Verwendung einer Vielzahl von Wörtern, wie z.B. wenn, dann, sowie, alle, jeder, wahr, richtig, falsch, die Unterscheidung von bestimmtem und unbestimmtem Artikel werden in der Mathematik in bestimmten Argumentationsformen verwendet. Gleichzeitig werden damit bestimmte semantische Gehalte angesprochen. Gelernt werden muss dementsprechend, *wann* diese Bezeichnungen zu verwenden sind und *was* sie bedeuten.

4.1.2   Zur Bedeutung des situativen Kontexts für die Sprachrezeption

Die Anforderungen an Sprache als Mittel der Verständigung sind abhängig von der Informationsanreicherung durch den situativen Kontext. Auch im Mathematikunterricht ergeben sich unterschiedliche Anforderungen an den Informationsgehalt der Sprache abhängig von der methodisch-didaktischen Gestaltung des Unterrichts. In Anlehnung an die kognitive Entwicklung werden Kindern Handlungen und damit multimodale sensorische Erfahrungen, die Verarbeitung von Informationen auf der bildlichen Ebene (z. B. in Schulbüchern) und die Arbeit auf der symbolischen Ebene (3 + 4 = 7) angeboten.

4.1.2.1   Die Handlungsebene
Wenn das Kind auf der Handlungsebene arbeitet, die Addition z. B. durch das Zusammenfügen von Materialien durchführt, ist der situative Kontext so reichhaltig, dass neben der Sprache vielfältige andere Informationen die Situationsdeutung sowie die Abrufbarkeit von Wissen erleichtern. Entsprechend der Entwicklung von Begriffen ist Sprache hier ein zusätzliches Merkmal, das Einsichten begleitet, die über die Sensorik erfahren werden. "Der Name eines Gegenstandes spielt ja keine Rolle, wenn man mit ihm

operieren will; die Benennung ist eine Funktion der Kommunikation"
(Wygotski, 1987, S. 223).

Sprache fokussiert Aufmerksamkeit auf bestimmte Aspekte. Gerade die Reichhaltigkeit der sensorischen Erfahrung ermöglicht es Sprache, begleitend auf Strukturen hinzuweisen. Viele Strukturen können jedoch auch durch Handlungsimpulse als solche erkannt werden. Damit ist auf dieser Phase der Begriffsbildung - nach Aebli der des anschaulichen und praktischen Denkens (Aebli 1988) - Sprache ein wichtiges Medium zur Fokussierung der Aufmerksamkeit und zur Verkürzung der Übermittlung von Informationen, sie kann jedoch in einigen Bereichen durch hinweisende Tätigkeiten ersetzt werden.

Sprache bekommt dann eine stärkere Funktion, wenn das Kind anderen die Erkenntnisse seiner Handlungen mitteilen, sich mit anderen über vielleicht unterschiedliche Erfahrungen austauschen will.

Sprache ermöglicht eine Reflexion der durchgeführten Tätigkeiten. Hier ist eine ausreichende Kapazität des Gedächtnisses wichtig, weil die Beschreibung der Handlungsabfolge in der Sprache keine Wiederholung der Handlung, sondern eine Vorstellung der Handlungsfolge abrufbar macht.

„In der konkreten Handlung wird die Aufmerksamkeit des Schülers entweder auf die auszuführende Operation, zum Beispiel die Vereinigung von zwei Mengen, oder auf das Resultat gelenkt" (Lorenz/Radatz, 1993, S. 174).

Mit der Versprachlichung der Handlung wird die Aufmerksamkeit auf verschiedene Phasen der Handlungsausführung lenkbar, so dass in der Vorstellung auf die Handlung als Ganzes eingegangen werden kann. Die Beschreibung der Handlung erfordert eine höhere Gedächtniskapazität als im Handlungsablauf, denn dieser kann auch durch visuelle Inputs gesteuert werden.

Sprache ist zudem nicht an die Reihenfolge der Handlung gebunden. Dies ist für Operationen, die schlecht zu veranschaulichen sind, von besonderer Bedeutung. Bei der Addition, z. B. als Vereinigung elementfremder Mengen, lässt sich die Handlung an den verwendeten Materialien ablesen. Allerdings kann ein Wechsel der Perspektive - auf die beiden Ausgangsmengen und die neu entstandene Menge - notwendig sein. Bei der Subtraktion ist das nur schwer möglich. Die Ausgangsmenge wird durch das Wegnehmen verändert. Die entstandene Menge muss aus dem Gedächtnis um das Weggenommene ergänzt werden. Die sprachliche Darstellung der Addition kann sich auf noch vorliegende Materialien beziehen, die sprachliche Darstellung der Subtraktion muss auf die Erinnerung an die Situation zurückgreifen, ist also mehr darauf angewiesen, dass Sprache auf eine bereits gebildete Vorstellung verweist. In einem Grundschulbuch wird deshalb der Handlungsablauf der Subtraktion durch zwei Bilder dargestellt, der der Addition mit einem Bild.

(Aus Mathemax, 1. Schuljahr, 1992, S. 25 und 30)

4.1.2.2 Die Ebene der bildlichen Darstellung

Auf der Ebene der bildlichen Darstellungen, z. B. Veranschaulichungen in Schulbüchern, ist es bereits notwendig, auf die Möglichkeit zurückzugreifen, unabhängig von der zeitlichen Abfolge Handlungen zu erinnern. Sprache beschreibt die Bilder und die Vorstellungen, die das Kind zu den Bildern aufruft. Da Bilder auf verschiedene Weise gedeutet werden können, hat Sprache die Funktion, Mehrdeutigkeit auf das für die Kommunikation Wesentliche zu reduzieren. Das bezieht sich sowohl auf die Veranschaulichungen, die Kinder selbst produzieren, als auch auf vorgegebene Darstellungen.

Wenn man Kinder Anzahlen darstellen lässt, werden diese häufig nicht eindeutig gelingen. Meint das Kind vier Beine oder einen Hund? Meint es sechs Bäume oder einen Wald? Umgekehrt sind für Kinder Veranschaulichungen in Schulbüchern nicht eindeutig und müssen „gelernt" werden (Schipper, 1982).

Sprache hat hier die Aufgabe, unterschiedliche Perspektiven auf die Situation zu verdeutlichen. Die bildlichen Darstellungen stellen unterschiedliche Anforderungen an sprachliche Kommunikation, je nachdem, ob es sich um Muster oder Darstellungen mit Materialien handelt, oder um Szenen aus der Umwelt, die mathematisch gedeutet werden sollen.

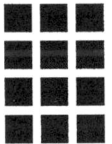

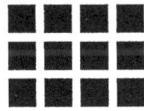

Dies könnte ein Muster zur Veranschaulichung der Kommutativität der Multiplikation sein. Die Handlung könnte sich auf das Legen eines entsprechenden Musters beziehen. Die sprachliche Begleitung kann sich auf die Erinnerung an eine, an einen mathematischen Kontext gebundene, durchgeführte Handlung beziehen.

Im zweiten Fall sind durch die Darstellung von Umweltbezügen die Interpretationsmöglichkeiten reichhaltiger. Die Sprache hat hier die Funktion, die mathematischen Inhalte, unter denen das Bild betrachtet werden könnte herauszuarbeiten

5-2=3 (der Wärter gebe zwei Bananen weg)
3+2=5 (Summe der Bananen)
1+1=2 (der Wärter und der Affe)
3-2=1 (der Wärter habe eine Banane mehr als der Affe)
5-4=1 (eine Banane mehr als Hände, die mittlere Banane rutschte dem Wärter gleich zwischen den Händen weg)

(Voigt, 1993, 1994)

Einerseits ist der Informationsgehalt bildlicher Darstellungen aus dem Alltag reichhaltiger, was üblicherweise den Informationsgehalt der begleitenden Sprache reduzieren könnte. Die Reichhaltigkeit erhöht jedoch gleichzeitig die Perspektiven auf die Situation, so dass gerade die Fokussierung auf bestimmte Aspekte der Situation eine stärkere Begleitung durch Sprache erfordert, um eine Verständigung darüber zu erzielen.

4.1.2.3 Die Ebene der symbolischen Darstellung

Mit der Zuordnung von symbolischer Darstellung wird die Abstraktheit der Sprache mündlich sowie auch schriftlich deutlich. Verschiedene Zeichen stehen für verschiedene Begriffe, die sehr abstrakt sind und in ihrer Gestalt als Zeichen keinen Bezug mehr zur Realität erkennen lassen, aus der sie entwickelt wurden.

Zahlzeichen können in Zifferndarstellung geschrieben werden wie 2, 67 oder 8, aber auch als Wörter wie zwei, siebenundsechzig oder acht. Die Wortdarstellung spiegelt die Lautsprache, wohingegen die Zifferndarstellung im deutschen Sprachraum durch die Inversion[22] die Reihenfolge der Ziffern vielfach nicht wiedergibt. Diese Hürde wird für die Kinder im zweiten Schuljahr bei der Erweiterung des Zahlbereichs auf 100 deutlich.

Die Sprache in der Mathematik wird gleichsam zweimal verschriftlicht: durch die symbolische Darstellung der bereits Symbole darstellenden Wörter wie plus, minus, zwei usw. sowie ihre Darstellung als Zeichen +, -, 2. In der Zahldarstellung in Ziffernschreibweise ist die Lesweise der Ziffern von ihrem Stellenwert abhängig, der jedoch nicht extra notiert erscheint. So ist die Zahl „567" aus den Ziffern 5, 6 und 7 in ihrer Lesweise durch Nennung der Hunderter und Zehner zu ergänzen. Dabei erscheint unsere Schreibweise als „hybrid multiplicative-additive notations" (Dehaene, 1992, S. 4) verbunden mit einer komplexen Syntax.

Auf das obige Beispiel bezogen bedeutet das, die Ziffer „5" wird multiplikativ mit 100 verknüpft, durch die Inversion wird zuerst die Einerstelle genannt „7", die additiv mit der Zehnerstelle „6" verbunden wird. Die Multiplikatoren erscheinen als „morphological markers" (a.a.O.).

Besonders anspruchsvoll zeigt sich die verbale Übersetzung schriftlicher Ziffern bei der Abfolge gleicher Ziffern mit unterschiedlichem Stellenwert sowie bei der Verwendung der Null. „The mapping between arabic and verbal numerals ist quite complex. For example, in converting arabic to verbal numerals the same digit (e.g., 2) may map onto different number words (e.g., two, twelve, twenty) depending on where in the arabic numeral it appears. In some instances two digits (e.g. the 1 and 2 in 12 or 12,000, but not 120) correspond to a single word (e.g., twelve). Further, 0's in an arabic numeral have no verbal realization, unless they appear in isolation or to the right of a 1 in certain positions in a number (in which case the 1 and 0 are realized together as ten, as in 210 or 210,000, but not 2100). Finally, the words (e.g., *hundred, thousand*) at appropriate points in the word sequence, also these words do not correspond to particular digits in the arabic numeral" (McCloskey, 1992, S. 120).

Die symbolische Darstellung ist am weitesten von konkreter sensorischer Erfahrung entfernt. Sprachliche Aussagen sind dann Allaussagend über einen Aspekt, z.B. den Anzahlbegriff oder die Herstellung von Verknüpfungen oder Relationen.

Beispiel: *Immer,* wenn ich drei Objekte zu drei weiteren Objekten dazulege, erhalte ich 6 Objekte.

---

[22] Die Reihenfolge der Sprachzeichen und der Ziffern ist im deutschen für Zehner und Einer umgekehrt: dreiundzwanzig und 23.

Die Verallgemeinerung durch die Abstraktion macht eine Loslösung der symbolischen Darstellung von der an die Erfahrung anknüpfenden Darstellungsweisen früherer Stufen notwendig. Entsprechend der zunehmenden Abstraktheit der Begriffe werden Regeln und Gesetzmäßigkeiten nur noch innerhalb der symbolischen Darstellung formulierbar, die nicht mehr auf der Ebene der konkreten Erfahrung nachvollziehbar sind (z.B. die Multiplikation und Division von negativen Zahlen oder Bruchzahlen).

Für Begriffe, die aus der sensorischen Erfahrung erwachsen, müssen im Eindringen in Gesetzmäßigkeiten auf der symbolischen Ebene die Erkenntnisse der Handlungs- und der bildlichen Ebene als bedeutsam für die Bildung dieser Begriffe erfahren worden sein, damit es möglich wird, auch die symbolische Darstellung als bedeutungshaltig zu erleben.

Das bedeutet, dass sich das Kind Begriffe auf der weniger abstrakten Ebene aneignen sowie diese Begriffe mit Sprachzeichen verbinden muss, weiter diese Begriffe nur noch durch Sprachzeichen repräsentiert abrufen können, bzw. die Sprachzeichen an vorliegende Situationen anbinden können muss.

Damit ist eine doppelte Abstraktion verbunden: Strukturierende Elemente in der konkreten Situation werden erfahren und als bedeutsam für die mathematische Begriffsbildung erkannt. Verallgemeinerungen der konkreten Situation führen zur Bildung eines Begriffs. Diese Erfahrungen werden auf Sprachzeichen übertragen, die als Symbol für die Begriffsbildung stehen und in letzter Abstraktion aus ihren konkreten Bezügen gelöst sind.

4.1.2.4 *Zur Aneignung der mathematischen Fachsprache*

Kinder lernen, Sprache zum Beschreiben ihrer Tätigkeiten einzusetzen. Sie lernen ihre Vorgehensweisen zu begründen, sie üben argumentieren. Diese Tätigkeiten können als propädeutisch für die spätere Beweisdurchführung aufgefasst werden. Die Kinder erarbeiten sich dabei zunehmend eine Fachsprache - die Sprache ist nach Maier (1975) „Lehrinhalt"-, bei der *Sprachrezeption* und aktiver Sprachgebrauch unterschieden werden. Zur Sprachrezeption gehört die Verarbeitung von Erklärungen und Hinweisen in unterrichtlichen Kommunikationsprozessen, die beim Lehrer stärker von der Fachsprache geprägt wird. Zur *Sprachproduktion* gehört die Darstellung eigener kognitiver Aktivitäten.

Im Laufe der Grundschulzeit werden zunehmend mehr Wörter mit mathematischem Inhalt vom passiven Sprachverständnis in den aktiven Sprachgebrauch übernommen (Käpnick, 1989). Zum Begründen ihrer Vorgehensweisen müssen die Kinder Zusammenhänge und Faktenwissen abrufen können (z. B. Definitionen).

Die aktive Sprachbenutzung setzt andere und teilweise zusätzliche kognitive Aktivitäten voraus als das Erkennen von Zusammenhängen. Intuitives Erkennen von Mustern und Strukturen ist eine Leistung, die noch keine Versprachlichung von Zusammenhängen abruft. Bei der Bearbeitung einer Faltaufgabe (Nolte/Kießwetter, 1996) bei der die Veränderung eines Musters von Löchern durch fortschreitendes Falten und Abschneiden der Ecken eines Papiers erkannt werden sollte, gelang es einigen Kindern, von Anfang an die richtige Anzahl der entstehenden Löcher vorauszusagen, ohne diese Einsicht erläutern zu können.

Krutetskii (1962) beschreibt wiederholt die Beobachtung, dass analytisches und synthetisches Vorgehen im Problemlösen zusammenfallen können. Dabei wird die Lösung selbst so schnell gefunden, dass in der Beobachtung des Problemlöseprozesses nicht mehr auf die einzelnen Schritte eingegangen werden kann:

"This analytico-syntetic activity of capable pupils, which occurs while they are solving mathematical problems, frequently is so abbreviated that when contrasted to the *analytico-sythetic process* of pupils with average or belowaverage capacity for mathematics, it appears to be a unique analytico-sythetic "vision" (Krutetskii, 1962, S. 107f).

Muster und Strukturen erkennen bedeutet das Erkennen einer Komplexität, das gleichzeitige Einbeziehen verschiedener Perspektiven, die bei der Linearisierung durch sprachliche Mittel eine Zerlegung dieser Ganzheit erfordert (Die Beschreibung der Ganzheit kann nur schrittweise erfolgen). Rezeption von Sprache erfordert die Umkehrung der Linearisierung und Zerlegung, das Zusammenfügen zu einem Bild der komplexen Darstellung. Je vielschichtiger das gleichzeitige Erfassen von Mustern ist, um so schwieriger gestaltet sich die Versprachlichung, soll auf alle Aspekte eingegangen werden. Für die Kommunikation ist es entscheidend, dass der Gesprächspartner die Komplexität nachvollziehen kann. Je nach Informiertheit der Kommunikationspartner gehören dazu lange Erläuterungen oder es reichen Andeutungen aus.

Die Versprachlichung ist in das Abrufenkönnen der internen Repräsentationen mathematischer Inhalte eingebettet. Je nach Kontext können die gleichen Sprachzeichen unterschiedliche komplexe Begriffe mit abrufen.

Beispiel:

Addition und Subtraktion natürlicher Zahlen

Addition und Subtraktion natürlicher Zahlen im Kontext des Berechnens von Größen

Addition und Subtraktion natürlicher Zahlen im Kontext von Sachaufgaben

Die Versprachlichung der Operationen Addition und Subtraktion erfordert im Kontext Größen zusätzlich die Berücksichtigung der unterschiedlichen Bezeichnungen wie m und cm, sowie die Unterscheidung der mit Größen verbundenen Abstraktionsstufen. Operationen, die im Bereich der Größen durchführbar sind, sind es nicht unbedingt im Bereich der Repräsentanten. Die Zerlegung einer Größe ist umkehrbar, das Zerlegen des Repräsentanten, z. B. das Zersägen eines Holzstücks, nicht unbedingt. Viele Aussagen, die im Bereich der Größen auf der symbolischen Ebene Gültigkeit haben, widersprechen den Erfahrungen des Alltags. Dabei muss die Ebene der Repräsentanten der Größen von der Ebene der abstrakten Größen unterschieden werden.

3m = 3 mal 1m ist auf der Ebene der abstrakten Größen eine wahre Aussage, widerspricht auf der Ebene der Repräsentanten - abgesehen vom Vorgang des Messens - jedoch häufig der Alltagserfahrung: Tini soll für das silberne Schwimmabzeichen einmal vom 3m Brett springen. "Kann ich nicht auch 3 mal vom Einer?" drückt diese Differenz aus. Bei der sprachlichen Durchdringung von Sachaufgaben werden zusätzliche Anforderungen an das sprachliche Verständnis des Textes gestellt.

4.1.2.5 Sprachverarbeitung als Mustererkennungsprozess auch im Mathematikunterricht ?

Die besonderen sprachlichen Ausdrucksformen der Mathematik wie ihre Knappheit, ihre Reduktion auf die wesentliche Information, lassen jedem Wort in einem Satz besondere Bedeutung zukommen. In der Grundschule "werden die klassifikatorisch-kategorialen, relationalen (nah - fern, kurz - lang), komparativen und räumlich - zeitlich präpositionalen Bestimmungen (auf, über, unter, an, bei, in, vorher, nachher, um, vor, zwischen, etc. .... gefordert; ebenso die kausalen (wenn ... dann, weil, daher) und die ein- und ausschließenden Relationen (alle, manche, keiner, irgendeiner, alle außer, weder ... noch)" (Lorenz, 1991a, S. 27). Diese für das Verständnis wesentlich bestimmenden Wörter lassen die Aussage von Pollak und Pickett (1964), wonach bei vertrautem Kontext nur die Hälfte der Wörter zur Entschlüsselung des Textes bekannt sein muss, für eine mathematische Sprache fragwürdig erscheinen. Dies leuchtet für die Darstellung mathematischer Symbole unmittelbar ein. Es durchzieht jedoch ebenfalls Formen sprachlicher Kommunikation, die sich anscheinend auf die Verwendung der Alltagssprache stützt. An einem Beispiel von Lorenz (1994) soll das verdeutlicht werden: „So sind die beiden Sätze „Ergänze zu den folgenden Zahlen 1000 ..." und „Ergänze die folgenden Zahlen auf 1000 ... „ von Kindern kaum zu unterscheiden, in ihrem mathematischen Gehalt aber drastisch unterschiedlich: Das eine erfordert eine Addition, das andere eine Subtraktion" (S. 422).

In einem anderen sprachlichen Kontext, z.B. in der Umgangssprache oder im Deutsch- und Sachunterricht, ist die Sprache reichhaltiger. Ausschmückungen haben erläuternde Funktion. Informationen werden mehrfach vermittelt. Wird ein Wort nicht verstanden, fällt es leichter, den Sinn der gesprochenen Sprache aus dem Kontext zu entnehmen. Die nachfolgenden Beispiele sollen es verdeutlichen.

"Gut hundert Fuß xxx war der Bretterzaun und xxx neun xxx hoch. Das Leben xxx ihm öde und leer und das xxx als eine Last. Seufzend xxx er den Pinsel xxx und fuhr über die xxx Planke." (Mark Twain [23])

"Lies die xxx Zahlentafel zeilenweise xxx, dass du 1. jede xxx Zahl überspringst, 2. xxx gerade Zahl xxx, 3. jede xxx Zahl überspringst, 4. xxx jeder Zahl 1 xxx, ... " (Flick, 1980, S.9)[24].

Im ersten Text ist es möglich, eine Vorstellung von der beschriebenen Situation zu entwickeln. Im zweiten Text ist es nur eingeschränkt möglich, die Arbeitsanweisungen zu verstehen.

Damit gestaltet sich die sprachliche Kommunikation in der Mathematik in weit geringerem Maß als Mustererkennungsprozess als in der Umgangssprache. Für eine Verständigung ist in höherem Maße als dort eine Kenntnis und ein Verstehen *möglichst aller Wörter* von Bedeutung.

In diesen Überlegungen erscheint das Kind zunächst überwiegend in der Rolle des Sprachrezipienten. Sprachliche Kommunikation schließt beide Aktionsformen, die des Sprechers und die des Hörers mit ein. In der Diskussion um Sprache im Mathematikunterricht wird das Kind zum Sprachrezipienten, wenn es versucht, mathematische Sprache zu verstehen.

---

[23] "Gut hundert Fuß lang war der Bretterzaun und gut neun Fuß hoch. Das Leben erschien ihm öde und leer und das Dasein als eine Last. Seufzend tauchte er den Pinsel ein und fuhr über die oberste Planke." (Mark Twain: Der kluge Anstreicher. In: Kritisches Lesen 1, Diesterweg, Frankfurt 1974, S. 125)

[24] "Lies die nachstehende Zahlentafel zeilenweise so, dass du 1. jede zweite Zahl überspringst, 2. jede gerade Zahl überspringst, 3. jede ungerade Zahl überspringst, 4. zu jeder Zahl 1 hinzufügst, ..." (Willi Flick, 1980, S. 9)

Das Sprachverstehen bezieht sich dabei sowohl auf auditive, als auch auf visuelle Eindrücke. Visuelle Information bedeutet das Lesen mathematischer Texte wie Definitionen, Formeln, Erläuterungen, aber auch das Verständnis von Aufgabenstellungen, von denen als Erstes das Verständnis von Textaufgaben mit Sprachverständnis in Zusammenhang gebracht wird. Auditive Informationen über mathematische Inhalte beziehen sich für Kinder ebenso auf Alltagserfahrungen, in denen mathematisiert wird, wie auf Unterrichtsprozesse. In beiden Bereichen ermöglicht die Kommunikation Ergänzungen, um Verständigung zu erzielen.

Ist das Kind Produzent mathematischer Sprache, ist die aktive Formulierung seiner Gedanken erforderlich. In der mündlichen Sprachproduktion äußert das Kind die Vorstellungen, die es mit dem mathematischen Begriff verbindet. Hier ist es ebenfalls möglich, im Kommunikationsprozess sprachliche Äußerungen zu unterstützen, Aufmerksamkeit zu fokussieren und zu korrigieren.

Für die Sprachproduktion im schriftlichen Bereich gelten besondere Anforderungen, die häufig als anspruchsvoll und unverständlich erscheinen. Als Beispiel kann hier die Verwendung des Gleichheitszeichens gelten, dessen Deutung als „ergibt"- Zeichen Kinder dazu veranlasst, es wegzulassen (Baroody/Ginsburg, 1983; Behr/ Erlwanger/Nichols, 1980; Winter 1982) oder zu notieren, weil es sonst z.B. einen Punktabzug in einer Arbeit gibt (Nolte, 1991) oder in den Augen der Kinder seine Auslassung „den Lehrer verwirrt": „It keeps the teacher from getting the answer confused" (Van de Walle/Thompson, 1981, S. 4).

Schriftliche mathematische Sprache enthält viele Details, die für die Informationsvermittlung von fundamentaler Bedeutung sind, aber auch Details, auf die mit wachsender Verdichtung verzichtet werden kann, ohne dass sich die Bedeutung ändert. Beispiel: $3{\cdot}x$ und $3x$ sind gleich, aber -3 und 3 sind nicht gleich.

Kinder müssen als Produzenten schriftlicher Sprache die angemessene Notationsweise lernen. Esty (1992) fordert deshalb, sowohl die Lesefähigkeit als auch die Schreibfähigkeit mathematischer Sprache zum Unterrichtsgegenstand zu machen.

Mit dem bewussten Einüben mathematischer Sprache wird ein Fokus auf das Verständnis von Fakten und Strukturen gelegt. Die Aneignung prozeduraler Fähigkeiten[25] und deren Anwendung in Problemlösesituationen ermöglicht bei ausreichender Kenntnis der Prozeduren häufig Aufgabenlösungen, die zur Vorstellung verleiten könnten, die Beziehungshaltigkeit der Aufgabe sei genügend reflektiert worden. Viele Aufgaben sind jedoch durch einen Rückgriff auf prozedurale Kenntnisse lösbar und nicht ausreichend in deklaratives Wissen[26] eingebettet. Nach Beobachtungen von Esty und Teppo (1994) werden bei Übungen zum Erwerb mathematischer Sprache ebenfalls deklarative Wissensanteile geschult. Eher als leistungsstark beurteilte Schüler zeigten dabei vergleichbare Schwierigkeiten wie leistungsschwach beurteilte Schüler.

Ein Ansatz, die Verbindung von Sprache und Mathematikunterricht zu schulen, wird mit dem Konzept von Gallin /Ruf (1990, 1993) entwickelt. Kinder lernen ihre sprachlichen Fähigkeiten zur Produktion mathematischer Texte zu nutzen. Sie formulieren z.B. in Form von „Reisetagebüchern" ihre Gedanken, so dass die Tagebücher eine Mischform aus mathematischer Fachsprache und Ausdruck ihrer Gedanken auf ihrem eigenen Sprachniveau sind.

Kinder werden damit nicht durch einen starren Formalismus an der Entwicklung eigener Gedanken im Problemlöseprozess gehindert. Dies bedeutet, den Formalismus mathematischer Sprache als Abstraktionsstufe zu erkennen, über die Kinder beim Versuch, Probleme zu lösen, noch nicht verfügen müssen. Die Tagebücher ermöglichen eine Form von Kommunikation, die soweit verkürzt ist, wie es das Kind leisten kann, so dass die individuellen Wege im Problemlöseprozess nachvollzogen werden können.

4.1.2.6 Mathematik als erste Fremdsprache?

"Eine enorme Dichte fachlicher Termini und Symbole" (Radatz/Schipper, 1983, S. 217) führt dazu, dass Mathematik auch als erste Fremdsprache für die Kinder bezeichnet wird (Lorenz 1991 a, 1994; Garlichs/Hagstedt, 1991; Radatz/Schipper, 1983). Lorenz (1991 a) berichtet, dass die Kinder im Mathematikunterricht der Grundschule bis zu 500 neue Begriffe erwerben.

Was bedeutet das Erlernen einer Fremdsprache? Mit dem Lernen einer Fremdsprache erwirbt das Kind neue Bezeichnungen, die überwiegend als

---

[25] Ein bekanntes Beispiel für Prozeduren sind Algorithmen, wie z. B. schriftliche Rechenverfahren, die erlernt werden können, ohne dass dabei Wissen über zugrunde liegende mathematische Zusammenhänge mit erworben werden müssen.

[26] Deklaratives Wissen bezieht sich u. a. auf Wissen über Fakten, Beziehungen, somit hier auf mathematisches Hintergrundwissen.

zusätzliches Klangbild bereits vorhandenen Sprachzeichen zugeordnet werden[27]. In der Regel ist damit nicht die Erarbeitung neuer Begriffe verbunden. Im Mathematikunterricht lernt das Kind ebenfalls neue Bezeichnungen kennen, diese sind jedoch mit dem Erwerb des zugehörigen Begriffs verbunden. Das Kind lernt also nicht 500 neue Bezeichnungen für bereits entwickelte Konzepte, sondern 500 neue Konzepte sowie deren Bezeichnungen.

Die Unterscheidung von Begriffserwerb und der Zuordnung von Bezeichnungen macht es verständlich, dass gerade viele bilingual erzogene Kinder im Mathematikunterricht weniger Schwierigkeiten haben als in anderen Fächern. „In ihrer geschriebenen Form scheint Mathematik eine gewisse Unabhängigkeit von der natürlichen Sprache zu besitzen, in welcher der mathematische Sachverhalt eingebettet ist. Tatsächlich ist die Verwendung von Symbolen und Diagrammen so typisch für einen mathematischen Text, dass auch ein etwa in Indonesisch geschriebener mathematischer Text , ..., weltweit als mathematischer Text erkannt wird..." (Schweiger, 1995, S. 304).

Ebenso wie auf der Handlungs- oder bildlichen Ebene Sprache auf die Repräsentationen verweist, durch die die sprachliche Information angereichert werden, wird auf der symbolischen Ebene ein fremdsprachliches Kind aus der international vergleichbaren Verwendung der Zahl- und Operationszeichen zusätzliche Informationen gewinnen können. Wenn es entsprechende interne Repräsentationen erworben hat, reichert die Verwendung der Symbolsprache der Mathematik die Kommunikation mit anderen an. Dies setzt voraus, dass es sich um einen dem Kind bereits bekannten mathematischen Kontext handelt.

Schwierigkeiten entstehen da, wo in der fremden Unterrichtssprache symbolische Darstellungen verbalisiert werden müssen. Weitere Probleme beginnen mit der Erarbeitung neuer Begriffe, wenn sprachliche Kommunikation notwendig ist, um Hinweise zu geben, die das Kind der Symbolsprache nicht entnehmen kann. Ein Vorteil für fremdsprachige Kinder ist, dass das Sprachproblem bewusst ist und der Umgebung die Möglichkeit gewährt wird, Informationen so zu vermitteln, dass fehlende Sprachkenntnisse nicht behindernd wirken. [28]

---

[27] Es erwirbt zusätzlich auch neue Deutungen der Sprachzeichen, wenn kulturell bedingte Unterschiede mit reflektiert werden. Insgesamt dürfte in diesem Prozess jedoch die Zuordnung eines zusätzlichen Sprachzeichens zu einer bereits entwickelten Bedeutung überwiegen.

[28] Hinweise dazu finden sich bei Lörcher (1981).

5 Störungen der Sprachrezeption

Im Zusammenhang mit der kindlichen Entwicklung von Konzepten wurde auf die Bedeutung von Handlungserfahrungen und deren Verbindung mit Sprachzeichen hingewiesen. Auf sprachunabhängige Störungen, die auf der Ebene der konkreten Tätigkeiten den Erwerb von Konzepten beeinträchtigen können, soll hier nicht eingegangen werden.

Auf der Ebene konkreter Tätigkeiten können Hörende wie Gehörlose Konzepte erwerben. Eine Einschränkung der Begriffsentwicklung beginnt, wenn kein Abrufcode - wie z.b. eine Bezeichnung - für ein Objekt entwickelt werden kann. Dieser Abrufcode kann eine Lautsprache, aber ebenso die Gebärdensprache Gehörloser sein. Sie ist ein eigenes Zeichensystem, das die Begriffsbildung genauso fördert, wie das Zeichensystem der Lautsprache (Sacks, 1992). "Es geht letzten Endes nicht um die Laute, sondern um einen der menschlichen Sprache entsprechenden funktionalen Gebrauch eines Zeichens" (Wygotski, 1986, S. 82). Sprachzeichen, egal ob Gebärden oder Laute, können jedoch nur entwickelt werden, wenn sie in Lernprozessen erworben werden können. In Kommunikationsprozessen können Informationen nur klar vermittelt werden, wenn es zu einer Verständigung kommen kann, die Gesprächsteilnehmer die Zeichen der Partner verstehen. Beeinträchtigungen in der sprachlichen Kommunikation sind bezogen auf die Lautsprache u. a. dann möglich, wenn der Hörer (im Sinne des Sprachrezipienten) die Informationen des Sprechers (als Sprachproduzenten) nicht verstehen oder nicht nachvollziehen kann.

Beeinträchtigungen in der Sprachrezeption können auf unterschiedlichen Ursachen beruhen. Periphere Hörstörungen beziehen sich auf Beeinträchtungen der Hörorgane. Davon zu unterscheiden sind Störungen der Verarbeitung auditiver Information[29]. Die Untersuchung peripherer Hörstörungen gehört mit zu den Vorsorgeuntersuchungen im Kindesalter. Beeinträchtigungen werden deshalb in der Regel vor Schuleintritt festgestellt. Bis vor kurzem wurden allerdings periphere Hörstörungen erst ab einem bestimmten Hörverlust für die Lernfähigkeit als bedeutsam eingeschätzt. Im Zusammenhang mit der Forschung zur Legasthenie wurde jedoch darauf hingewiesen, dass für die Unterscheidung der Konsonanten bereits eine geringe Beeinträchtigung der Hörfähigkeit zur Beeinträchtigung der Sprachverarbeitung

---

[29] Auf weitere Verursachungsmöglichkeiten für Störungen dieses Prozesses soll hier nicht eingegangen werden.

51

führen könnte. „Now we know that even a mild loss - even a temporary one - can affect the normal development of language and speech" (Deal/Haas, 1996, S. 114). Bereits eine geringfügige Hörstörung kann zu einem Verlust von 30 % der Sprachinformation bei einer normalen Geräuschkulisse führen (Deal/Haas, 1996, S. 115)[30].

Im Unterschied zu Kindern mit peripheren Hörstörungen werden Störungen, die mit auditiven Wahrnehmungstätigkeiten zusammenhängen, selten durch Vorsorgeuntersuchungen erkannt. Es ist dann kaum möglich, bewusst Kompensationsmechanismen zu entwickeln, um Störungen auszugleichen. Im Weiteren soll beschrieben werden, welche Schwierigkeiten aus Störungen von Wahrnehmungstätigkeiten im auditiven Bereich erwachsen können.

5.1 Zur auditiven Wahrnehmung und Auswirkungen möglicher Störungen

5.1.1 Zur kindlichen Entwicklung

In der kindlichen Entwicklung wirkt sich eine gestörte auditive Wahrnehmungsfähigkeit sehr viel stärker aus als in späteren Jahren. Neben der Fülle der zu verarbeitenden sensorischen Informationen erhält die Verarbeitung einzelner Sinnesmodalitäten ihre Bedeutung für eine Informationsverarbeitung: Kinder sehen nicht einfach zu, sie lernen Zusehen, sie hören nicht einfach zu, sie lernen Zuhören usw. Mit der als bedeutsam erfahrenen modalitätsspezifischen Information ist gleichzeitig eine Wahrnehmungsschulung dieser Modalität verbunden.

Kann in der Entwicklung des Kindes die Hörerfahrung nicht diese Bedeutung erlangen, werden entsprechende funktionelle Systeme nicht in dem Maße entwickelt, wie es wünschenswert wäre. Die Einschränkung der Hörerfahrung kann dann zu einer Vernachlässigung dieser Modalität führen. Dies hat generelle Auswirkungen auf die Informationsverarbeitung, könnte aber auch zur Folge haben, dass selbst in Situationen, in denen Hören ohne Einschränkung möglich wäre, die Informationsaufnahme über diese Modalität nicht angewendet wird. Es ist fragwürdig, ob die daraus erwachsenen

---

[30] Bei einem siebenjährigen Jungen lag nach Auskunft der Eltern eine für die schulischen Leistungen irrelevante Beeinträchtigung der Hörleistungen eines Ohres vor. Der Junge konnte jedoch ohne Sicht auf das Gesicht seines Gegenübers keine sinnlosen Silben nachsprechen. Für ihn sinnvolle Wörter sprach er problemlos nach. Sein gutes Gedächtnis ermöglichte ihm, längere Zeit zu verbergen, dass er nicht lesen konnte, weil er alles auswendig lernte.

Haltungen verändert werden können, wenn unzureichend entwickelte Funktionsbereiche nachgereift sind[31]. Konsequenzen werden für das Verhalten des Kindes beobachtet, aber auch für die Entwicklung neuronaler Vernetzungen. Wenn die Aufmerksamkeit gegenüber Sprachklängen nicht genügend entwickelt ist - wie Esser/Wurm-Dinse u.a. (1994) für Kinder mit zentralen Hörstörungen vermuten -, führt das im Sinne der Entwicklung funktioneller Systeme in Abhängigkeit von eigenen Erfahrungen zu einer geringeren Fähigkeit dieses funktionellen Systems. So führt eine nichterkannte Hörbeeinträchtigung ebenfalls zu „geringerer Ausbildung von neuronalen Synapsen" (Bauer, H. H., 1988, S. 49) und damit zu einer Beeinträchtigung der Wahrnehmungstätigkeit.

Eine Beeinträchtigung der auditiven Wahrnehmungstätigkeit kann ebenfalls Folgen für die kognitive Entwicklung haben. Für die Sprachentwicklung als besonders bedeutsam schätzen Deal und Haas u.a. (1996) Schwierigkeiten beim Erwerb von mehrdeutigen Wörtern, bei der Bildung abstrakter Begriffe und dem Erwerb bildlicher Sprache ein.

Wenn die Aufmerksamkeit eines Kindes sehr stark auf die Erkennung des Wortes gerichtet ist, diese also nicht automatisiert abläuft, ist die Aufmerksamkeit an diesen Prozess gebunden und steht in geringerem Maße für die Bedeutungserfassung zur Verfügung. Diese Problematik, von Grimm (1988) für dysphasische Kinder diskutiert, wird vermutlich auf alle Kinder zutreffen, deren Sprachrezeption - unabhängig von den Ursachen - beeinträchtigt ist. Grimm nimmt an, dass die belastete Aufmerksamkeit zu einer geringeren Wissensbasis führen könnte, „so kann weiter vermutet werden, dass dadurch die Tiefe der Verarbeitung neuer Informationen begrenzt wird, was sich dann natürlich wiederum auf die Möglichkeit auswirkt, aus diesen die richtigen Schlussfolgerungen ziehen und das heißt lernen zu können" (Grimm, 1988, S. 64)[32].

Vallar und Papagno (1993) vermuten einen Zusammenhang zwischen auditivem Kurzzeitgedächtnis und der Sprachentwicklung. Die Erweiterung

---

[31] Ruth (1997) beschreibt ein Kind, dem die medizinische Diagnostik mit ca. dreieinhalb Jahren eine auditive Wahrnehmungsstörung attestiert hatte. Eine mit 9 Jahren erfolgte Untersuchung der auditiven Wahrnehmungstätigkeit zeigt, dass die Störung weitgehend ausgeglichen werden konnte. Seine Verhaltensweisen als Sprachrezipient ergeben jedoch ein ganz anderes Bild. Das Kind zeigt nach wie vor Schwierigkeiten, Sprache zu verstehen und zu reproduzieren.

[32] Grimm bezieht ihre Überlegungen auf die Situation dysphasischer Kinder, sie scheinen mir jedoch an diesem Punkt geeignet, auf Kinder mit Sprachwahrnehmungsstörungen übertragen zu werden.

des Wortschatzes hängt mit vom auditiven Gedächtnis ab. Umgekehrt wurde beobachtet, dass Kinder mit Sprachentwicklungsstörungen Probleme im auditiven Gedächtnis aufwiesen.

Je nach Art der vorliegenden Störung unterscheiden sich die Schwierigkeiten in der Wahrnehmungstätigkeit. So hören Kinder mit einer Schalleitungsstörung Töne und Geräusche leiser, aber Kinder mit zentraler Fehlleistungsstörung „Signale mit Geräuschcharakter, z.B. gesprochene Konsonanten, ... nicht nur lauter, sondern auch weniger differenziert ... . Die gehörte Sprache verliert dadurch an Redundanz, was in akustisch komplexen Situationen zu Hörproblemen führt, z.b., wenn durcheinander gesprochen wird, bei Nebengeräuschen oder in halligen Räumen. In ruhiger Atmosphäre versteht der Fehlhörige dagegen annähernd normal" (Esser/Wurm-Dinse, u.a., 1994, S. 49).

Die Folgen für Kinder in der Schule, die im Klassenraum in der Regel einer erhöhten Geräuschkulisse ausgesetzt sind, selbst wenn es sich um eine ruhige Gruppe handelt, können mit einer Tonbandaufnahme einer Unterrichtsstunde simuliert werden. Der Versuch, die Sprache der Lehrerinnen oder der Kinder zu verstehen, ist erschwert. Das Gerät diskriminiert nicht die wesentlichen von den unwesentlichen Geräuschen, so dass jedes Bewegungsgeräusch, jedes Räuspern, mit der gleichen Stärke aufgenommen wird wie die Sprache. Diese Simulation verdeutlicht die enormen Anstrengungen, die Kinder mit einer solchen Störung leisten müssen, wenn sie dem Unterrichtsgespräch folgen wollen. Sie müssen größere Konzentrationsleistungen erbringen als andere Kinder und ermüden deshalb rascher. Sie werden leichter abgelenkt, sie verstehen häufig Informationen nicht und müssen deshalb mehr nachfragen. Sie verschaffen sich zusätzliche Informationen durch eine Orientierung bei den Tischnachbarn. Die erhöhten Anforderungen an ihre Konzentration führt zu einem größeren Abfall in ihrer Leistungsfähigkeit im Laufe des Schulvormittags (siehe auch Esser/Wurm-Dinse, u.a., 1994; Hackethal 1995).

5.1.2 Situative Auswirkungen

Im Zusammenhang mit Teilfunktionsstörungen werden vor allem Beeinträchtigungen in der Verarbeitung auditiver Information untersucht. Von den komplexen Wahrnehmungsleistungen werden als Teilfunktionen die Fähigkeiten, *Lautreihenfolgen* (Serialität) wahrzunehmen, die akustische *Figur-Grund- Differenzierung*, das *Gedächtnis* für akustische Ereignisse sowie das *Verarbeitungstempo* auditiver Informationen als wichtige Funktionen für eine Verständigung untersucht (Gottschalk, u.a., 1992; Lorenz 1994).

Die Verarbeitung von *Lautreihenfolgen* und deren Deutung ist für das Verständnis der Sprache, aber auch für die Reihenfolgenbildung von Zahlen fundamental. Zur Entwicklung des Stellenwertbegriffs ist die Unterscheidungsfähigkeit der Reihenfolge der Ziffern wesentlich. Das bezieht sich auf die geschriebene ebenso wie die gesprochene Sprache. In der geschriebenen Sprache ergibt sich die Zahl aus der Reihenfolge der Ziffern, werden bei der gesprochenen Zahl Verwechslungen der Silben vorgenommen, kann eine andere Zahl gemeint sein.

Beispiele: hunderteins und einhundert, dreihundertsieben und siebenhundertdrei, 124, 241, 412.

Ohne über eine sichere Vorstellung der Bedeutung von Reihenfolge zu verfügen, kann die Zahlbegriffsentwicklung nicht gelingen. Die Zählfähigkeit, die Ordnung der Zahlen, die Entdeckung von Analogien in dieser Ordnung sind ebenso wie die Durchführung der Operationen darauf angewiesen, dass die Reihenfolge als bedeutsam erlebt werden kann.

Wenn ein Kind die Reihenfolge der Ziffern verwechselt, welche Zahl ist dann größer, 36 oder 63? Wozu wird die 5 addiert, zur 3 oder zur 6? Wie heißt der Nachfolger, der Vorgänger usw. Bei Schwierigkeiten in diesem Bereich ist sowohl die verbale sprachliche Kommunikation als auch die Verschriftlichung eingeschränkt.

In mathematischen Termen ist eine Einhaltung der Reihenfolge in vielen Fällen bedeutsam. Wenn die Reihenfolge in Termen nicht als bedeutsam erfahren wird, werden strukturelle Betrachtungen des Terms nicht möglich. Ein bekannter Fehler bei Nichtbeachtung der Reihenfolge:

$3 + 4 =$	$3 + \square = 7$	$\square + 3 = 7$
$3 + 4 = 7$	$3 + 10 = 7$	$10 + 3 = 7$
$7 - 4 =$	$7 - \square = 3$	$\square - 4 = 3$
$7 - 4 = 3$	$7 - 4 = 3$	$1 - 4 = 3$

Fettgedruckt sind „Lösungen", die darauf beruhen, dass Zahlen mit dem entsprechenden Operationszeichen verknüpft werden. Problematisch ist hier, dass einige Aufgaben nach diesem Schema zu einem richtigen Ergebnis führen, andere nicht, so dass das Kind in seiner Strategie eine intermittierende Verstärkung erfährt.

Die *Diskriminationsfähigkeit* des Kindes hängt mit der *auditiven Aufmerksamkeit* zusammen. Wenn das Kind Geräusche nicht nach ihrer Bedeudeutung werten kann, wird es in seiner Fähigkeit, zuhören zu können, eingeschränkt (Partyeffekt). Ist die Diskriminationsfähigkeit gestört, können ähnlich klingende Laute nur schlecht unterschieden werden.

Gleichzeitig wird die Unterscheidungsfähigkeit für akustische Ereignisse beeinträchtigt. Sie ist eine wichtige Voraussetzung für die selektive Aufmerksamkeit, da sie für eine fortwährende Filterung unwichtiger Geräusche aus der Flut einströmender Informationen sorgt. Da in der Schule in der Regel auch in ruhigen Klassen eine ständige Geräuschkulisse vorhanden ist, können Kinder mit Störungen der *auditiven Figur-Grund-Wahrnehmung* leichter abgelenkt werden. Es bedeutet für sie eine größere Leistung als für andere Kinder, ihre Aufmerksamkeit zu steuern. Daraus erwächst eine rasche Ermüdbarkeit, die die Aufnahme von Informationen weiter erschwert. Die Selektionsfähigkeit der Geräusche wird sehr viel mehr beansprucht, wenn die Nebengeräusche ebenfalls aus Sprache entstehen. Um einem Kind die Teilnahme am Unterrichtsgespräch in gleichem Maße zu ermöglichen, müsste „die Schallintensität des Partygeräusches auf ein Viertel zurückgehen ..., damit die Gruppe der Fehlhörigen die gleiche Sprachwahrnehmungsleistung erreicht wie die Normalhörenden. - Das sind natürlich Mittelwerte. Im Einzelfall kann die Situation noch ungünstiger sein" (Esser/Wurm-Dinse, u.a., 1994, S. 61).

Neben der Notwendigkeit einer Filterfunktion für allgemeine Geräusche wie Klappern mit Stiften, Motorengeräusche vorbeifahrender Autos, spielende Kinder, sind die Sprechklänge danach zu unterscheiden, ob wesentliche oder unwesentliche Informationen vermittelt werden. Als wesentlich kann die Stimme des Lehrers im Unterschied zum „Schwätzen" vom Nachbarstisch empfunden werden. Es kann aber genau umgekehrt sein. Liegen Differenzierungsschwächen vor, müssen Kinder sich anstrengen, der von ihnen als wichtig bewerteten Information zu folgen, ein Prozess, der sonst weitgehend unbewusst abläuft.

Daneben ist die Diskriminationsfähigkeit bezogen auf Lautunterscheidungen der zu verarbeitenden Silben zu unterscheiden. Als Folge von Diskriminationsstörungen werden zunächst Verwechslungen ähnlich klingender Wörter wie eins, klein, keins, drei, zwei, achtzehn, achtzig beobachtet. Aus diesen Verwechslungen können Schwierigkeiten bei der Begriffsentwicklung resultieren. Zitzelsberger u. a. (1991) weisen auf "Ungenauigkeiten der Zahlwort- und Zeichenerfassung, Folge, Störung der Entwicklung exakter Zahlvorstellungen, Beeinträchtigung beim Kopfrechnen" (S. 350) hin. Die besonderen sprachlichen Ausdrucksformen der Mathematik wie

56

ihre Knappheit, ihre Reduktion auf die wesentliche Information, lassen jedem Wort in einem Satz besondere Bedeutung zukommen.

Ist das *auditive Gedächtnis* eingeschränkt, kann es besonders schwer fallen, Kettenaufgaben sowie große Zahlen zu speichern (Lorenz, 1991 a). Große Zahlen zu verstehen erfordert eine akustische Durchgliederung: „Dreihundertsechsundachtzig-tausendsiebenhundertfünf" jeder Silbe wird eine Bedeutung zugewiesen, die sich auf die Deutung der Ziffer und ihren Stellenwert bezieht. Erst ab der neunten Silbe wird die ungefähre Größe der Zahl erkannt, die genaue Zahl erst nach Deutung aller 14 Silben erfasst.

Beim Kopfrechnen erwachsen zusätzliche Schwierigkeiten in Bereichen, in denen nicht über automatisiertes Wissen verfügt wird. Neben der Speicherung der Aufgabenstellung ist die Speicherung von Zwischenergebnissen wichtig (Lorenz, 1990).

Beispiel:

$23 + 38 = 23 + 30 + 8 = 53 + 8$

Beim mündlichen Bearbeiten von Sachaufgaben wird es erforderlich, den semantischen Gehalt der Sprache, sowie Zahlenwerte zu speichern, noch bevor die Entwicklung von Strategien erfolgt.

Ebenso ist die Beteiligung an unterrichtlichen Kommunikationsprozessen erschwert, z.B. bei der Aufnahme und Verarbeitung von Erklärungen der Lehrerin und der Mitschüler. Davon wird ebenfalls beeinträchtigt, Arbeitsanweisungen aufzunehmen und umzusetzen.

Da in einem Gespräch häufig längere Sätze verarbeitet werden müssen oder mehrere Sätze aufeinander folgen, ist es für eine Teilnahme an einem Gespräch wichtig, dass das *Verarbeitungstempo* angemessen hoch ist, damit möglichst viel der Information, die vom Sprecher gegeben wird, vom Hörer verarbeitet werden kann. Wichtig ist in diesem Zusammenhang ebenfalls das Verarbeitungstempo des jeweiligen Ohrs. Wenn die Informationen von einem Ohr schneller als von dem anderen verarbeitet werden, kommt es zu einem Echoeffekt, der zur Aufnahme ungenauer Wortklänge führen kann. Hackethal (1995) weist auf die Bedeutung der unterschiedlichen Verarbeitung von Konsonanten und Vokalen hin. Stakkato-Laute oder Stoppkonsonanten (wie p, t, k) klingen in der gesprochenen Sprache ca. 0,04 Sekunden an, Vokale hingegen 0,1 Sekunden.

5.1.3 Fehldeutungen von Kompensationsmechanismen

Die Phänomenologie der Schwierigkeiten bei beeinträchtigter auditiver Wahrnehmungstätigkeit führt häufig zu Fehldeutungen. In den ersten Lebensjahren ist die Kommunikation mit den Kindern noch stark von nonverbalen Mitteln geprägt (Günther, 1995), so dass viele Kinder mit auditiven Wahrnehmungsproblemen erst unter den Anforderungen der Schule auffällig werden. Eine Deutung ihrer Probleme erfolgt dann häufig orientiert an Verhaltensweisen oder führt zu einer Mindereinschätzung der Intelligenz.

Viele der beschriebenen Verhaltensweisen werden auch von Kinder gezeigt, die aus anderen Gründen unter Konzentrationsstörungen leiden oder nicht aufpassen. So werden Versuche der Kinder, eine Kompensation für die gestörte Wahrnehmungstätigkeit zu entwickeln, häufig als Unaufmerksamkeit oder Ungehorsam gedeutet: Die Kinder können nicht zuhören - sie können nicht hören. „Vielfach gewöhnen sich solche Kinder sehr frühzeitig an, das, was sie gehört haben, durch Rückfrage sich wiederholen zu lassen. Auf diesem Wege können sie ihre Teilleistungsschwäche weitgehend ausgleichen" (Lempp 1981, S. 112). Diese Kompensation gelingt jedoch nur in einer Umgebung, die solche Verhaltensweisen nicht missversteht.

Eine Gruppe von Kindern aus zweiten Grundschulklassen wurde zu Beginn des Schuljahres von Kuchenbecker und Nolte wegen Schwierigkeiten im Mathematikunterricht zu einer Fördergruppe zusammengestellt. Etwa die Hälfte der Kinder hatte Schwierigkeiten, Zahlen sowie mehrstellige Terme nachzusprechen. Auf die Frage, wie sie sich im Unterricht orientieren würden, gaben sie an, sie würden bei anderen Kindern abschreiben oder nachfragen, denn (sinngemäß) „Frau X will ja, dass wir aufpassen und bevor ich dann fragen muss, gucke ich lieber bei meinem Nachbarn" oder „Sie hat ja noch andere Kinder in der Klasse, sie kann sich ja nicht immer um mich kümmern".

Es scheint verständlich, dass auch in anderen Bereichen, in denen sich die Kinder in einer Gruppe aufhalten, die Kommunikation in dieser Gruppe beeinträchtigt wird und daraus Verhaltensweisen der Kinder resultieren können, die als Verhaltensstörungen gedeutet werden.

5.1.4 Auswirkungen von Reizüberflutung oder Deprivation

Die veränderten Lebensgewohnheiten und Bedingungen, unter denen Kinder heute aufwachsen, erfordern in der Schule geeignete pädagogische Maßnahmen. Dabei kann vermutet werden, dass die Beobachtungen, die Bauersfeld (1993) für die Lernvoraussetzungen in der visuellen Informationsverarbeitung anspricht, ebenso für die Verarbeitung auditiver Informationen gelten.

„Das Fernsehen fördert durch seine immer kürzertaktig werdenden Feature-bzw. Schnitt-Wechsel eine Konsumentenhaltung im Verbund mit der Erwartung rascher Abwechslung und Unterhaltung ohne Reflexions- und Aktivitätsanspruch. Was jede Grundschullehrerin weiß: Die Kinder müssen das genaue Hinsehen, das von entwickelten Vorstellungen geleitete Beobachten und Erwägen neu lernen," (Bauersfeld, 1993 a, S. 13). Es scheint, als müssen die Grundschüler heute ebenso das genaue und ausdauernde Hinhören lernen.

Aus der Beobachtung, dass etwa die Hälfte der Kinder der Fördergruppe Schwierigkeiten hatte, Zahlen oder Terme nachzusprechen, kann nicht gefolgert werden, dass bei diesen Kindern eine Schwerhörigkeit oder eine zentrale Fehlhörigkeit vorliegt. Nach Untersuchungen von Ward (Hobbs, 1994) führt die Umgebung heute für viele Kinder zu einer Beeinträchtigung in der Entwicklung von Fähigkeiten der Sprachrezeption. Ward stellt in Ihrer Untersuchung, die sich auf 1000 Kinder aus Manchester bezog, fest, dass 20% der Kinder "listening and attention problems" a.a.O. hatten, die ihre sprachliche Entwicklung beeinträchtigte. Die Häufigkeit verdoppelte sich von 1984 bis 1990. Manche Kinder waren so schwer betroffen, dass man sie für schwerhörig hält. "But they're not deaf, they're switched off. They haven't been able to develop the ability to listen selectively" (a.a.O.).

Ward führt ihre Ergebnisse darauf zurück, dass in vielen der betroffenen Familien zu viele Hintergrundgeräusche, wie z.B. eine ständige Berieselung mit Musik, vorzufinden ist.

Eine ständige Geräuschkulisse im Säuglingsalter hindert die Kinder anscheinend, wesentliche von unwesentlichen Geräuschen zu unterscheiden, eine wichtige Diskriminationsleistung auch im Schulalter. "Many parents leave the television on all the time, for company and to occupy their children. In the first crucial month of life, babies cannot hear their parents talking above the noise, at the developmental stage when they need one-to-one-interaction with other humans in order to distinguish between meaningful sounds - their parents' speech - and meaningless background noise." (Hobbs, 1994) Die Qualität der Geräuschkulisse war ebenso wenig für die Beeinträchtigung des Kindes ausschlaggebend wie schichtspezifische oder geschlechtsspezifische Unterscheidungen. "Middle-class parents who self-conciously spend time with their children, but in an noisy environment, fare no better than those lower on the social scale ..." (a.a.O.).

Unabhängig von den genauen Ursachen scheinen Schwierigkeiten in der Sprachrezeption zuzunehmen (siehe dazu Hobbs 1994; Smolka, 1996). Esser/Wurm-Dinse gehen davon aus, „dass die zentrale Fehlhörigkeit keine exotische Seltenheit ist. Sie tritt so häufig auf, dass u. E. der Alltag und insbesondere der Schulalltag von dieser Problematik nachhaltig beeinflusst wird" (1994, S. 53).

Die unterschiedlichen Ausprägungen von Fehlhörigkeit, ist es eine Schwerhörigkeit, sind es zentrale Hörverarbeitungsstörungen, sind es Deprivationserscheinungen oder Folge von Reizüberflutung u. ä., können von der Schule in der Regel nicht diagnostiziert werden.

Für die Schule bedeutsam sind die Folgen, die sich aus einer Störung ergeben. Für diese gilt es, geeignete methodische Maßnahmen zu ergreifen, um eine Störung der basalen Fähigkeit nicht zu einer Störung des schulischen Lernprozesses werden zu lassen.

Störungen in der Sprachrezeption können sich somit auswirken

- auf den Umgang mit Sprache in unterschiedlichsten Situationen: Wird es gelernt, zuzuhören?
- auf die Fähigkeit zur Teilhabe an unterrichtlichen Kommunikationsprozessen: Kann man verstehen, was gesagt wird?
- auf gegenwärtiges und zukünftiges Lernen: Wie wirken sich Störungen des Lernprozesses heute auf zukünftigen Wissenserwerb aus?
- auf die körperliche und psychische Befindlichkeit: Wie wird es von einem Kind erfahren, größere Anstrengung als andere zeigen zu müssen, in Kommunikationsprozessen eingeschränkt zu sein?
- auf die Fähigkeit zum Verständnis mathematischer Sprache: Sind Sprache und Situation redundant genug, um die benötigten Informationen zu vermitteln?
- Können ähnlich klingende Zahlen und Zeichen unterschieden werden?
- Können Zahlen und Zeichen genügend lange gespeichert werden?

5.1.5 Warum ist eine Kommunikation im Mathematikunterricht nicht in dem Maß als Mustererkennungsprozess möglich?

Die Auffassung, Sprache als Mustererkennungsprozess zu begreifen, für dessen Verarbeitung in der Regel keine vollständige Lautanalyse erforderlich ist, lässt die Frage stellen, weshalb ein Zusammenhang zu Lernstörungen im Mathematikunterricht mit Störungen in der Sprachrezeption bestehen könnte. Neben den Unterschieden, die Sprachverständnis im Mathematikunterricht im Unterschied zur Umgangssprache erfordert, scheinen verschiedene Punkte relevant zu sein.

Sprachverarbeitung als Musterkennungsprozess verläuft dann störungsfrei, wenn Hörer und Sprecher Informationen in einem Bereich austauschen, der ihnen bekannt ist. Dies dürfte bei der Erarbeitung neuer Inhalte in der Schule nicht der Fall sein.

Der Prozess der Spracherkennung verläuft auch störungsfrei, wenn der situative Kontext reichhaltige zusätzliche Information anbietet, um die sprachliche Information anzureichern. Deshalb werden in Abhängigkeit von der methodischen Gestaltung des Unterrichts und vom Abstraktionsgrad der Erarbeitung unterschiedliche Anforderungen an die Vollständigkeit der Sprachinformation gestellt. Es werden unterschiedliche Anforderungen in Gruppenprozessen, Unterrichtsgesprächen oder in Einzelarbeit gestellt.

Wieweit ein Kind Sprache entschlüsseln muss, um Bedeutungen zu verstehen, bezieht sich auch auf seine individuelle begriffliche Repräsentation. Je mehr Kenntnisse ein Kind zu einem bestimmten Thema erworben hat, umso leichter ist es, weitere Informationen zu entschlüsseln und in Beziehung zu setzen. Bei einer reichhaltigen individuellen Repräsentation müssten die Verständnisprobleme geringer sein.

Damit werden interindividuelle, aber auch aufgabenspezifische Unterschiede angesprochen. Dies weist auf eine ungünstige Wechselwirkung verschiedener Faktoren hin: Beeinträchtigungen in der Rezeption von Sprache können zu einer Beeinträchtigung von Lernprozessen führen und damit gleichzeitig die Bedingungen für weitere Lernprozesse verschlechtern.

Bei der Frage nach Anpassung der methodischen Gestaltung an die Bedürfnisse eines Kindes mit Störungen der auditiven Wahrnehmungstätigkeit ist es notwendig, andere Ziele des Unterrichts mitabzuwägen. So werden offene Unterrichtsformen mit hohem Anteil an Eigenaktivitäten der Kinder häufig von einem höheren Lärmpegel begleitet als in einem streng frontal geführten Unterricht. Offene Unterrichtsformen ermöglichen vielfältige Zugänge zu einem Inhalt und bewirken deshalb für die unterschiedlichen Vorkenntnisse der Kinder differenzierende Zugänge, wie sie gerade leistungsschwache Kinder brauchen. Gleichzeitig stellt selbst positive Arbeitsunruhe erhöhte Anforderungen an die Konzentration der Kinder mit Störungen der auditiven Wahrnehmungstätigkeit.

Von der Lernumgebung hängt es ebenfalls ab, wie hoch die Anforderungen an die auditive Wahrnehmungstätigkeit sind. Ist die Nachbarklasse laut, in welcher Gegend liegt die Schule? Auch in diesem Bereich müssen unterschiedliche Interessen abgewogen werden. Vorschläge von Esser/Wurm - Dinse (1994) wie schallschluckende Teppichböden in der Klasse, erweisen sich angesichts der wachsenden Anzahl von Kindern mit Allergien als fragwürdig.

Bedeutsam scheint ebenfalls die Phase der Begriffserarbeitung. In einem Übungsprozess, wenn das Kind einen erworbenen Begriff anwenden soll, ist die differenzierte Sprachanalyse weniger bedeutsam, als bei der Einführung eines Begriffs.

Aus einer aufgabenbezogenen Analyse ergeben sich unterschiedliche Anforderungen an die Informationsverarbeitung. Dabei spielt die Relevanz der Unterscheidung von Reihenfolgen, der Umfang der Textverarbeitung, die Wortauswahl des Textes eine Rolle.

Donaldson (1991) beschreibt, wie bereits einzelne Worte die Ergebnisse von Versuchen kognitive Fähigkeiten von Kindern zu untersuchen, entscheidend verändern[33].

Unterschiedliche Anforderungen ergeben sich ebenfalls aus Rahmenbedingungen wie der sprachlichen Kompetenz des Lehrers, seinem Sprechtempo, seiner Stimmlage, der Klarheit seiner Aussprache, seiner Formulierungsfähigkeit. Ein wesentlicher Punkt ist der Grad der Beeinträchtigung des Kindes und seine Fähigkeit, diese zu kompensieren.

---

[33] Bild S. 50; „Zwei verschiedene Formulierungen werden verwendet:
1. Sind mehr rote Schritte bis zum Stuhl zu gehen oder mehr Schritte bis zum Tisch zu gehen?
2. Sind mehr Schritte bis zum Stuhl zu gehen oder mehr Schritte bis zum Tisch zu gehen?
Aus einer Gruppe von 32 Kindern gaben auf die erste Frage 38% ... die richtige Antwort, wohingegen die zweite Frage von 66% ... richtig beantwortet wurde. Dieser Unterschied war statistisch signifikant, da die Zufallswahrscheinlichkeit für ein derartiges Ergebnis nur 2% beträgt" (Donaldson, 1991 401], S. 51).

6   Fallstudien

6.1   Untersuchungsmethode

In der Frage nach Ursachen für Rechenschwächen wird eine gestörte Sprachrezeption und -speicherung als eine der Möglichkeiten für Lernschwierigkeiten im Mathematikunterricht angesehen. Wie sich solche Störungen unter den Bedingungen des Unterrichtsalltags konkret auswirken können, soll in Fallstudien untersucht werden.

Folgende Fragen werden gestellt:
- Wie wirken sich Beeinträchtigungen der auditiven Wahrnehmungstätigkeit, die bisher von den Lehrkräften und Eltern nicht bemerkt wurden, auf die Lernprozesse der Kinder im Mathematikunterricht aus?
- Sind die Probleme nur im Mathematikunterricht zu beobachten?
- Können Unterschiede in den Lernprozessen und Verhaltensweisen der Kinder in Gruppen- und Einzelsituationen beobachtet werden?
- Zeigen sich Verhaltensweisen, die als psychoreaktive Folgen der Lernbeeinträchtigung gedeutet werden könnten?

Bei allen beobachteten Kindern waren Beeinträchtigungen der Sprachwahrnehmungen zunächst nicht bekannt. Ausgangspunkt war das Phänomen schwacher Rechenleistungen, das die Eltern oder Lehrerinnen der Kinder nicht einordnen konnten.

Eine Untersuchung der Phänomene, die im Zusammenhang mit Rechenschwächen im schulischen Alltag beobachtet werden können, steht unter der Problematik, dass der beobachtete Alltag komplexen Bedingungsgefügen unterworfen ist, die die Beobachtungen kaum vergleichbar machen. Der Anspruch an eine Vergleichbarkeit der Beobachtungen durch die Einschränkung auf die künstliche Situation eines Experiments würde eine Reduktion der Komplexität notwendig machen, die die Besonderheiten des Alltags nicht aufzeigen kann. Die Übertragung der Erkenntnisse auf den Alltag wäre damit gleichermaßen fragwürdig (Damasio 1995).

In der künstlichen Situation von Laborexperimenten kann das Aufgabenprofil so verändert sein, dass es erfüllbar erscheint, weil wesentliche Störfaktoren ausgeblendet wurden. Dies ist gerade bezogen auf die Sprachrezeption der Fall. Die Anforderungen an das Individuum in Kommunikationsprozessen sind im Dialog wesentlich andere als in einem Gruppenprozess. Im Alltag ändern sich zudem mit jeder Aktion und Reaktion die Anforderungen an die individuellen Verhaltensweisen. Alltagssituationen sind offen, sie ändern sich in Abhängigkeit von den darin stattfindenden Interaktionen.

Die Beobachtung der Kinder in Alltagssituationen ermöglicht es, die individuellen Besonderheiten der Kinder im Zusammenhang mit ihrem sozialen Kontext zu sehen. Die Bedingungen des konkreten Unterrichts, sollen in ihrer Bedeutung für den individuellen Lernprozess mathematischer Inhalte untersucht werden. Mit dieser Vorgehensweise lassen sich keine allgemeingültigen Aussagen über Lernprozesse von Kindern mit Sprachrezeptionsstörungen machen. Die Fragestellung ermöglicht jedoch auch nicht den Einsatz standardisierter Verfahren.

Für Untersuchungen von Alltagssituationen wurden in der Mathematikdidaktik interpretative Verfahren vorgeschlagen (Maier, 1991; Voigt, 1995). In der Regel werden bei diesen Verfahren Interaktionsprozesse wie z. B. Unterrichtsausschnitte vertextet. Diese Texte dienen als Grundlage für eine Analyse des Unterrichts. In dieser Untersuchung werden Unterrichtsbeobachtungen durchgeführt, die durch Beobachtungen in Einzelsitzungen ergänzt werden. Im Unterricht wurde das Lernverhalten des jeweils ausgewählten Kindes beobachtet und schriftlich festgehalten. Ziel war es, mögliche Ursachen für Schwierigkeiten des Kindes im Mathematikunterricht zu erschließen. Gleichzeitig wurde die Frage gestellt, ob die zunächst pauschale Einschätzung, ein Kind sei rechenschwach, von differenzierteren Aussagen über die Art der Schwierigkeiten im Mathematikunterricht abgelöst werden könnte.

Die Beobachtungen, die im Unterricht gewonnen werden können, beziehen sich zwangsläufig auf äußere Phänomene, aus denen noch nicht hervorgeht, welche individuellen Prozesse und Vorstellungen im Problemlöseprozess ablaufen. Die Arbeit mit den Kindern in Einzelsituationen soll darüber Aufschluss geben. Sie ermöglicht zusätzlich, dort gewonnene Auffassungen an den Unterrichtsbeobachtungen zu überprüfen. Die Arbeit in den Einzelsitzungen wurde per Video oder Tonband dokumentiert.

Damit sich die Kinder durch die Beobachtung so wenig wie möglich gestört fühlten, setzte ich mich im Unterricht nicht direkt neben sie, sondern an einen Platz, von dem aus ich sie und die Klasse ebenso wie die Lehrerin beobachten konnte. Die Kinder wussten, dass ich sie beobachtete. Vor der Klasse wurde die Frage nach dem Grund meines Besuchs umgangen. Um das betreffende Kind in der Klasse nicht hervorzuheben, wendete ich mich ihm (in Gruppenarbeitsphasen) ebenso wie anderen Kindern zu, wenn diese sich meldeten.

Im Anschluss an den Unterricht fand eine Einzelsitzung in einem anderen Raum statt. Grundsätzlich ging es in diesen Sitzungen um

- die allgemeine Erhebung von Vorkenntnissen in Anlehnung an Lorenz/Radatz (1993),
- die Beobachtung von Lernvoraussetzungen in Form von informellen Tests - hier wurde u. a. nach Hinweisen für Störungen der Sprachrezeption gesucht -
- die Erfassung der Kenntnisse bezogen auf die im Unterricht bearbeiteten Aufgaben.

Die Gespräche in den Einzelsitzungen konnten nicht genau geplant werden. Ausgangspunkt waren zwar zunächst Aufgabenstellungen aus dem Unterricht. Der Umgang der Kinder mit den Problemen erforderte jedoch eine Anpassung der Fragestellungen an die jeweilige Situation. Dies bezog sich auf inhaltliche Fragestellungen ebenso wie auf die psychische Verfassung der Kinder.

Deshalb war es in den Einzelsitzungen nicht in jedem Fall möglich, sich an den Inhalten des Unterrichts zu orientieren, z. B. wenn sich bei der Bearbeitung von Aufgaben Probleme zeigten, deren Ursachen nicht mit den aktuellen Inhalten des Unterrichts zusammenhingen. Marcels Vorkenntnisse waren soweit von den aktuellen Anforderungen des Unterrichts entfernt, dass eine Orientierung an den Inhalten des Unterrichts nicht möglich war.

Mit der Perspektive auf Fragen, ob es Hinweise auf Störungen auditiver Wahrnehmungstätigkeit als einen Faktor für Beeinträchtigungen im Lernprozess der Kinder gäbe, sollen weitere, Lernschwierigkeiten verursachende Faktoren, nicht ausgeblendet werden. Mit der Kenntnis um solche Phänomene ist es dem Beobachter nicht möglich, diese völlig zu ignorieren. Die Fokussierung auf nur einen Aspekt ermöglicht es jedoch, einen bislang im Kontext der Unterrichtsforschung vernachlässigten Bereich zu untersuchen.

Daran schließt sich die Frage an, ob die Kinder generell im Unterricht schwache Leistungen zeigen oder nur in bestimmten Bereichen, und ob es möglich wäre, für diese Bereiche Kompensationsmechanismen anzubieten.

Um die Frage der Qualität des Unterrichts nicht in den Vordergrund zu stellen, wurden Kinder ausgesucht, deren Mathematiklehrerinnen und - lehrer als solche ausgebildet waren[34]. Familiäre Probleme sollen nur soweit Berücksichtigung finden, wie sie zum Verständnis der Problematik notwendig sind. Damit wird die vielfältige Verflechtung Lernschwierigkeiten

---

[34] Durch die Rückversetzung von Maria war es in ihrer Falldarstellung nicht möglich, diesen Anspruch einzuhalten.

verursachender Faktoren nicht verkannt. Sie soll aber zunächst ausgeblendet werden, um mit der Perspektive auf das Kind dessen besondere Probleme in einer komplexen Situation beobachtbar zu machen.

Mit den Kindern wurden teilweise standardisierte Tests im Rahmen von diagnostischen Verfahren in der Schule, teilweise aber auch medizinische Untersuchungen außerhalb des schulischen Rahmens durchgeführt. Die Untersuchungen erfolgten bei Ulrike und Maria bei einem u. a. auf die Diagnose von Störungen auditiver Wahrnehmungstätigkeit spezialisierten HNO-Arzt. Bei Sabrina wurde in der Kinder- und Jugendpsychiatrie eine allgemeine Untersuchung durchgeführt. Über Marcel, der ständig in Behandlung eines Neurologen ist, erfolgten von Seiten der Praxis einige Auskünfte.

7 Fallstudie Sabrina

7.1 Vorbemerkungen

Die bisherigen Ausführungen richten sich gegen eine einseitige Ursachenzuweisung einer Lernstörung, auf die Person des Kindes. Rechenschwächen als multikausales Phänomen zu betrachten macht es ebenfalls nicht möglich, die Schuld für schulisches Versagen einseitig den Eltern oder Lehrerinnen der betroffenen Kinder zuzuweisen. Trotzdem gibt es Faktoren, die das Lernen insgesamt erschweren. Ein Überwiegen eines ungünstigen Faktors kann den Blick auf diesen Faktor lenken und die Komplexität der Bedingungen, die das Lernen erschweren, verdecken. Deshalb wurde mit Sabrina ein Kind ausgewählt, das auf verschiedenen Ebenen Unterstützung erfuhr und trotzdem Probleme im Mathematikunterricht zeigte, die für ihre Lehrerin nicht zu fassen waren.

7.1.1 Kurzbeschreibung des Kindes

Sabrina war zu Beginn der Beobachtung 9 Jahre alt und ging in die dritte Klasse. Die Lehrerin unterrichtete die Klasse seit dem ersten Schuljahr und erzählte, dass sie Sabrina während des ganzen zweiten Schuljahrs immer wieder Übungen mit Materialien angeboten hat, die die Erarbeitung des Hunderterraums und die Reihenfolge der Zahlen in diesem Raum beinhalteten, ohne Erfolg. Sabrina könne nach Erklärungen Aufgaben analog nachvollziehen, habe aber bis zur nächsten Stunde alles wieder vergessen. Eine Ausnahme bilde das Einmaleins. Das konnte sie sich im Vergleich zu ihren sonstigen Kenntnissen recht gut merken.
Eine Rückversetzung wurde u. a. deshalb nicht durchgeführt, weil Sabrina sich in ihrer Klasse wohlfühlt. Sie ist im Unterricht aufmerksam dabei, meldet sich oft, gibt dabei aber in Mathematik häufig falsche Antworten. Sabrina arbeitet wie ihre Mitschüler konzentriert und kann sich ausdauernd mit einer Fragestellung befassen.
Nach einem in der Schule eingesetzten Test wurde Sabrina als Legasthenikerin eingestuft und erhielt schulische Förderung. Ihre Leistungen in allen Bereichen, in denen nicht geschrieben werden musste, waren gut. Während der Beobachtungen wurde eine außerschulische medizinisch-psychologische Diagnostik eingeleitet. „Zusammenfassend ergeben die Be-

funde der testpsychologischen Untersuchung ein sprachfreies intellektuelles Leistungspotential im knapp durchschnittlichen Bereich. Bei S. liegt jedoch eine kombinierte umschriebene Entwicklungsstörung im Sinne einer Teilleistungsstörung in der auditiven Sprachlaut-Verarbeitung, des Gedächtnisses und eine Merk- und Speicherschwäche für akustische Inhalte vor, die sich besonders ausgeprägt im schrift-sprachlichen Bereich zeigt mit generalisierten Auswirkungen auf die Lern- und Leistungsfähigkeit und das Arbeitstempo des Mädchens. Zusätzlich besteht bei S. eine Rechenstörung, die zusammenhängt mit ihren Schwierigkeiten beim Erwerb und Behalten der grundlegenden Rechenoperationen, d. h. mit ihrer Merk- und Speicherschwäche" (aus dem Gutachten der Kinder- und Jugendpsychiatrie).

7.1.2 Zur Situation der Klasse

Die Klassenlehrerin beschreibt die Klasse als durchschnittlich leistungsfähig. Sie legt Wert darauf, die Kinder zum selbständigen Arbeiten anzuleiten. Im Verlauf der Beobachtungen wurde die Klasse als hochmotiviert zu lernen und rücksichtsvoll im Umgang miteinander erlebt.

7.1.3 Zum Verlauf der Stunden

Der Unterricht wurde immer Freitags beobachtet[35]. An diesem Tag wird in Anschluss an eine Mathematikstunde Freiarbeit für die Kinder angeboten. Die Stunden wurden in der Regel in drei Phasen unterteilt: An eine gemeinsame Phase, die als Spiel oder als Unterrichtsgespräch unter Beteiligung aller Schüler durchgeführt wurde, schloss sich eine Arbeitsphase an, in der die Kinder nach eigenem Ermessen Aufgaben auf Arbeitsblättern mit differenziertem Schwierigkeitsgrad alleine oder mit anderen erarbeiteten. Die Kinder waren es gewöhnt, untereinander Hilfen zu geben, sie waren nicht an ihren Platz gebunden und steuerten selbst, ob sie Material benutzten oder nicht. Diese Phase ging in die Freiarbeitsphase über. Der Zeitpunkt gestaltete sich für die Kinder unterschiedlich, je nach dem, wie schnell sie die Arbeitsaufträge der Stunde beenden konnten. Nach Bearbeitung der Aufgaben wurde mit Sabrina ein Differenzierungsraum aufgesucht und eine Einzelbeobachtung durchgeführt.

---

[35] Die Beobachtung erstreckte sich über ein halbes Jahr und bezieht sich auf 10 Stunden.

7.1.4 Zu den Inhalten während der Beobachtungen

- Zahlbereichserweiterung von 100 auf 1000
- schriftliche Addition und Subtraktion
- Übungen zur Automatisierung der Grundrechenarten
- Längenmaße
- topologischen Fragestellungen

7.2 Sabrina - beobachtet im Kontext des normalen Unterrichts und in Einzelsitzungen

Im Folgenden werden Auszüge aus einigen der Stunden und Einzelsitzungen dargestellt.

7.2.1 Erste Stunde

Die Zahldarstellung, Zahlennamen bis 1000 sollen geübt werden.
1. Die Lehrerin stampft mit den Füßen für die Hunderter, klatscht in die Hände für die Zehner und schnipst mit den Fingern für die Einer. Die Kinder müssen anschließend die dargestellte Zahl nennen. Die Aufgabe, eine Zahl auf diese Weise darzustellen, wird an das nächste Kind weitergegeben. Es macht die Geräusche und fragt nach der Zahl.
Sabrina schaut aufmerksam zu und meldet sich. Sie zählt mit dem Körper mit, nickt, bewegt die Lippen entsprechend der Anzahl der Ziffern. Bei der direkten Nachfrage kann sie sagen, wie viele Einer, Zehner oder Hunderter es waren, aber aus diesen Angaben keine Zahl zusammenstellen.
Anschließend sollen die Kinder zu Zahlen, die an der Tafel notiert werden, Vorgänger und Nachfolger bestimmen. Sie werden aufgefordert, die Zahl zu lesen. Die Lehrerin fragt: Wie nennt man die Zahl, die danach kommt? Ein Kind antwortet: Nachfolger. Sie fragt weiter: Wie nennt man die Zahl, die davor ist? Ein Kind antwortet: Vorgänger.

2. An der Tafel werden von der Lehrerin Zahlen notiert, die unterstrichenen Zahlen sind zunächst Leerstellen, die von der Lehrerin nach Angaben der Kinder ausgefüllt werden.

Zum Beispiel: 431 , 432, 433 ...
                  587, 588, 589 ...
                  999, 1000, 1001 ...

Manche Kinder werden aufgerufen, die Zahl zu lesen, andere nennen den Nachfolger, andere den Vorgänger, manche Kinder nennen sowohl Vorgänger als auch Nachfolger. Sabrina meldet sich häufig. Sie wirkt durch ihre Körperhaltung und ihren Gesichtsausdruck unsicher. Als sie aufgerufen wird, nennt sie Vorgänger und Nachfolger von 588 korrekt. Später soll sie die Zahl 1000 lesen. Sie liest 100. Die Lehrerin fordert sie auf: lies genau. Sie liest 1000.

3. Auf Arbeitsblättern werden vergleichbare Aufgaben bearbeitet. Nach einer Weile meldet sich Sabrina. In der ersten Aufgabe wird zuerst nach dem Vorgänger von 437 gefragt.

Zu 1) 437 [36]
S: *Muss ich die Zahl davor oder danach?*
1. N: *Hier steht es. Lies es dir durch.*
   Sabrina liest.
2. S: *Muss ich die Zahl vor 1)?*
3. N: *1) gibt die Nummer der Aufgabe an.*
4. S: *Muss ich die 1 und die 437 zusammenzählen?*
5. N: *Weißt du, was ein Vorgänger ist*
6. S: *- (keine Antwort*
7. N: *Welche Zahl kommt vor 437*
8. S: *436*
9. N: *Die schreibst du jetzt dahin.*

Sabrina arbeitet alleine weiter. Nachdem sie die erste Aufgabe beendet hat, meldet sie sich wieder.
10. S: *Muss ich jetzt die Zahl, die danach kommt?*
11. N: *Ja. Guck, hier steht's.*
Sie bearbeitet einige Zahlen. Dann stutzt sie bei 589.

---

[36] Dieses Gespräch wurde als Gedächtnisprotokoll notiert. Im folgenden steht Frau P oder L für die Lehrerin, S für Sabrina, K für andere Kinder der Klasse und N für Nolte. Folgen mehrere Kinder nacheinander, wird dies in der Regel nicht gekennzeichnet. Die Äußerungen eines Kindes werden in einer Zeile notiert.

12. S: *Kommt jetzt Zehnhundert?*
13. N: *Die Richtung stimmt. Welche Zahl kommt nach 9*
14. S: *10.*
15. N: *Welche kommt nach 89?*
16. S: *100.*
17. N: *Nein. Wie heißt die nächste Zehnerzahl nach 89?*
18. S: *...* (keine Antwort)
19. N: *90. Die Zahl nach 589 heißt 590.*

Ich sehe später: Sabrina schreibt: 509.
Anschließend folgt eine Freiarbeitsphase.

Anforderungen der Stunde
1. Die erste Aufgabe, das Darstellen und Erkennen von dreistelligen Zahlen über stampfen, klatschen und schnipsen, erfordert von den Kindern den Transfer der vorgegebenen Geräusche und Handlungen auf einen Zahlnamen. Zusätzlich ist eine ausreichende Gedächtnisleistung erforderlich. Sie müssen zunächst die dargestellte Ziffer durch Hören und Sehen erkennen, diese sich merken und anschließend in der richtigen Reihenfolge zu einer Zahl verbinden. Die Assoziation von Hundertern mit Fuß und stampfen, von Zehnern mit Händen und klatschen sowie von Einern mit Fingern und schnipsen soll die Erfahrung verstärken: ein Hunderter ist größer als ein Zehner ist größer als ein Einer.

Vom mathematischen Gehalt geht es um die Vertiefung der Bündelung und des Stellenwertbegriffs: Die Anzahl der Geräusche und Bewegungen wird je nach Ausführung einem Stellenwert in einer dreistelligen Zahl zugeordnet.

2. Bei der Arbeit an der Tafel wird die Reihenfolge dreistelliger Zahlen geübt. Die Begriffe Vorgänger und Nachfolger werden auf die vorgegebene Zahl angewandt. Abgesehen davon müssen die Kinder diese Zahl lesen und schreiben können. Diese Aufgabenstellung entspricht der des anschließend bearbeiteten Arbeitsblatts.

Deutung
Die Beobachtungsergebnisse der Stunde sind widersprüchlich. Sabrina verhält sich aufmerksam. Sie beteiligt sich am Unterricht und bearbeitet, ohne sich abzulenken oder ablenken zu lassen, ihr Arbeitsblatt. Da sie sich das leichteste Blatt aussucht, scheint sie ihre Leistungsfähigkeit gut einschätzen zu können. Teilweise kann sie den Anforderungen des Unterrichts folgen.

Ihre Fragen bei der Bearbeitung des Arbeitsblattes lassen es jedoch fragwürdig erscheinen, ob sie die Aufgabenstellung verstanden hat. Es wird nicht deutlich, was es ihr erschwert, beim Erreichen des nächsten Zehners diesen zu benennen.

Da Sabrina in der Stunde Fragen richtig beantworten kann und nach Hinweisen viele Aufgaben des Arbeitsblatts richtig bearbeitet, entsteht der Eindruck, dass sie in einigen Bereichen noch unsicher ist, insgesamt den Inhalten des Unterrichts jedoch folgen kann.

7.2.2 Erste Einzelsitzung

In den Einzelgesprächen wird zunächst an die Inhalte der Stunde angeknüpft, um genauer zu erfragen, wieweit Sabrina wichtige Begriffe des Unterrichts, hier Vorgänger und Nachfolger, erfasst hat. Die Begriffe oder Zahlen werden Sabrina schriftlich auf einzelnen Zetteln vorgelegt und durch sprachliche Anweisungen ergänzt:

Zettel: Nachfolger
1. S: *Da muss man gucken, was hiernach für eine Zahl kommt, 90 oder 900.*

Zettel: Vorgänger
2. S: Vorgänger, das ist was vor 900 kommt oder 90.

Zettel: 375
3. N: Zuerst den Vorgänger!
4. S: 374.
5. N: Und den Nachfolger!
6. S: 376.

Zettel: 410
7. N: 410, den Nachfolger!
8. S: *(Sie überlegt)* Weiß ich nicht.
9. N: Weißt du den Vorgänger? [37]
10. S: 310.

---

[37] Damit Sabrina ihre Gedanken unbefangen äußern kann, werden Fehler nicht immer korrigiert.

Zettel: *320*
11. N: 320, den Vorgänger!
12. S: 420.
13. N: 320, den Nachfolger!
14. S: 220.

Zettel: 986
15. N: 986, den Nachfolger!
16. S: 987.
17. N: 986, den Vorgänger!
18. S: 985.

Damit orientieren sich die Inhalte dieser Einzelsitzung an der Aufgabenstellung aus der Stunde, Vorgänger und Nachfolger zu bestimmen.

Deutung
In der Einzelsitzung scheint Sabrina zwar beispielgebunden zu erklären, was ein Vorgänger und ein Nachfolger einer Zahl ist. Sie kann diese jedoch nicht immer aufsuchen. Schwierigkeiten scheinen sich bei Zahlen zu ergeben, die eine Null enthalten. Dies konnte ebenfalls im Unterricht beobachtet werden. Damit scheint insgesamt die Fähigkeit, die Reihenfolge im Bereich bis 1000 zu kennen, stark eingeschränkt.

Welche Kenntnisse zeigt Sabrina im Unterricht und in der Einzelsitzung[38]?
- Sie kann erkennen, mit welchem Geräusch und der entsprechenden Bewegung welcher Stellenwert verbunden ist und die Anzahl der Geräusche zählen.
- Sie kann Zahlen lesen und schreiben, unter deren Ziffern keine Null enthalten ist.
- Sie kann zu einer vorgegebenen Zahl Vorgänger und Nachfolger bestimmen, wenn die Ziffern der Zahl keine Null enthalten und keine Zehnerüberschreitung (kein neuer Zehner erreicht wird) erforderlich ist.
- Sie kann beispielgebunden erklären, was die Worte "Vorgänger" und "Nachfolger" bedeuten.

---

[38] Die Aussagen über Sabrinas Kenntnisse beziehen sich nur auf den Umgang mit den beobachteten Aufgabenstellungen.

- Sie kann die Arbeitsanweisung des Arbeitsblatts analog der ersten Aufgabe ohne Hilfe umdeuten.

Was bereitet Sabrina Schwierigkeiten?
- Sie kann die aus Geräuschen und Bewegungen erschlossenen Ziffern nicht zu einer Zahl zusammensetzen.
- Sie kann Zahlen nicht lesen, die eine Null enthalten.
- Sie kann die Arbeitsanweisung des Arbeitsblatts nicht ohne Hilfe deuten.
- Sie findet keinen Vorgänger und keinen Nachfolger, wenn die Zahlen eine Null enthalten oder die Bestimmung des nächsten Zehners erforderlich wäre.

7.2.3 Zweite Stunde

1. Mündlich gestellte Aufgaben wie $100 + 4 + 8 + 4 + 20 + 1$ und $505 + 1 + 2 + 3 + 4 + 5$ werden von Sabrina bearbeitet, sie zählt jedoch an den Fingern.
2. Ein Spiel (Mister X), das auf der Sortierung von dreistelligen Zahlen nach ihrer Größe beruht, kann Sabrina ihren Mitschülern erklären.
   Hinter der Tafel steht eine Zahl zwischen 0 und 1000. Die Kinder nennen Zahlen. Ist die Zahl kleiner, wird sie links aufgeschrieben, ist sie größer, rechts. Im ersten Spiel findet Sabrina die gesuchte Zahl, darf die nächste Zahl aussuchen und die Ergebnisse anschreiben. Sie notiert hinter der Tafel 400.

150   420
100   1000
350
300
299

Mister X (verborgen: 400)

   Die Vorschläge ihrer Mitschüler kann sie richtig platzieren, also auch feststellen, ob die Zahlen größer, oder kleiner als 400 sind, sie zögert aber jedes Mal vor dem Aufschreiben der Zahlen. Bei 150 wendet sie sich an

Frau P und erhält Hilfe. Statt 299 schreibt sie zunächst 399, wird aber von Frau P verbessert.

3. Die Kinder bearbeiten ein Arbeitsblatt zur Addition von dreistelligen Zahlen ohne Zehnerüberschreitung im Bereich bis 1000. Sabrina löst die Aufgaben richtig, wenn auch nicht beim ersten Versuch. Ihre Radierversuche zeigen, dass sie häufig die Reihenfolge der Ziffern vertauscht, sich aber korrigieren kann.

Anforderungen der Stunde
1. Mit der Aufgabe zu Beginn der Stunde wird die Addition von Einern, sowie einer Zehnerzahl zu einer dreistelligen Zahl geübt. Die erste Aufgabe ist etwas schwerer, weil die Summanden größer sind und eine Zehnerzahl (z. B. 20) darunter ist. Zählen erfordert hier größere Aufmerksamkeit und dauert länger. Die zweite Aufgabe kann gut durch Zählen gelöst werden.
2. Für die Bearbeitung der zweiten Aufgabe, dem Spiel „Mister X", ist die Kenntnis der Größer- und Kleinerrelation der Zahlen bis 1000 erforderlich. Sowohl die Relationszeichen "ist kleiner als" und "ist größer als" als auch dreistellige Zahlen müssen gelesen und vom Spielführer auch geschrieben werden können.
An Sabrina wird zusätzlich die Aufgabe übergeben, das Spiel "Mister X" zu beschreiben und einen Teil der Spielführung zu übernehmen.
3. Die Bearbeitung des Arbeitsblattes dient der Übung der Addition ohne Zehnerüberschreitung im Bereich bis 1000.

Deutung
Auffällig sind Sabrinas geringen Rechenfertigkeiten, Unsicherheiten beim Zählen im Bereich bis 100 sowie Verwechslungen von Bezeichnungen. Die Verwechslung ähnlich klingender Zahlen wie 299 und 399 verstärken den Verdacht auf Störungen der auditiven Wahrnehmungstätigkeit, der sich in der medizinisch-psychologischen Diagnostik bestätigt. Zahlen wie 105 und 150 sind bei Schwächen der Diskriminationsleistung schwer zu unterscheiden, was sich in Unsicherheiten 150 zu notieren, ausdrücken könnte.

7.2.4 Zweite Einzelsitzung

Im Einzelgespräch sollen ihre Kenntnisse anhand von Aufgaben aus dem Arithmetikprofil von Lorenz/Radatz (1993, S. 221ff) genauer erfasst werden. Sabrina bearbeitet die Aufgaben zur *Invarianz* korrekt. Sie kann *vorwärts*- und *weiterzählen* bis 20, auch in Zweierschritten. Im Bereich bis 100 zählt sie zunächst richtig. Ihre Schwierigkeiten beginnen bei größeren Zahlen und bei Zehnerüberschreitungen, z. B.:

S: 56, 57, 58, 59, 30, nein, nicht 30. Es sind 60.

Rückwärtszählen gelingt ihr von zehn, nicht aber von zwanzig oder einer anderen größeren Zahl bis 100. Probleme zeigen sich mit dem Erreichen des nächsten Zehners. Sie reduziert nicht nur die Einer, sondern auch die Zehner um 1.

S: 20, weiß ich nicht genau, 29,28,...22,21, 10, 9, äh, 19, 18
S: 92, 91, 80, 89, 88, ... 81, 70, 79 usw.

Diese Zählstrategie behält sie bei allen Aufforderungen im Bereich bis 100 rückwärts zu zählen bei. In Zehnerschritten zählen gelingt ihr nur bei Zehnerzahlen.

Beim Zählen von Gegenständen zeigt Sabrina keine Schwierigkeiten, wohl aber beim Zählen von Klopfzeichen. Hier gelingt es ihr, diese bei langsamem gleichmäßigen Rhythmus mitzuzählen, nicht aber die Anzahl anzugeben, wenn der Rhythmus wechselt (z.B. kurz, kurz, lang, kurz, kurz, lang).[39]

Sie kann Zahlen auch aus dem Bereich bis 1000 lesen und schreiben. Hier zeigt Sabrina keine Schwierigkeiten mit Zahlen, die eine Null enthalten. Im Unterschied zu den bisherigen Beobachtungen findet diese Sitzung in einer sehr ruhigen Umgebung statt. Dadurch wird ihre auditive Diskriminationsfähigkeit weniger gefordert.

Sabrina kann im Bereich Relationen, Ordnungen, Stellenwertbegriff Zahlen bis 20 nach der Größe sortieren, Vorgänger und Nachfolger nennen, Relationszeichen einsetzen. Sie kann sich noch an die Begriffe Vorgänger und Nachfolger erinnern und sie richtig auf die Zahlen (bis 20) anwenden. Die Frage nach den Begriffen Vorgänger und Nachfolger beantwortet sie beispielgebunden.

Sie kann Aufgaben zur Verdopplung ausführen, wenn sie als Term vorgegeben sind wie 4+4. Wird die Aufgabe zu verdoppeln verbal mit den Bezeichnungen "das Doppelte" vorgegeben, gelingt ihr das nicht.

---

[39] Bei dieser Aufgabe haben die Kinder die Augen geschlossen, so dass die Zeichen alleine über den auditiven Sinn entschlüsselt werden. Esser/Wurm-Dinse (1994, in dem der Veröffentlichung zugrundeliegenden Vortrag) weisen auf die Bedeutung des Rhythmusempfindens für die Sprachwahrnehmung hin.

1. N: *Was ist das Doppelte von 3?*
2. S: *4.*
3. N: *Von 6?*
4. S: *7.*
5. N: *Von 9?*
6. S: *10.*
7. N: *Was bedeutet "das Doppelte"?*
8. S: *Was nach die 9 kommt.*

Sabrina kennt im Bereich bis 10 nicht alle Zahlensätze (wie z. B. 3 + 4 = 7 oder 2 + 3 = 5) auswendig. Besondere Schwierigkeiten bereiten ihr die Zahlzerlegungen. Sie findet ihre Lösungen über das Auszählen. Die Unsicherheit wird im Bereich bis 20 etwas größer. Bereits ohne Zehnerübergang löst sie viele Aufgaben zählend. Aufgaben mit Zehnerübergang bewältigt sie nur durch Auszählen. Dadurch rechnet sie sehr langsam und es kommt ab und zu zu typischen Zählfehlern.

Im Bereich der Subtraktion werden ihre Probleme noch sehr viel gravierender. Sie löst von 24 Aufgaben ohne Zehnerübergang im Bereich bis 20 nur 10 Aufgaben richtig, wobei sie die meisten Aufgaben durch Auszählen berechnet. Aufgaben mit Zehnerüberschreitung werden deshalb nicht überprüft.

Im Anschluss wird ein Test zur auditiven Diskrimination und Speicherung durchgeführt, dessen Ergebnis vermuten lässt, dass Sabrina in diesen Bereichen große Schwierigkeiten hat [40].

Deutung

Erneut ergeben die Beobachtungen kein klares Bild. Im Unterschied zur ersten Stunde kann Sabrina Zahlen, die eine Null enthalten, lesen und schreiben. Insgesamt scheinen ihre Vorkenntnisse, die sie in dieser Sitzung zeigt, für die Klassenstufe nicht ausreichend. Dies bezieht sich auf die Rechenfertigkeiten im Bereich bis 20, auf ihre Kenntnisse über die Abfolge der Zahlen bis 100. Schwierigkeiten in Zehnerschritten von einer gemischten Zehnerzahl aus weiterzuzählen, lassen Fragen, wieweit Sabrinas Probleme mit der Reihenfolge von Zahlen mit dem Stellenwertbegriff zusammenhängen. Probleme beim Nachklopfen von verschiedenen Rhythmen sowie die

---

[40] Zu diesem Zeitpunkt liegen die Befunde einer medizinischen und psychologischen Diagnostik noch nicht vor.

Verwechslung der Fachbegriffe Verdoppeln und Nachfolger könnten ebenfalls mit Problemen der Sprachrezeption zusammenhängen.

Welche Kenntnisse zeigt Sabrina?
- Sie kann die Spielregeln des Spiels so erklären, dass sich ihre Mitschüler daran erinnern können.
- Sie kann durch Vorschläge das Intervall der vorgegebenen Zahlen verkleinern und die Zielzahl finden.
- Sie kann die Zahlen, die ihr genannt werden, bezüglich ihrer Größe mit der Zielzahl vergleichen.
- Sie kann einige Zahlen (bis 1000) richtig aufschreiben und lesen.
- Sie kann die Addition ohne Zehnerüberschreitung im Zahlenraum bis 1000 durchführen.
- Sie kann Zahlen bis 1000 lesen und schreiben, auch wenn sie eine Null enthalten.
- Sie kann Verdopplungsaufgaben berechnen, wenn sie als Term dargeboten werden.

Was bereitet Sabrina Schwierigkeiten?
- Sie kann die Summanden der ersten Aufgabe zu Beginn der Stunde nicht richtig addieren.
- Sie kann die Zahl 150 nur mit Hilfe aufschreiben.
- Sie schreibt statt 299 zunächst 399.
- Sie hat die Zahlensätze im Bereich bis 20 nicht automatisiert.
- Sie addiert 11 + 11 zu 1100.
- Sie hat Schwierigkeiten, im Bereich bis 100 rückwärts zu zählen.
- Sie hat Schwierigkeiten, in Zehnerschritten von einer gemischten Zehnerzahl aus zu zählen.
- Sie hat Schwierigkeiten, Klopfrhythmen zu zählen.
- Sie verwechselt die Bezeichnungen "Nachfolger" und "Verdoppeln".
- Sie kann nicht in Zehnerschritten von einer gemischten Zehnerzahl aus weiterzählen.

7.2.5 Dritte Stunde

In dieser Stunde beginnt gibt die Lehrerin mündlich Zahlenfolgen vor, deren Regel die Kinder erkennen und die sie weiterführen sollen. Die Lehrerin geht von Tisch zu Tisch und stellt eine Aufgabe. So kann sie sich auf das

Leistungsniveau der Kinder individuell einstellen. Findet eine Tischgruppe die Lösung nicht, wird die Frage an die Klasse weitergegeben. Die Tischgruppe um Sabrina erhält eine Folge, die in Zehnerschritten zu bewältigen und vorwärts gerichtet ist:

L: *220, 230, 240,*
S: *250, 260, 270.*
L: *Wie habe ich gezählt?*
S: *Immer 10 weiter.*

Sabrina hat die Aufgabenstellung erkannt und die Folge korrekt weitergeführt.

Bei der Bearbeitung von Arbeitsblättern wählt Sabrina das Labyrinth und löst es ohne Hilfe.

Anforderungen der Stunde

1. Die von der Lehrerin vorgegebene Zahlenfolge soll von den Kindern weitergeführt werden. Dazu müssen sie die Struktur der Folge erkennen: - In welchen Schritten zählt die Lehrerin? Zählt sie vorwärts oder rückwärts? - und die Regel auf die folgenden Zahlen anwenden können. Geübt wird dabei auch die Reihenfolge der Zahlen bis 1000.

2. Gefordert ist der Vergleich zweier Zahlen bezüglich ihrer Größe, damit der Weg der Katze durch das Labyrinth beschrieben werden kann. Geübt werden soll damit die Größer- bzw. Kleinerrelation im Bereich bis 1000.

Deutung

Sabrinas Mitarbeit im Unterricht lässt vermuten, dass sie den Anforderungen der Stunde folgen kann. Sie kann die nächsten Glieder einer Folge bestimmen und zeigt damit, dass sie in Zehnerschritten weiterzählen kann. Ihre Bearbeitung des Labyrinths verleiten zu der Vermutung, dass sie keine Probleme mit der Kleiner- und Größerrelation von dreistelligen Zahlen hat.

7.2.6 Dritte Einzelsitzung

Zunächst werden Sabrina Zahlen zum Vergleich der Größe vorgegeben. Wie bei der Bearbeitung des Labyrinths hat sie damit keine Probleme. Die schriftlich vorgegebenen Zahlen vergleicht sie sicher:

345 und 453; 893 und 983
854 und 845; 761 und 756

Die ersten vier Zahlen können verglichen werden, wenn man alleine den Hunderter berücksichtigt, die nächsten vier Zahlen verlangen eine Unterscheidung der Reihenfolge der Ziffern.

An Ergänzungsaufgaben zum nächsten Hunderter, die in der Stunde gestellt wurden, hatte Sabrina sich nicht beteiligt. Deshalb soll ihre Fähigkeit im Bereich bis 100 zu ergänzen, überprüft werden.

98 + $\square$ = 100 (schriftliche Vorgabe)
Sabrina: *Weiß ich nicht.*

Auch eine veränderte Vorgabe in Pfeilschreibweise verhilft Sabrina nicht zur Lösung. Diese Antwort ist irritierend. Aus dem bisherigen ergibt sich kein klares Bild darüber, warum sie die Aufgabe nicht lösen kann. Da sie (mit Einschränkungen) vorwärts zählen kann, wäre die Aufgabe auf diese Weise lösbar. Kann sie der Darstellung keine Handlung entnehmen? In der letzten Sitzung löste sie teilweise Ergänzungsaufgaben. Weiß sie nicht, welches die Zehner und die Einer sind?

Diese Frage soll durch die Veranschaulichungen mit Steckwürfeln geklärt werden. Sabrina erhält die Aufgabe, verschiedene Zahlen mit Steckwürfeln darzustellen. Es soll überprüft werden, ob sie mit Hilfe von Material zur Bearbeitung der Ergänzungsaufgabe in der Lage ist. Die Zahlen werden ihr mündlich genannt. Sie legt:

25 : | □ □ □ □ □ □

1.   S: *Das sind zuviel. Es sind 26.* Sie nimmt einen Stein weg: | □ □ □ □ □

32: | □ □ □

Sie legt zunächst eine Zehnerstange und 3 Einzelne.

2.   S: *Nein, einer dazu:* | □ □ □ □

Die Materialien bleiben vor ihr auf dem Tisch liegen.

3.   N: *Lege mir 43.*

   | | | | □ □ □

Sabrina legt korrekt. Aufgefordert, die Lösung zu überprüfen, zählt sie die Stangen korrekt als Zehner und stellt fest, es sind 43.

Deutung

Sabrina legt jeweils Zehnerstangen und so viele einzelne Steine (Einer), wie es der Summe der beiden Ziffern entspricht (1., 2.). Im ersten Fall korrigiert sie sich so, dass die Anzahl der vorgegebenen Einer mit der Anzahl der Steine übereinstimmt (1.).

Ihre Handlungen zeigen, dass ihr noch nicht alle Aspekte der Stellenwertvorstellung sicher zur Verfügung stehen. Sabrina erkennt die Zehnerbündelung und sortiert die Zehnerstäbe durch Vergleich der Längen, die sie, wenn es nötig ist, korrigiert. Sie ist sich aber nicht sicher, welche Ziffer die Einer, welche die Zehner bestimmt. Im Verlauf der Bearbeitung verändert sich ihre Vorgehensweise. Ab der dritten Zahl stellt sie die Zahlen angemessen dar.

Nach dieser Übung soll die Frage nach der Ergänzung zum nächsten Zehner erneut aufgegriffen werden. Vor der Ergänzung zum nächsten Zehner wird gefragt, ob Sabrina den nächsten Zehner nennen kann. 87 wird ihr mündlich vorgegeben. Das Material liegt auf dem Tisch. Sabrina greift nicht darauf zurück.

Sabrina zählt und nimmt meine diesbezügliche Frage vorweg:
1. S: *90, kann man von 10 bis 80 zählen, kommt dann gleich 90.*
2. N: *67?*
3. S: *70, von 10 bis 60 und dann noch einen dazu.*

Die weiteren Nachfragen ergeben, dass sie bis 30 den nächsten Zehner spontan nennen kann, bei 40 ist es nicht eindeutig, aber bei Zahlen größer als 40 erhält sie den nächsten Zehner durch Auszählen, indem sie die Zehnerreihe in der angegebenen Weise aufsagt.

Diese Übungen wurden alle mündlich durchgeführt. Sabrina hatte keinen Einblick auf mein Heft. Da die beobachteten niedrigen Werte in der auditiven Speicherung und Diskriminierung einen Hinweis auf vorliegende Störungen geben, werden ihr im nächsten Schritt die Zahlen aufgeschrieben. Die Fragestellung ist dieselbe: Wie heißt der nächste Zehner? Bei Vorgabe von 38, 68, 73 nennt sie spontan den nächsten Zehner. Bei 12 sagt sie 30 und korrigiert sich nach Aufforderung zu überprüfen lachend. 95, 80 löst sie wieder spontan und korrekt.

S: *Weil da schreibst du mir die Zahlen auf, weil da brauch ich nur 1 dazu zu zählen. Du machst es so, dass ich nicht zählen muss.*

Deutung
Sabrina ignoriert hier vermutlich die Einer und addiert eins zum Zehner der jeweiligen Zahl. Es ist hier jedoch nicht sicher, ob sie dabei diese als Bündelungen zu Zehnern oder als Ziffer betrachtet, die eine bestimmte Zählprozedur aufrufen. Ihre Verwechslung von 4 und 40 (8.) könnte auf letzteres schließen lassen.

Es zeigen sich bei ihr zwei verschiedene Lösungsstrategien a) in Zehnerschritten zählen und b) *eins* addieren -, die davon abhängig sind, ob ihr die Problemstellung mündlich oder schriftlich vorgelegt wird. Die schriftliche Vorgabe führt wesentlich häufiger zu einer richtigen Lösung. Es wird noch nicht deutlich, wieweit sie eine oder mehrere Vorstellungen aktiviert, um zur Lösung zu gelangen.

Wieder zeigt es sich, dass Sabrina *Teilkenntnisse* erworben hat. Sie kann im Bereich bis 100 *vorwärts, aber nicht rückwärts zählen*. Trotzdem kann sie den *nächsten Zehner* nicht sicher nennen. Um ihn sich zu erarbeiten, muss sie die Zehnerzahlen mit 10 beginnend aufsagen, bis sie bei der gewünschten Zahl ankommt. Damit befindet sie sich, an den Niveaus von Fuson et al. (nach Padberg, 1992, S. 4) orientiert, auf der 2. von 5 Niveaustufen. Sie kann nicht weiterzählen, sondern muss die Zahlwortreihe bei (in diesem Fall) 10 beginnen, um in Schritten zählen zu können. Ihr Umgang mit dem Material sowie das Zählen in Zehnerschritten enthält den Aspekt der *Bündelung*. Problematisch für ihre Zählfähigkeit ist es, dass das *Prinzip der stabilen Ordnung der Zahlwortreihe* von ihr nicht eingehalten wird. Je nachdem, ob ihr die Zahlen schriftlich oder mündlich genannt werden, nennt sie unterschiedliche, nachfolgende Zehnerzahlen. Da diese Überprüfung auch mit Material erfolgte, wurde auch das *Eindeutigkeitsprinzip* verletzt: Sie konnte durch die Verwechslung der Ziffern nicht eindeutig der gleichen Anzahl von Klötzen den gleichen Zahlnamen zuordnen.

Deshalb werden im nächsten Schritt zunächst Zahlen mündlich vorgegeben und der von ihr genannte nächste Zehner notiert. Anschließend werden ihr die gleichen Zahlen schriftlich vorgegeben. Die Diskrepanz zwischen den Lösungen ist offensichtlich. Sabrina vertauscht bei 6 von 16 Zahlen Zehner und Einer, wenn sie ihr mündlich vorgegeben werden. Mit wachsender Anzahl von Aufgaben stabilisiert sich jedoch die korrekte Verwendung der Zehner und Einer. Im schriftlich vorgegebenen Teil werden alle nachfolgenden Zehner korrekt benannt.

Diese Ergebnisse werden mit ihr besprochen. Sie wird auf die Problematik der inversen Sprech- und Schreibweise von Zahlen hingewiesen und darauf, wie man durch genaues Hinhören Zehner und Einer unterscheiden kann. Die erneute Vorgabe von Aufgaben zeigt, dass sie alle Hinweise aufgreifen konnte und keinen Fehler mehr macht.

Deutung

Erneut ergeben die Beobachtungen im Unterricht und in der Einzelsituation ein unterschiedliches Bild. Ihre Mitarbeit im Unterricht lässt vermuten, dass sie wichtige Prinzipien der Reihenfolge der Zahlen bis 1000 verstanden hat. Die Beobachtungen in der Einzelsitzung machen diese Vermutung jedoch fragwürdig. Ihre Probleme, Zahlen bis 100 darzustellen und bis 100 zu ergänzen, weisen eher darauf hin, dass sie nicht sicher über die Reihenfolge der Zahlen bis 100 verfügt, eine wichtige Voraussetzung um diese Anforderung im Zahlbereich bis 1000 zu erfüllen. Nach wie vor scheint sie Probleme mit der Reihenfolge der Ziffern einer Zahl zu haben, das Prinzip der Bündelung jedoch zu verstehen.

Ihre Probleme scheinen deutlich modalitätsspezifisch zu sein. So können Unterschiede ihrer Fähigkeiten in Abhängigkeit von der Modalität der Vorgabe festgestellt werden, davon, ob ihr die Zahlen schriftlich oder mündlich präsentiert werden.

Welche Kenntnisse zeigt Sabrina?

- Sabrina kann bei einer vorgegebenen Folge deren Bildungsgesetz erkennen und weiterführen.
- Sie kann von einer Zahl bis 1000 (mit einer Null an der Einerstelle) in Zehnerschritten weiterzählen.
- Sie kann auf einem Arbeitsblatt zwei Zahlen bezüglich ihrer Größe vergleichen.
- Sie kann Summen bis 10 berechnen und bezüglich ihrer Größe vergleichen.
- Sie kann Zahlen bis 100 mit Steckwürfeln darstellen.
- Sie kann bei schriftlicher Vorgabe den nächsten Zehner im Bereich bis 100 sofort nennen.

Was bereitet Sabrina Schwierigkeiten?

- Sie beteiligt sich nicht an der Aufgabe Ergänzungen zum nächsten Hunderter im Bereich bis 1000 vorzunehmen [41].
- Sie kann von 98 nicht auf Hundert ergänzen.
- Sie kann mündlich vorgegebene Zahlen bis 100 nicht mit Steckwürfeln darstellen.
- Sie kann bei mündlich vorgegebenen Zahlen bis 100 den nächsten Zehner nicht sicher nennen.

7.2.7 Siebte Einzelsitzung

In dieser Sitzung werden mit Sabrina verschiedene Übungen durchgeführt:
1. Wiederholung der Ergänzung zur 10: Sabrina löst die Aufgaben richtig.
2. Gleitender Zehnerübergang: Im Sinne des gleitenden Zehnerübergangs werden Sabrina Zahlen (8, 3, 1, 7, 5, 2, 6, 9, 10) angeboten, zu denen sie

---

[41] Da Sabrina sich nur selten nicht am Unterricht beteiligt, vermute ich, bestärkt durch die Beobachtungen der Einzelsitzung, dass sie die Aufgabe nicht lösen kann.

a) 2, b) 3, c) 4 addieren soll. Sie löst die Aufgaben mit den Summanden 2 und 3 ohne zu zählen. Die Addition von 4 gelingt ihr auf diese Weise für Zahlen kleiner als 7. Die Addition zur 10 bereitet ihr keine Schwierigkeiten mehr.

Um die Zahlenreihe bis 100 zu festigen, soll sie eine bestimmte Strecke durch den Raum gehen und dabei vorwärts zählen. Sie kommt auf 24 Schritte. Anschließend soll sie von diesem Punkt aus rückwärts gehen und rückwärts zählen.

Diese Aufgabe führt Sabrina sicher aus. Durch die Frage nach Vorgänger und Nachfolger soll deutlich werden, wieweit diese Fähigkeit auf den Bereich bis 100 ausgedehnt werden kann. Diese Aufgabe wird mündlich durchgeführt. Sabrina sagt:

Vor 40	*kommt* 49
31	29
30	29
26	27
21	10

Erneut zeigt Sabrina, dass ihre Kenntnis der Zahlwortreihe beim Vor- und Rückwärtszählen bis 24 nicht für die Frage nach dem Aufsuchen des Vorgängers genutzt wird.

Ihre größere Sicherheit im Schriftlichen soll genutzt werden, die Reihenfolge der Zahlen bis 100 zu sichern. Deshalb wird Sabrina aufgefordert, einen eigenen Zahlenstrahl zu schreiben. Sie soll alle Zahlen von 1 bis 100 nebeneinander notieren. Anschließend drehen wir das Papier um und Sabrina schreibt die Zahlenreihe rückwärts auf. Das schriftliche Zählen fällt ihr leichter als das mündliche. Trotzdem ist es eine sehr anstrengende Tätigkeit.

An die schriftliche Durchführung schließen sich Orientierungsübungen an wie das Zeigen genannter Zahlen, das Aufsuchen des nächsten Zehners, u. a. Beim Rückwärtszählen macht Sabrina einige Entdeckungen:

- bei 77: *Guck mal, es kommt immer wieder eine Doppelzahl.* (sie zeigt auf 88).
- zwischen 20 und 30: *Guck mal, die Zahlen* (sie meint die Einer) *wiederholen sich.*

- bei 78: *Guck mal, 78 xxxx ist unsere Telefonnummer.*
- Nach Beendigung des Schreibens: *Bei Hundert müsste es heißen: 800 dedede, dedede* (Ich deute das als Hinweis, dass sich auch im Bereich bis 1000 die Ziffern wiederholen).

Deutung

Sabrina zeigt, dass sie nicht sicher über die Kenntnis der Reihenfolge der Zahlen bis 100 verfügt. Die Eindeutigkeit der Anordnung der Zahlen wird durch die Doppelnennungen von 29 als Vorgänger sowohl von 30 als auch von 31 verletzt. Sogar in dem Bereich, in dem Sabrina eben noch sicher rückwärts gezählt hat, nennt sie nicht den entsprechenden Vorgänger.

Sabrinas Kenntnisse erweisen sich als isoliert. Es scheint, als würden verschiedene Prozeduren wie Zählen oder Aufsuchen von Vorgänger und Nachfolger sowie Zählen durch Notation der Zahlwortreihe teilweise unterschiedliche Kenntnisse aufrufen. Im Sinne der subjektiven Erfahrungsbereiche (Bauersfeld, 1985) ist der Transfer von der einen Erfahrung, dem Zählen, auf das Bilden von Vorgänger und Nachfolger unzureichend. Dabei ist es für einen Außenstehenden erstaunlich, dass widersprüchliche Konzepte gleichzeitig zu existieren scheinen[42]. Nach Sabrinas Zählkonzept müsste 21 vor 20 kommen, nach dem Aufsuchen ihres Vorgängerkonzepts kommt 10.

Welche Kenntnisse zeigt Sabrina?

- Sabrina kann zur Zehn ergänzen, ohne zu zählen.
- Sie kann beim Gehen durch den Raum mündlich vorwärts bis 24 und rückwärts von 24 aus zählen.
- Sie kann schriftlich bis 100 vorwärts und rückwärts von 100 aus bis 0 zählen.
- Sie kann +2 und +3, ohne zu zählen, zu den Zahlen von 1 bis 10 addieren.
- Sie kann +4, ohne zu zählen, zu den Zahlen von 1 bis 6 addieren.
- Sie kann, ohne zu zählen, Einer zu 10 addieren.
- Sie entdeckt Analogien an der Zahlenreihe bis 100.
- Sie erkennt 78 als Teil ihrer Telefonnummer.

---

[42] Wenn Kinder die Übertragbarkeit einer Information auf andere Situationen nicht erkennen, wie es von (Wygotski 1986) auf die Phase der Komplexbildung bezogen wird, muss diese Widersprüchlichkeit nicht empfunden werden.

Was bereitet Sabrina Schwierigkeiten?

• Sie kann Einer größer/gleich 4 nicht automatisiert im Bereich bis 20 addieren.
• Sie kann den Vorgänger von Zahlen im Bereich bis 100 nicht sicher nennen.

7.2.8 Neunte Stunde

In dieser Stunde sollen die Kinder mit einem Partner oder in einer Gruppe Wegenetze bearbeiten. Sie sollen auf dem Arbeitsblatt oder auf einem anderen Zettel unikursale Netze erkennen. Dazu zeichnen sie die Linien des Netzes nach, ohne die Linienführung zu unterbrechen. Kein Weg darf mehr als einmal genommen werden. Es sind nicht alle Aufgaben lösbar, für einige Aufgaben gibt es verschiedene Lösungswege.

Diese Arbeit macht Sabrina sehr viel Spaß. Sie probiert aus, überprüft und diskutiert sehr selbstsicher mit ihrem Nachbarn. Bei dessen Versuchen achtet sie genau darauf, dass er sich an die Regeln hält: Nicht mit dem Stift absetzen, keine Linie zweimal nehmen. Sie arbeitet hartnäckig, auch wenn es nicht sofort klappt.

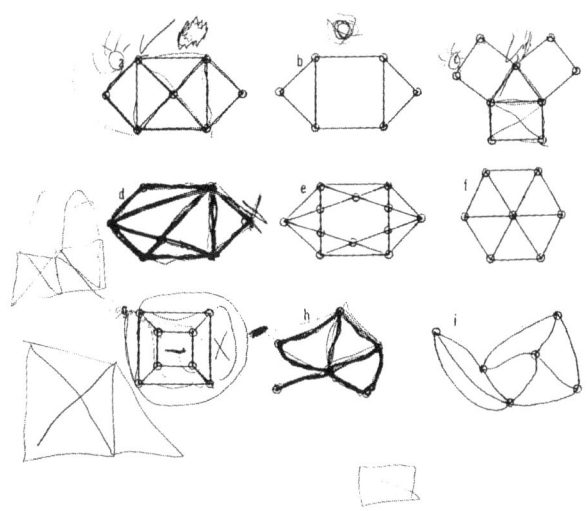

Deutung

Die Bearbeitung der Wegenetzt erfordert eine gute visuelle Diskriminations- und Speicherfähigkeit, sowie eine gute Hand-Auge-Koordination. Die Kinder müssen die Wege mit dem Stift nachzeichnen (Hand-Auge-Koordination), entscheiden, welchen Weg sie gehen wollen und welchen sie bereits genommen haben (visuelles Gedächtnis). Für diese Aufgabe ist es nicht nötig, die Reihenfolge der Schritte zu kennen. Die Linienführung zu erkennen, erfordert eine Figur-Grund-Diskriminationsfähigkeit. Da die Kinder diesen Weg mit ihrem Nachbarn besprechen und die Entscheidung gemeinsam fällen, üben sie argumentieren.

Die Bearbeitung der Wegenetze erfordert keine Vorkenntnisse im arithmetischen Bereich. Es werden Fähigkeiten angesprochen, die in geringerem Maß die Verarbeitung von Sprachzeichen erfordern, als der bisherige Unterricht. In dieser Situation zeigt Sabrina ihre Fähigkeiten. Sie kann erkennen, welche Wegenetze durchlaufen werden können, sie kann darauf achten, dass ihr Partner die Regeln einhält. D. h., sie kann sich die Regeln merken. An der Tafel kann sie ihre Vorgehensweise begründen.

7.2.9 Neunte Einzelsitzung

In Übungen zur Zahlwortreihe bis 100, zur Bildung von Vorgänger und Nachfolger zeigt sie wesentlich größere Sicherheit als bisher. Sie verwechselt noch die Bezeichnungen Vorgänger und Nachfolger, bearbeitet nach Hinweisen die Aufgaben, die mündlich vorgegeben werden, jedoch korrekt.

Um die Modalität zu wechseln, soll sie im nächsten Schritt mit den Zahlen bis 100, die sie notiert hatte, arbeiten. Mit einem Spitzer werden einige Zahlen verdeckt. Die Übung erfordert, fehlende Zahlen zu finden. Zunächst arbeiten wir an der Zahlwortreihe von 0 bis 100. Dies bereitet Sabrina keine Schwierigkeiten. Bei der gleichen Übung mit der rückwärts gezählten Notation stutzt sie:

... , 25, 26, 27, 28, 29, 30, 31, 32, 33, 34, 35, 36, 37, 38, 39, 40, 41, ..., 41, 40, 39, 38, ☐☐, 35, 34, 33, 32, 31, 30, 29, 28, 27, 26, 25, ...

Der Spitzer verdeckt 36 und 37.

1. S: *Das ist jetzt komisch.*
2. N: *Ja.*

3. S: *36 und 37.*
4. N: *Gut kannst du das. Was ist denn komisch?*
5. S: *Ja weil das hatten wir vorher.*
6. N: *Was ist denn der Unterschied?*
7. S: *... und das ist rückwärts und das ist vorwärts.*

Auch diese Übungen fallen ihr leicht. Deshalb wird erneut die Modalität gewechselt.
Im nächsten Schritt werden ihr mündlich Zahlen vorgegeben, von denen aus sie weiterzählen soll. Dabei macht sie keinen Fehler.
Die gleiche Aufgabe wird ihr zum Rückwärtszählen gestellt:

1. S: *90, 91, ef, das ist ja vorwärts.*
2. N: *Ja.*
3. S: *89, 87, 88, ... 81, 70, 79, ... 71, 60, 69, ... 61,*
4. N: *Was kommt vor 61?*
5. S: *50.*

Deutung
Sowohl vorwärts wie rückwärts angeordnet kann Sabrina verdeckte Zahlen identifizieren. Dazu ist es erforderlich, dass sie eine Vorstellung der Zahlwortreihe entsprechend des Ausschnitts aktiviert. Bei dieser an der visuellen Vorgabe orientierten Übung zeigt sie keine Probleme. Sie entdeckt vielmehr, dass sie beim Vorwärts- wie beim Rückwärtszählen auf die gleichen Zahlen trifft. Dass dies sie erstaunt, weist auf die isolierte Repräsentation der beiden Zahlenfolgen hin. Diese Vermutung verstärkt sich, als Sabrina anschließend von vorgegebenen Zahlen aus weiterzählt und dabei *für Vorwärts- wie Rückwärtszählen unterschiedliche Strategien* aufruft.

Sabrina löst viele Additions- und Subtraktionsaufgaben durch Zählen. Ihre Reihenfolge beim Rückwärtszählen lässt es fraglich erscheinen, ob sie diese Kenntnis zur Bearbeitung von Subtraktionsaufgaben nutzen kann.
Vier Aufgaben werden ihr schriftlich angeboten. Die Zahlen sind so klein gewählt, dass keine schriftliche Bearbeitung von ihr erwartet wird. Sabrina zählt zunächst deren Anzahl und signalisiert, dass sie zuversichtlich ist, sie lösen leisten zu können.

$93 - 5 = 34$

1. S: *Ich rechne immer die 9 und die 5, und das andere, das noch nicht.*
2. N: *Das andere rechnest du noch nicht.*
3. S: *Mhm. Erst die 9 und dann die 5, 5 weg sind 4. Dann kommt das hier hin* (sie zeigt auf die Einerstelle) *und dann kommt das noch* (sie schreibt erst die 3 an die Zehnerstelle und dann die 4 an die Einerstelle).

$82 - 2 = 26$
4. S: *Minus 2 rechne ich.* (Sie schreibt 6, dann 2).

$64 - 6 = 40$
5. *Und das hier sind 0.* (Sie ist irritiert, zeigt 6 Finger) *6 hab ich und 6 weg 6 sind 0. Das geht aber!*

$51 - 1 = 14$
6. S: *Das geht.*

Deutung

Die Aufgaben werden alle nach dem gleichen Schema gelöst. Sie verknüpft den Zehner des Subtrahenden mit dem Einer des Minuenden und notiert die Einerstelle des Subtrahenden als erste Ziffer. Bei diesem isolierten Verknüpfen von Ziffern betrachtet sie weder zu Beginn noch zum Ende der Rechnung die Ziffern als Zahlen, deren Größe durch die Operation in sinnvoller Weise verändert würde. Die Operation scheint nur an einem Verfahren ausgerichtet. Sie verletzt jedoch nicht die Vorstellung, dass "minus kleiner macht", auch sind die Lösungen noch im Hunderterraum angesiedelt.

Da sie rückwärts eine andere Reihenfolge als vorwärts zählte, aber im Unterricht Additionsaufgaben durch Zählen richtig berechnete, soll überprüft werden, was sie tut, wenn sie Additionsaufgaben lösen soll.

$93 + 7 = 316$
1. N: *Wie machst du das bei plus?*
2. S: *Genau so. Man könnte auch so: 93 und dann zählt man 7 dazu, kann man auch. Ich rechne das nicht so.* (Sie überlegt, zählt an den Fingern 9 + 7 weiter): *Oh, jetzt hab ich wieder einen Fehler gemacht.*
3. N: *Warum?*
4. S: *Wegen die 3.* (Sie schreibt 3 hin und 16 und liest 316).

82 + 8 = 216
Sie zählt an den Fingern 8 + 8 ab.
5. S: *Ist fast das gleiche. Nur da ist'ne 2. Da sind 316, da sind 216.*

Deutung
Ihre Vorgehensweise ist die gleiche wie bei den Subtraktionsaufgaben. Sie achtet darauf, das Schema einzuhalten. Ihr "Fehler" "wegen die 3" beruht darauf, dass sie die 3 nicht als erstes notiert hat. Somit scheint sie nicht durch Vorstellungen über die Größe der Zahl, die ja ein gewisses Maß an Kontrolle über den Rechenvorgang geben würde, irritiert. Sabrina weiß, dass sie auch eine andere Strategie wählen könnte "93 und dann zählt man 7 dazu", betrachtet beide Strategien aber als austauschbar und entscheidet sich hier für die eben beschriebene. Vermutlich erscheint ihr nur der Vorgang des Rechnens bedeutsam, nicht die Überlegung, ob die Lösung sinnvoll ist.

Um zu überprüfen, ob sie durch die Vorgabe von dreistelligen Zahlen, bei der mit ihrer Strategie der im Unterricht behandelte Zahlenraum verlassen würde, stutzig wird und über ihre Strategie nachdenkt, gebe ich ihr folgende Additions- und Subtraktionsaufgaben:

1. N: *Jetzt misch ich Plus- und Minusaufgaben.*

398 + 6 =
2. N: *Wie machst du das hier? Sag's mir laut!*
3. S: *Da rechne ich das trotzdem, die und die (9 und 6) und dann, ne, die und die (3 und 6 [43]). Kann ich das untereinander rechnen? Dann rechne ich das untereinander.*
4. N: *Schreib dir's untereinander.*

398
+ 6

5. S: *398, ne, da muss ich erst überlegen, wohin das kommt. 300 jetzt weiß ich das und das. Jetzt weiß ich, welche ich davon so rechnen muss, weißt du? Ob die beiden oder die beiden oder die beiden.*

---

[43] Dies könnte ihrer Strategie aus dem Hunderterraum entsprechen.

6. N: *Und woran merkst du das?*
7. S: *Guck mal hier, das sind die Einer* (zeigt auf die 3), *das sind die Zehner* (zeigt auf die 9) *das sind die Hunderter* (zeigt auf die 8) *und die Hunderter kommen unter die Hunderter, die Zehner kommen unter die Zehner und die Einer kommen unter die Einer.*
8. N: *Ja.*
9. S: *Nun rechne ich das so: Das brauch ich nicht, das brauch ich nicht* (Sie betrachtet die Ziffern von links nach rechts).
10. N: *Dann rechne mal aus.*

$$
\begin{array}{r}
398 \\
+_1\,6 \\
\hline
404
\end{array}
$$

S: *9, 10, 11, ... 14,* (sie zählt an den Fingern ab), *14, da kommt die 1 hin* (als Merkziffer nach oben), *da die 4. Da kommt jetzt 10, da noch'ne 1* (die Merkziffer). *Das sind jetzt 4.*

$$412 - 8 =$$

N: *Mhm. Wie machst du das hier?*
S: *Genauso wie da.*
N: *Zeig's mir.*
15. S: *Fast* (betont) *genauso, weil das minus ist.*
16. N: *Ja.*
Sie notiert die Zahlen untereinander.

$$
\begin{array}{r}
412 \\
-_1\,8 \\
\hline
404
\end{array}
$$

S: *So, jetzt rechne ich 2 minus* (betont). *Das geht nicht, also muss ich mir da einen klauen. Dann sind das nur noch 0. Geklaut hab' ich mir jetzt, sind jetzt 12, 11, ... 4* (rechnet mit Hilfe der Finger rückwärts), *4 und das sind jetzt 0. Muss ich da 'ne 0 hinschreiben. und das sind jetzt 4. ... Ich glaub', da kommt überall das Gleiche 'raus. Da kann ich das ja schön hinschreiben.*

Deutung
Sabrina liest jeweils den ersten Summanden der Aufgaben laut. Sie kann die Zahlen lesen. Etwas stutzt sie bei 506, liest aber auch diese Zahl korrekt.

Zur Ausführung der Rechnung entscheidet sie sich für schriftliches Vorgehen (3-4), weil sie nicht weiß, welche der Ziffern zu verknüpfen sind. Es gelingt ihr bei allen Aufgaben, diese korrekt untereinander zu notieren. Sie muss jedoch überlegen, welche der vorderen Ziffern mit dem zu addierenden oder zu subtrahierenden Einer verknüpft wird und äußert ihre Gedanken (5). Da sie bisher keine Probleme mit den schriftlichen Rechenverfahren gezeigt hatte, soll ihre Erklärung dazu zeigen, ob die im Unterricht gezeigten sicheren Lösungen auf einer mit Fehlvorstellungen belasteten Strategie beruhen.

Obwohl sie zu richtigen Lösungen kommt, wird ihre Strategie von falschen Vorstellungen getragen. Sie verwechselt Hunderter und Einer (7), sie nennt z. B. drei*hundert*, d.h. ordnet der Ziffer 3 den Stellenwert der Hundert zu und rechnet mit der drei als Einer. Sie beginnt in diesem Sinne der Additionsstrategie entsprechend mit den Einern. Sie betrachtet die Zahlen von links nach rechts, bis eine Rechnung notwendig wird. Dann kehrt sie die Rechenrichtung wieder um und berechnet die Lösung mit Merkziffern korrekt.

In dieser Sitzung wendet Sabrina zwei verschiedene Lösungsverfahren an, die von der Größe der vorgegebenen Zahlen abhängen und weist auf eine dritte, das Auszählen, als gleichberechtigte Lösungsstrategie hin. Die Kenntnis verschiedener Strategien zur Bearbeitung von Problemen kann ermöglichen, abhängig von den konkreten Anforderungen der Aufgabenstellung die jeweilig günstigste Strategie auszuwählen. Voraussetzung für die Anwendung verschiedener Strategien ist jedoch, dass sie zum gleichen Ergebnis führen. Die Handlungsabfolge zwischen Ausgangs- und Zielzustand kann variabel sein. Im vorliegenden Fall hat Sabrina unterschiedliche Strategien verfolgt, dabei jedoch nicht darauf geachtet, dass diese, auf ein und dieselbe Aufgabe angewandt, zu unterschiedlichen Ergebnissen geführt hätten. Im Sinne der Grieselschen Auffassung, Terme als „lange Namen" für Zahlen zu bezeichnen, um die Identität von Zahlen und Operationen zu veranschaulichen, gäbe es für Sabrina nicht diese Identität, weil, abhängig von der Strategie, einem Term mal die eine, mal die andere Zahl als Ergebnis zugeordnet würde.

Im allgemeinen ist es hilfreich, verschiedene Strategien zur Problemlösung zu kennen. Werden diese jedoch nicht durch Faktenwissen oder Wissen um strukturelle Zusammenhänge überprüft, werden zwar Verfahrensweisen abgearbeitet, führen aber nur zufällig zu angemessenen Ergebnissen.

7.2.10 Abschließende Bemerkungen

Die Beobachtungen des Unterrichts und der Einzelsitzungen ergeben ein widersprüchliches Bild.

Sabrina beteiligte sich immer am Unterricht. Sie konnte fast in jeder Stunde mündliche Beiträge leisten, die angemessen waren. Besonders in den Stunden mit geometrischen Inhalten zeigte sie gute Leistungen. Viele ihrer Arbeitsblätter aus der Stunde sind in weiten Teilen richtig gelöst.

Die gute Beurteilung ihrer Arbeit im Unterricht wird jedoch durch teilweise irritierende Fragen Sabrinas beeinträchtigt, z.b. durch ihre Frage aus der ersten beobachteten Stunde, ob die Nummerierung mit der in der Aufgabenstellung gegebenen Zahl addiert werden müsse.

In den Einzelsitzungen werden ihre Schwierigkeiten deutlicher. Ihre Kenntnisse liegen bezogen auf ihre rechnerischen Fähigkeiten eher im Bereich der ersten Klasse, ihre Fähigkeiten, sich im Hunderterraum zu orientieren, sind im 2. Schuljahr angemessen. Die nicht-arithmetischen Anteile des Unterrichts zeigen, dass sie an der Arbeit einer dritten Klasse teilnehmen kann.

7.3 Diskussion der Beobachtungen

Anknüpfend an die Befunde der medizinisch-psychologischen Diagnostik stellt sich die Frage, wie sich Sabrinas Erfahrungswelt konstituieren könnte. "So wie die Mathematik letztlich zu ihrer Begründung stets der Sprache bedarf, d.h. der Symbole, so bedarf auch das Erlernen der Mathematik der Sprache, und zwar nicht nur als Instrument ihrer Mitteilung an die Schüler, sondern als Medium des Verstehens und neu Entstehenlassens dessen, was die Symbole bedeuten" (Heipcke, 1983, S. 27). Sprachverständnis als eine entscheidende Komponente des Lernens auch im Mathematikunterricht ist für die Aneignung mathematischer Inhalte bedeutsam.

Sabrinas Lernvoraussetzungen, insbesondere ihre Schwierigkeiten in der auditiven Diskrimination und der Serialität, wirken sich auf die Geschichte ihrer eigenen Begriffsbildung aus. Es lassen sich hier nur Vermutungen darüber anstellen, wie ihre Erarbeitung inhaltlicher Begriffe davon beeinflusst wurde.

7.3.1 Sabrinas Problematik: Differenzierungsschwäche und Probleme mit der Serialität

Nach Aussagen der medizinisch-psychologischen Diagnostik liegt Sabrina eine gestörte Wahrnehmungstätigkeit in der Verarbeitung auditiver Informationen sowie in der Verarbeitung von Reihenfolgen vor. Ihre Schwierigkeiten zeigten sich an verschiedenen Tätigkeiten im Unterricht:

1. Differenzierungsschwäche:
- Sabrina verwechselte in der 2. Stunde 299 und 399.
- Sie hatte Probleme, 150 und 590 aufzuschreiben. Das Klangbild von 105 und 150 sowie 509 und 590 erscheint bei Vernachlässigung von "zig" gleich.

2. Lautreihenfolgen:
Es fragt sich, wieweit ihre Probleme mit der Reihenfolge allgemein sich auch auf ihre Fähigkeit, Lautreihenfolgen zu erkennen, auswirkt. Beispiele wie 100 + 3 = 300 könnten darauf hinweisen. 103 und dreihundert unterscheiden sich im Klangbild durch ihre Reihenfolge.
Sie verwandte
- eine unterschiedliche Reihenfolge der Zahlen bei auditiv oder schriftlich vorgegebener Fragestellung.
- unterschiedliche Reihenfolge der Zahlen, je nachdem, ob sie rückwärts oder vorwärts genannt wurden.

3. Wissen um Bezeichnungen
Sprache verläuft als Prozess der Mustererkennung (Herrmann, 1995) über den die Bedeutung ermittelt wird. Mustererkennungsprozesse entlasten das Gedächtnis, indem nur die für wesentlich erachteten Informationen wahrgenommen werden. Sie können jedoch auch fehlerträchtig sein, wie Shevarev (1975), Davis/Jockhusch/Mc Knight (1978) und Davis/Mc Knight (1979) für die Verarbeitung visuell dargebotener Information gezeigt haben.
Aus den vorangegangenen Darstellungen wurde die Bedeutung der Sprachwahrnehmung für die Begriffsbildung sowie für das Abrufen von Wissen deutlich. Eine nichtkompensierte Beeinträchtigung in diesem Bereich kann zwar zu ausreichenden Erfahrungen von anderen sensorischen Merkmalen bei der Begriffsbildung führen, die Zuordnung von passenden

Sprachzeichen scheint jedoch erschwert. Damit wird die Abrufbarkeit von Gedächtnisinhalten beeinträchtigt. Dies zeigte sich bei Sabrina z.B. bei

- Verdoppeln - Halbieren
- Nachfolger - Vorgänger
- Sie sucht den Nachfolger auf, wenn nach dem "Doppelten" gefragt wird.

In Sabrinas Fall findet die unangemessene Informationsaufnahme bereits bei der Begriffserarbeitung statt. Deshalb ist zu erwarten, dass sich bei der Verwendung von Bezeichnungen und Begriffen Probleme zeigen.

- 1000: Sabrina liest zunächst 100.
- Statt 1000 sagt sie Zehnhundert, eine Formulierung, die die bisherige Namensgebung weiterführt (3-Hundert, 4-Hundert) und vor allem von kleineren Kindern als Leistung anerkannt werden muss, in diesem Alter aber üblicherweise nicht mehr beobachtet wird.
- Sie nennt den Nachfolger von 589 Zehnhundert.
- Sie kann Zahlen nicht sicher aufschreiben (590 - 509).
- Sie verwechselt Hunderter und Einer.
- Sie ist in der Verwendung der Größenangaben unsicher.

Vor allem die Verwechslung ähnlich klingender Wörter - bedingt durch Schwierigkeiten der Lautdiskrimination - deutet darauf hin, dass Sabrina ähnlich klingende Wörter nur schwer unterscheiden kann. Angenommen, sie speichert z. B. 15 und 50 als ein Klangbild, erfährt sie in dem anschaulich gestalteten Unterricht zu der für sie einen Zahl zwei verschiedene Deutungsmuster. Nach ihrer Erfahrung kann ein auditiver Reiz mal auf diese, mal auf jene Weise interpretiert werden. Somit entwickelt Sabrina voneinander verschiedene assoziative Netze mit unterschiedlichem semantischen Kontext für eine Zahl. Damit gewinnt in ihrer Erfahrung das Anwenden von Prozeduren und Veranschaulichungsmitteln an Nichteindeutigkeit. "Man kann das so oder so machen".

15 | ●●●●●   50 | | | | |

Wenn man sich vorstellt, dass solches für Sabrina für viele verschiedene ähnlich klingende Begriffe gilt, wird deutlich, dass Sabrinas Erfahrung nicht auf der eindeutigen Zuordnung von einem Konzept und einer Bezeichnung beruht. Vielmehr erlebt sie die Gültigkeit von unterschiedlichen Inhalten und Verfahrensweisen zu einer Bezeichnung[44].

- Sie verwendet unterschiedliche Verfahrensweisen zum Auffinden des nächsten Zehners, je nachdem ob die Frage mündlich oder schriftlich gestellt wird.
- Vielleicht führt das auch zum umgekehrten Effekt, der Zuordnung von einer Verfahrensweise zu unterschiedlichen Bezeichnungen.
- Sie zählt um eins weiter bei der Frage nach dem Vorgänger, dem Nachfolger und der Aufforderung zu verdoppeln.

Wenn Sabrina ähnlich klingende Zahlen wie 15 oder 50 nicht unterscheiden kann, wie soll sie dann den entsprechenden Anzahlen einen Namen eindeutig zuordnen? Wie soll sie eine sichere Reihenfolge für die Zahlnamen finden? In ihrem Erleben scheint diese Zuordnung und die Reihenfolge nicht eindeutig. Das würde die Diskrepanz zwischen ihren schriftlichen und ihren mündlichen Leistungen erklären. Es würde ebenfalls ihre Schwierigkeiten mit der richtigen Reihenfolge der Ziffern verständlich machen. Auch 509 und 590 hören sich ähnlich an. Hingegen unterscheiden sich dreistellige Zahlen, die keine Null enthalten, stärker.

Probleme mit Null sind aus der Literatur bekannt. Erst spät in der Geschichte fand sie, durch die Stellenwertschreibweise erforderlich, Einzug in die Bereiche des Rechnens (Wagner, 1994) erst im 16. Jahrhundert wurde sie mit zu den Ziffern oder Zahlen gezählt. (Hefendehl-Hebeker, 1982). Häufig werden mit der Frage nach den Ursachen für diese Fehler Vorstellungen untersucht, die im Umgang mit Null aufgerufen werden (Hefendehl-Hebeker 1982; Radatz/Schipper 1983; Gerster, 1989).

Bei Sabrina erhebt sich die Frage, wieweit diese auf die Vorstellung bezogenen Argumente zunächst sekundär sind, ihre Fehler mit Zahlen, die eine Null enthalten primär als Folge der unzureichenden auditiven Diskriminationsleistung erwachsen.

7.3.2 Deutungsansatz für Sabrinas Orientierungsfähigkeit

Die Eindeutigkeit von Begriffsinhalt und Bezeichnung ist für mathematische Kommunikation darüber unerlässlich. Wenn Wörtern nicht eindeutig eine Bedeutung zugewiesen werden kann, vermutet Herrmann (1995), dass ver-

---

[44] Es ist nicht zu ermessen, auf welche inhaltliche Bereiche sich diese nichteindeutige Begriffsbildung erstreckt.

schiedene gespeicherte Bedeutungen darauf hin überprüft werden, ob sie in der Situation eine sinnvolle Interpretation der Sprachzeichen darstellen. Ein Kind, das nicht auf eine eindeutige Bedeutungszuordnung zurückgreifen kann, braucht andere Hinweise zur Orientierung.

Sabrinas Sinnfindung wird über ihr Alltagswissen mitgesteuert, d. h. sie entwickelt Hypothesen über die Bedeutung von akustischen Informationen aus dem Kontext. Dieser Kontex kann ein mathematischer sein, wie z.B. der Vergleich mit allen anderen Aufgaben auf einer Seite. Es kann sich auch aus dem Verhalten der Mitschüler und der Lehrerin erschließen, welcher Begriff gemeint sein könnte, welche Lösungsprozedur angemessen ist.

7.3.2.1 *Beispiele aus dem Unterricht*
1. Bestimmung von Vorgänger und Nachfolger
Man sollte meinen, dass die Bestimmung von Vorgänger und Nachfolger das Wissen um eine Reihenfolge im Bereich bis 1000 voraussetzt. Das ist nicht der Fall. In den meisten Fällen ändert sich nur die letzte Ziffer, d. h. die Aufgabe erfordert nur, die Reihenfolge im Bereich bis 10 zu kennen. und darauf zu achten, welche der Ziffern von den Kindern, die vorher an der Reihe waren, geändert wurde. Dieses prozedurale Vorgehen kann bei den meisten der gestellten Aufgaben bereits gelingen, wenn nur ein kleiner Teil der komplexen Prozedur erfasst wurde.[45]

2. Die Größer- und Kleinerrelation bis 1000: Das Labyrinth
Hier wird die Fähigkeit eingefordert, die Zahlen bezüglich ihrer Größe zu vergleichen.

Bei der Bearbeitung des Labyrinths müssen jeweils zwei dreistellige Zahlen bezüglich ihrer Größe verglichen werden. Nach erfolgreicher Bearbeitung dieses Blattes scheint Sabrina keine Schwierigkeiten mit dem Größenvergleich zu haben. Wenn man das Blatt genauer betrachtet, kann diese Folgerung fraglich erscheinen. Unabhängig vom Beginn bei Maus oder Katze gibt es verschiedene andere Orientierungskriterien, den Weg durch das Labyrinth zu finden:

---

[45] Häufig wird das korrekte Abarbeiten der Prozedur als Hinweis für eine gelungene Begriffsbildung angesehen. "Das Kind hat es verstanden, es weiß jetzt, wie es geht." Auch die Fragen der Kinder richten sich häufig danach. Der Lehrer "kann nicht gut erklären", wenn er inhaltliche Zusammenhänge erläutert. Der Mitschüler kann "besser erklären", wenn er mitteilt, "wie es geht". Dabei wird übersehen, dass korrektes Lösen von Aufgaben auf unangemessenen Strategien beruhen kann, die für bestimmte Aufgaben zur richtigen Lösung führen, aber auf strukturgleiche angewendet, zu Fehlern führen.

- "750 und 741": Da die Maus in Richtung 750 blickt, liegt es nahe, den Weg in diese Richtung zu beginnen (750 ist größer als 741).
- "724" ist eine leicht zu überschauende Sackgasse.
- Beim Vergleich von "711 und 710" führt der Vergleich der letzten beiden Ziffern zur Vorstellung: 711 ist größer als 710.
- Auch beim nächsten Schritt, dem Vergleich von "672 und 652" geht es um den Vergleich von zwei Ziffern 7 und 5 (672 ist größer als 652).
- Beim Vergleich von "645 und 657" könnte man daraus, dass 7 größer ist als 4, schließen, dass 657 größer ist als 645.
- Da 644 als Sackgasse leicht erkennbar ist, muss Sabrina gar nicht nachprüfen, dass 647 größer ist als 644.
- Die beiden Zahlen 642 und 624 verlangen nur scheinbar eine Vorstellung vom Stellenwert der Zahlen und der Reihenfolge der Ziffern, weil 624 in die falsche Richtung führen würde.

Damit kann das Arbeitsblatt korrekt bearbeitet werden, auch wenn die Reihenfolge von dreistelligen Zahlen nicht sicher beherrscht wird.

3. Aufgaben zur schriftlichen Addition und Subtraktion wie sie in der dritten Klasse gestellt wurden

Addition und Subtraktion ohne Zehnerüberschreitung: Aufgaben dieser Art können gelöst werden, wenn die Ziffern einzeln verknüpft werden, ohne die Zahl als Ganzheit zu erfassen. Dazu ist Sabrinas Technik des Auszählens ausreichend.

Addition und Subtraktion mit Zehnerüberschreitung: Verlangt wird die Konzentration auf die Merkziffer. Die Aufgaben sind gut durch Zählen zu bewältigen. Man braucht dazu nur die Rechenfertigkeit im Bereich bis 20.

Trotz ihrer Verwechslung von Hundertern und Einern beim Erklären ihres schriftlichen Verfahrens, findet sie zum richtigen Ergebnis. In diesem Zusammenhang ist eine Vorstellung zum Stellenwertbegriff nicht erforderlich. Gebraucht wird nur die Fähigkeit, die Ziffern richtig untereinander zuschreiben. Dazu kann man sich merken, die zweite Zahl von rechts nach links unter die erste zu notieren und hat die Ziffern richtig platziert.

7.3.2.2 Sabrinas besondere Situation

Sabrina erfährt, dass ihre Mitschüler und ihre Lehrerin verschiedene Deutungen zu dem vornehmen, was für sie nicht eindeutig als unterschiedliches Klangbild erfasst werden kann. Erst in dem, was die anderen tun oder sagen, erschließt sich für sie, welche Assoziation hier aufgerufen werden soll. Das hat verschiedene Konsequenzen:

- Es erklärt, warum Sabrina nach Beschreibung ihrer Lehrerin analog nachvollziehen kann.
- Es erklärt, warum dieses "Können" zwar für die Situation der einen Stunde Gültigkeit besitzt, sonst aber oft nicht.
- Es lässt die Frage aufkommen, welchen Wirklichkeitsbezug ihre Zahlvorstellungen haben.
- Es erklärt den Vorrang der Frage: "Wie geht es? Was muss ich hier tun?", denn von dem geschilderten Kommunikationsproblem her erscheinen nur Lösungsalgorithmen verlässlich. Deren Durchführbarkeit erwecken den Anschein von Kompetenz und Verständnis.
- Es kennzeichnet die besondere psychische Abhängigkeit des Kindes. Sie ist in weit höherem Maße als andere Kinder darauf angewiesen, eine Bestätigung für ihre Vorstellungen und Lösungen zu bekommen. Nicht sie entscheidet über richtig und falsch. Es erschließt sich aus dem situativen Kontext. Damit ist Sabrina im Bewusstsein dessen, was richtig und falsch ist, abhängiger als andere von ihrer Lehrerin und ihre Klassenkameraden. Diese Abhängigkeit macht es für Kinder wie Sabrina besonders wichtig, dass ihnen eine verständnisvolle Haltung entgegengebracht wird.
- Es macht verständlich, dass es Sabrina schwer fällt, Zahlensätze zu lernen und sie dem Zählen verhaftet bleibt. 8 + 2 = 10 oder 8 + 3 = 10? Im Bereich bis 20 konnte Sabrina sicher vorwärts zählen. Durch das Zählen erschließen sich "zwei" oder "drei" in der Tätigkeit. Die Assoziation auf die akustische Vorgabe von "zwei" oder "drei" erfordert bei dem ähnlichen Klangbild eine Reflexion darüber, welche Zahl gemeint sein könnte. Der Automatisierungsprozess wird so erschwert. Zählen bleibt dann eine Methode, die durch die Möglichkeit die Finger einzusetzen, Sicherheit verleiht.

"Die permanente Sinnprobe" (Büchner/Balhorn, 1994, S. 39) wie Büchner/Balhorn das mitlaufende Kontrollverfahren für leistungsstarke Leser bezeichnen, der "Prozess der Kontrolle der Wahrnehmungstätigkeit" (Lurija, 1992, S. 231) kann nur dann in ähnlichem Sinne wirksam werden, wie im Unterricht erwartet, wenn es gemeinsam geteilte Sinnzuweisungen gibt. Wenn sich der Sinn der Handlungen eher aus dem situativen Kontext als aus mathematisch ausgerichteten Problemlösestrategien ergibt, erscheint es nicht sinnvoll, Vorstellungen zum mathematischen Inhalt zu überprüfen. Viel aussagekräftiger scheint es, situative Merkmale zur Kontrolle des Verhaltens heranzuziehen.

7.4 Folgerungen aus der Fallstudie "Sabrina"

Eine differenzierte Feststellung der Kenntnisse und Fertigkeiten der betroffenen Kinder kann nur in einer Einzelsituation erfolgen.

- Sabrina beteiligte sich meistens am Unterricht und wurde häufig aufgerufen. In vielen Fällen gab sie die richtigen Antworten, so dass nicht deutlich wurde, dass sie nur über einen Teilbereich der notwendigen Kenntnisse verfügte.
- Diese Beobachtung zeigte sich nicht allein in ihrer mündlichen Beteiligung. Auch die Aufgaben in ihren Klassenarbeiten und auf den Arbeitsblätter wurden zu weiten Teilen richtig bearbeitet.

Eine genaue Diagnostik ihrer Schwierigkeiten und Kenntnisse ist eine wichtige Voraussetzung, um ihr im Unterricht die notwendige Unterstützung zu geben. Dabei gilt es zwei Aspekte zu unterscheiden: Einmal die Lernvoraussetzungen, die ihr das Lernen erschweren wie ihre Teilfunktionsstörungen, zum anderen ihre Voraussetzungen bezogen auf ihre mathematischen Kenntnisse. Sabrina muss lernen, einen Ausgleich für ihre Teilfunktionsstörungen zu finden (im Sinne der Lernbehindertenpädagogik) und im weiteren ungünstige Strategien, die sie sich angeeignet hat, durch günstigere ersetzen.

7.4.1 Soll Sabrina die Klasse wiederholen?

Diese Frage wird von Lehrkräften, die mit betroffenen Kindern arbeiten, immer wieder gestellt. Sie kann sicher nur am Einzelfall beantwortet werden. So differenziert wie die Formen von Lernschwierigkeiten im Mathematikunterricht zu beobachten sind, muss auch das Angebot sein, das es den Kindern erlaubt, am Unterricht teilzunehmen. Das erfordert eine starke individuelle Ausrichtung der Hilfe.

Damit spielt die Kompetenz des unterrichtenden Lehrers eine erhebliche Rolle. So müsste Sabrina

- bezogen auf ihre Rechenfertigkeiten im ersten Schuljahr arbeiten,
- bezogen auf ihre Zählkompetenz bis 100 im zweiten Schuljahr,
- bezogen auf ihre Kenntnis des Einmaleins, ihren Umgang mit schriftlichen Rechenverfahren und in allen nichtarithmetischen Bereichen im dritten Schuljahr.

Der reguläre Unterricht spielt sich inhaltlich je nach Gegenstand mal auf einem Niveau ab, auf dem Sabrina teilnehmen kann, mal auf einem Niveau, das das Kind völlig überfordert. Die Differenzierung für betroffene Kinder, erfordert hohe methodische und mathematikdidaktische Kompetenzen.

Die Feststellung von Sabrinas Kenntnissen und Fertigkeiten lässt eine Wiederholung der Klasse in ihrem Fall nicht als die geeignete Hilfe erscheinen.

* *Sabrinas Lernvoraussetzungen:*
  Die beschriebenen Schwierigkeiten in der auditiven Diskrimination scheinen sich nicht alleine durch Reifungsprozesse auszugleichen. Selbst wenn die Ursachen reifungsbedingt sind, müssten Hilfen entwickelt werden, um ungünstige Ausgangsbedingungen zu kompensieren.

* *Sabrinas mathematische Kenntnisse:*
  Zum Lernen von Mathematik sind eine Reihe von Kenntnissen notwendig, die miteinander zu verbinden sind und sich gegenseitig stützen. Zum mathematischen Kontext gibt es ein Geflecht von semantischen Netzen, die aus Vorkenntnissen und Erfahrungen erwachsen sind. Sabrinas Wissen liegt nicht generell um ein oder zwei Jahren hinter ihren Mitschülern zurück. In bestimmten, wohl zu bestimmenden Bereichen liegt es zurück, in anderen kann sie am Unterricht teilnehmen.

Daraus ergibt sich die Fragwürdigkeit, die Inhalte einfach noch einmal durch eine Rückversetzung zu wiederholen. Eher angebracht wäre die Erarbeitung einzelner Deutungszusammenhänge und Prozeduren. Auf der Ebene des mathematischen Wissens müssen ihre Kenntnisse erfasst und der zu erarbeitende Inhalt im Sinne einer sachanalytischen Durchdringung mit ihren Kenntnissen abgeglichen werden. Das Vorgehen, kann sich dabei auf das didaktische Prinzip von der Isolierung der Schwierigkeiten beziehen (siehe dazu Nolte, 1997). Dabei muss die zu verarbeitende Information bezogen auf die Modalität der Verarbeitung und der Vorkenntnisse in kleine Bereiche untergliedert werden. Es geht dabei nicht um die kontextlose isolierte Darbietung von Daten, vielmehr um die Feststellung, was Sabrina fehlt, um das Netz ihrer kognitiven Repräsentationen für die Begriffsentwicklung tragfähiger zu machen. Nicht für jeden Wissenserwerb und die Aneignung jeder Prozedur ist die Fülle der Vorkenntnisse erforderlich, die in einer bestimmten Klassenstufe üblicherweise vorausgesetzt wird. Dies ermöglicht es Kindern wie Sabrina, in den laufenden Unterricht integriert zu werden, wenn es möglich ist, Unterstützung in defizitären Bereichen zu entwickeln.

Die Prozeduren: "Wie lese ich eine Zahl", "wie schreibe ich sie auf", sind mit der Zahlbegriffsentwicklung verbunden. Sie sind wesentlich für die Entwicklung von Vorstellungen zur Zahlbereichserweiterung. Fehlt eine dieser Fähigkeiten wie bei Sabrina, ist eine Stütze nötig, damit durch diese isolierbare Schwäche nicht die Einsicht in den übergeordneten Zusammenhang verhindert wird.

Die Durchführung von Rechenoperationen sprechen den Komplex von Verfahrensweisen an. Kinder, die zählend rechnen, werden in größeren Zahlbereichen zu langsam und verlieren leicht die Übersicht. Hier kann das Wissen um schriftliche Addition und Subtraktion hilfreich sein, um die Erarbeitung von anderen Inhalten nicht an mangelnder Rechenfertigkeit scheitern zu lassen.

Nicht unerwähnt bleiben dürfen Inhalte des Unterrichts, die nicht zum Bereich der Arithmetik gehören. So hatte Sabrina keine Schwierigkeiten bei der Bearbeitung von Wegenetzen. In der entsprechenden Stunde arbeitete sie erfolgreich, selbständig und sicher und setzte bei ihrem Partner angemessenes Problemlöseverhalten durch.

Sabrina kann selbständig arbeiten. Sie hat Freude am Mathematikunterricht. Sie beteiligt sich. Sie erledigt ihre Hausaufgaben. Sie fühlt sich in ihrer Klasse offensichtlich wohl. Sie hat eine einfühlsame Klassenlehrerin und engagierte Eltern. Sie verfügt über Strategien der Arbeitsorganisation. Ihre Lehrerin ist fachlich gut ausgebildet und kann Sabrinas Defizite differenziert beobachten.

Trotz dieser günstigen Voraussetzungen ist es aber nicht möglich, ohne individualisierte Förderung Angebote zu entwickeln, die diesem Kind einsichtvolles mathematisches Lernen ermöglichen würde.

7.5 Abschließende Bemerkungen zur Fallstudie Sabrina

Der Unterricht wurde von der Lehrerin sehr vielfältig gestaltet. Durch die methodische Gestaltung wurden unterschiedliche Modalitäten angesprochen und geschult. Gleichzeitig konnten die Kinder in offenen Phasen sowohl inhaltlich als auch auf das erforderte Niveau bezogen individualisiert arbeiten. Diese Individualisierung wurde auch in von der Lehrerin geführten Phasen beibehalten, indem sie z. B. den Tischgruppen Aufgaben mit unterschiedlichen Anforderungen stellte. Für Sabrina war es dabei wichtig, dass die zu bearbeitende Problemstellung grundsätzlich von gleicher Art war, wie z. B. das Erkennen der Regel von Zahlenfolgen, der unterschiedlichen Leistungsfähigkeit der Kinder entsprechend die Zahlenwerte jedoch leichter oder schwerer waren.

Eine weitere wichtige Hilfe für Sabrina bedeutete das Erkennen von isolierbaren Teilaspekten in Aufgaben, die Teilfunktionen erfordern, die bei Sabrina nicht sicher waren. So fiel es Sabrina schwer, ähnlich klingende Zahlen aufzuschreiben. Die Unterstützung der Lehrerin an entsprechenden Stellen ermöglichte es ihr, die komplexe Aufgabe der Spielführung bei „Mister X" erfolgreich zu übernehmen.

Diese Unterrichtsgestaltung der Lehrerin ermöglichte es Sabrina am Unterricht teilzunehmen und viele ihrer Fähigkeiten zu zeigen. Sabrina zog sich nicht zurück, sie arbeitete in jeder der beobachteten Stunden motiviert und zeigte keine Anzeichen von sekundärer Neurotisierung.

Die Arbeit wurde durch die Einstellung der Eltern wesentlich mitgeprägt. Sie akzeptieren die Schwierigkeiten des Kindes. Intuitiv stellen sie im gemeinsamen Alltag Anforderungen, die Sabrinas Fähigkeiten trainieren. Sabrina kannte z. B. mit zehn Jahren noch nicht die Reihenfolge der Wochentage. Außerdem bemerkten die Eltern, dass sie Schwierigkeiten hat, mit Geld umzugehen. Die Eltern beschlossen, Sabrina Taschengeld zu geben, immer Freitags und nur dann, wenn Sabrina sie daran erinnert. So wurde es für sie wichtig, sich die Reihenfolge der Wochentage zu merken. Anfangs kam es vor, dass Sabrina am falschen Tag nachfragte, oder es am Freitag vergaß. Nach kurzer Zeit kannte Sabrina die Reihenfolge der Wochentage und forderte ihr Taschengeld pünktlich ein. Aus den Erzählungen der Eltern geht weiter hervor, dass Sabrina auch im Umgang mit Geld ihre Kenntnisse erweitert. Auch hier sind ihre Leistungen noch nicht altersentsprechend. Sie nutzt jedoch bestehende Kenntnisse. So stellt sie allgemein fest, ob Dinge viel oder wenig kosten und überlegt sehr genau, wie sie ihr eigenes Geld einsetzt.

Die Mutter betreut noch fünf Tageskinder, mit denen Sabrina aufgewachsen ist. Die Kinder sind jünger als Sabrina. Nachmittags befasst sie sich gern mit ihnen und spielt regelmäßig Schule. Dabei bevorzugt Sabrina die Fächer Deutsch und Mathematik, die ihr selbst Schwierigkeiten bereiten und trainiert dabei zusätzlich ihre Kenntnisse.

Sabrina beginnt zu lernen, mit ihren Schwierigkeiten im auditiven Bereich umzugehen. Die Mutter fühlt sich wohl, wenn ständig in jedem Raum der Wohnung Radio oder Fernsehen gehört werden kann. Sabrina fordert für die Zeit ihrer Hausaufgaben ein, dass diese Geräte überall in der Wohnung ausgemacht werden. Die Eltern haben selbst beobachtet, dass Sabrina sehr leicht durch Geräusche ablenkbar ist.

Ob es diese häuslichen Gewohnheiten sind, die ihre Schwierigkeiten verursacht haben oder die Risikoschwangerschaft der Mutter[46], oder ob es andere Faktoren sind, bleibt eine offene Frage. Für den Umgang mit Sabrina im Unterricht ist es unerheblich. Nach Aussagen der Ärztin, die die medizinisch-psychologische Diagnostik leitete, zeigte Sabrina für ein Kind, das so stark durch Teilfunktionsstörungen beeinträchtigt ist, dass ihre Beeinträchtigungen Krankheitswert haben, im Vergleich zu Kindern mit vergleichbaren Schwierigkeiten ungewöhnlich gute Kenntnisse.

Dies ist sicher auf das Zusammenwirken der verschiedenen günstigen Bedingungen von Schule und Elternhaus mit zurückzuführen.

---

[46] Die Mutter musste z.B. lange liegen. Bewegungen der Mutter während der Schwangerschaft sollen sich positiv auf Reifungsvorgänge im Gehirn auswirken (Ayres, 1984).

8   Fallstudie Maria

8.1   Vorbemerkungen

Im Zusammenhang mit Lernstörungen werden psychische Reaktionen beschrieben, die so schwerwiegend sein können, dass sie Krankheitswert annehmen. "In kinderpsychiatrischen Inanspruchnahmepopulationen werden Teilleistungsstörungen bei etwa der Hälfte der Patienten angetroffen (Lempp 1989)" (v. Suchodoletz, 1994, S. 11). Es ist möglich, dass ein Kind aufgrund schwerer psychischer Störungen schwache Rechenleistungen zeigt (Baulig, 1994; Lorenz, 1987). Es ist jedoch auch möglich, dass psychische Probleme als Folge einer Lernschwierigkeit im Mathematikunterricht eintreten (Lempp, 1988; Remschmidt, 1990). Lempp (1976) spricht in diesem Zusammenhang von sekundärer Neurotisierung. Verhaltensweisen und Einstellungen des Kindes sowie Reaktionen seiner Umgebung darauf können sich wechselseitig verstärken, so dass sich ein Teufelskreis (Betz/Breuninger, 1982; Ebeling, 1989) von Lernschwierigkeiten, Selbst- und Fremdattributierungen entwickelt. Mit Maria wird ein Kind beschrieben, das sehr viel weniger Unterstützung in ihrem Lernprozess als Sabrina erfuhr, sich meist fröhlich und aufgeschlossen zeigte, aber erste Ansätze zu negativen psychischen Reaktionen entwickelte.

8.1.1   Kurzbeschreibung des Kindes

Maria ist ein lebhaftes achtjähriges Mädchen und besucht zu Beginn der Beobachtungen die 3. Klasse. Sie wurde in Polen geboren, zog aber schon vor ihrer Schulzeit nach Deutschland. Am Anfang des Schuljahrs bekam die Klasse eine neue Klassen- sowie eine neue Mathematiklehrerin, da die ehemalige Klassenlehrerin nicht mehr an der Schule arbeitet. Die Beobachtungen beginnen im November.

Ihre Klassenlehrerin beschreibt sie als unauffällige Schülerin, deren Leistungen im sprachlichen Bereich und in anderen Fächern eher im Durchschnitt liegen. Aus den Zeugnissen sind keine besonderen Auffälligkeiten ablesbar. Ihre Mathematiklehrerin schildert sie als ein Kind, dessen mathematische Leistungen so weit hinter seiner Klasse zurückliegen, dass sie eine Rückversetzung oder eine Sonderschulüberprüfung in Erwägung zieht. Nach ihrer Aussage hat Maria kein Symbol- und Operationsverständnis entwikkelt. Sie verhält sich im Unterricht sehr ruhig und wirkt insgesamt zurückhaltend. Ein Lehrer erteilt ihr seit vier Wochen außerhalb und parallel zum laufenden Mathematikunterricht Förderunterricht und bemüht sich, Rückstände aufzuarbeiten, damit sie Anschluss an die Klasse gewinnt. Er schildert sie als Mädchen, das eine rasche Auffassungsgabe, besonders für visuell dargebotene Veranschaulichungen, zeigt. Er hat mit ihr überwiegend Einmaleinsaufgaben erarbeitet, dabei als Veranschaulichungsmaterial Kieselsteine verwendet und über Rhythmen und Bewegung versucht, die Einmaleinsaufgaben zu automatisieren. Nach vier Wochen gewinnt er den Eindruck, mit ihr nicht weiter zu kommen.

8.2 Maria in der dritten Klasse

8.2.1 Zur Situation der Klasse

Ihre bisherige Lehrerin hat, nach Aussagen der nachfolgenden Kollegin, offenen Unterricht praktiziert und dabei den Kindern viele Freiräume geschaffen. Die Mathematiklehrerin vermutet, dass sie den Überblick über die Leistungsfähigkeit und den Förderbedarf der Kinder verloren hatte. Sie bevorzugt einen stärker geführten Unterricht und versucht in Zusammenarbeit mit der Klassenlehrerin die Kinder zu einem neuen Unterrichtsstil hinzuführen. Nach ihrer Einschätzung sind die Kenntnisse vieler Kinder für die Anforderungen einer dritten Klasse noch nicht ausreichend. Für eine Reihe von Kindern schätzt sie die Offenheit des bisherigen Unterrichts als verhängnisvoll für deren Arbeitsstil ein.

Der Hinweis der jetzigen Mathematiklehrerin auf die Fülle der Defizite wird von einigen Eltern mit massiven Angriffen gegen ihren Unterrichtsstil beantwortet. Diese tragen sicher dazu bei, dass einige Schüler sich von ihren Eltern unterstützt fühlen, wenn sie störendes Verhalten zeigen. Die Mathematiklehrerin erzählt, dass viele Gespräche mit Eltern sehr unerfreulich verlaufen. Es entstehen Gerüchte, die der Lehrerin die Arbeit zusätzlich erschweren.

In der Klasse brauchen mehr als ein Drittel der Kinder besondere Aufmerksamkeit. Dazu gehören kranke Kinder, die mit Medikamenten behandelt werden, Kinder mit schweren häuslichen Problemen und verhaltensauffällige Kinder. Teilweise haben sich die Kinder bereits stark zurückgezogen. Sie protzen mit schlechten Noten, finden keinen Zugang zur Arbeit außer über Druck und sind kaum von der Lehrerin ansprechbar.

In dieser Situation befindet sich Maria.

8.2.2 Zum Verlauf der Stunden

Der Unterricht gliedert sich in der Regel in drei Phasen, der Einstieg wird von einer Problemerarbeitung abgelöst. Daran anschließend werden Arbeitsblätter bearbeitet. Die Differenzierung ergibt sich aus dem Arbeitstempo der Kinder. Unvollständig bearbeitete Arbeitsblätter werden als Hausaufgabe gegeben.

8.2.3 Zu den Inhalten während der Beobachtungen

- Venndiagramme, Schnittmengen am Beispiel der Einmaleinsreihen
- Darstellung von Zahlen bis 1000
- Schriftliche Addition und Subtraktion
- Rechnen mit Geld

8.3 Maria - beobachtet im Kontext des normalen Unterrichts und in Einzelsitzungen

8.3.1 Erste Stunde

Thema der Stunde ist die Darstellung von Einmaleinszahlen in Venndiagrammen.

1. Zunächst werden Einmaleinsaufgaben abgefragt wie $3 \cdot 5$, $7 \cdot 5$, $6 \cdot 9$, $2 \cdot 9$, usw. Maria meldet sich lebhaft und wird ungeduldig, als sie nicht aufgerufen wird. Diese Phase dauert nur kurz.

2. Im Anschluss notiert die Lehrerin Mengenbilder an der Tafel, in die jeweils die Zahlen einer Einmaleinsreihe einzutragen sind. Z.B.:

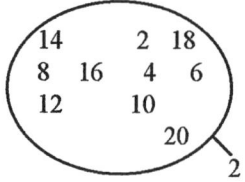

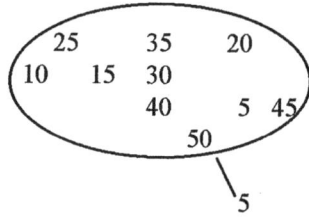

Die Kinder rufen abwechselnd einen Jungen und ein Mädchen auf[47]. Die Klasse ist sehr unruhig. Ein Junge zappelt ständig und gibt Geräusche von sich (quaken, pfeifen, rasseln, usw.). Andere Kinder gehen auf ihn ein. Die Lehrerin ermahnt häufig. Maria schaut an die Tafel und hat die Hände im Gesicht.

Es werden mehrere Diagramme an der Tafel ausgefüllt. Maria meldet sich bei leichten Aufgaben, z. B. der Zweierreihe. Sie wird aber von ihren MitschülerInnen nicht aufgerufen. Die Lehrerin fragt, welches Kind noch nicht an der Reihe war, Maria meldet sich klein und zaghaft und wird übersehen. Ihre Unruhe wächst. Sie kippelt mit dem Stuhl.

Im nächsten Schritt werden an der Tafel Diagramme mit Schnittmengen ausgefüllt. Maria ist weiterhin sehr unruhig. Nach fast 20 Minuten beginnt sie zu malen und wird ermahnt. Sie meldet sich und wird zunehmend lauter. Maria darf 50 nennen. Sie sagt vorher leise das Einmalfünf auf.

Z. B.:

3. In der dritten Phase bearbeiten die Kinder die gleichen Aufgaben auf einem Arbeitsblatt. Gegen Ende der Stunde haben einige Kinder das ganze Blatt bearbeitet, mindestens vier Kinder, darunter Maria, nur die erste Aufgabe. Maria arbeitet sehr langsam, weil sie jede Aufgabe auszählend berechnet.

Deutung

Auffallend in dieser Stunde ist zunächst die große Unruhe der Klasse. Maria wirkt ebenfalls sehr unruhig, ist dabei aber motiviert mitzuarbeiten. Sie kann die vorgegebenen Aufgaben bearbeiten, aber nur sehr langsam. Die Erarbeitung der Idee, dass verschiedene Einmaleinsreihen gleiche Zahlen enthalten, kann sie im Unterrichtsgespräch mitvollziehen, aber nicht selbständig anwenden, weil ihre Rechenfertigkeiten unzureichend sind.

---

[47] Durch dieses Verfahren werden viele Kinder miteinbezogen. Die Kinder empfinden es häufig als gerecht. Die Lehrerin beraubt sich allerdings der Chance, Beteiligung und Erfolgserlebnisse durch den Schwierigkeitsgrad der Aufgaben für das einzelne Kind zu steuern.

Was kann Maria?
- Sie kann sich die gestellten Einmaleinsaufgaben durch Auszählen errechnen und in das Diagramm eintragen.

Was kann Maria nicht?
- Sie hat die Einmaleinsaufgaben noch nicht automatisiert.

8.3.2 Erste Einzelsitzung

Maria nimmt nicht an der Stunde teil. Sie geht mit mir in den Gruppenraum, der durch eine Glastür von dem Klassenraum getrennt ist. Dadurch wird die Sicht auf die Tafel ermöglicht. Gleichzeitig ist die Geräuschkulisse der Klasse immer im Hintergrund.

Maria wurde von ihrem Förderlehrer als Kind mit rascher visueller Orientierungsfähigkeit beschrieben. In der vorausgegangenen Unterrichtsstunde hatte sie die Einmaleinsaufgaben ausgezählt. In dem Heft, das Maria in der Einzelförderung begonnen hat, finden sich als Letztes Aufgaben zum Einmalzwei. Maria sagt selbst, dass sie das „Einmal 2" bereits "gut kann". Deshalb soll zunächst mit den Begriffen Verdoppeln und Halbieren begonnen werden, in der Erwartung, dass ihr diese geläufig sind. Maria kennt jedoch diese Bezeichnungen nicht.

In der Klasse ist kein Material vorhanden. Maria hat die Kieselsteine aus dem Förderunterricht nicht dabei. Die Lehrerin überlässt uns eine Stange mit 10 Steckwürfeln. Da die Handlungen zum Halbieren einfacher sprachlich zu begleiten sind und die Anzahl der Steine so gering ist, soll Maria zuerst an dem Begriff "Halbieren" arbeiten.

Zunächst wird ohne Material gearbeitet. An einem für viele Kinder anschaulichen Beispiel soll Maria zeigen, wieweit sie ihre Kenntnisse des Einmal 2 anwenden kann.

1. N: *Nehmen wir an, wir haben 8 Gummibärchen, die teilst du mit deinem Bruder. Jeder soll gleichviel bekommen. Wie viel bekommt jeder?*
2. M: *3, nein, 2.*
   Maria erhält die Zehnerstange. Sie sieht sich die Stange an.
3. M: *7*

Marias Bruder ist nach ihrer Aussage 14 Jahre alt. Bei diesem Altersunterschied ist fraglich, wieweit Maria im Alltag Erfahrungen zum "gerechten

Teilen" sammeln konnte[48]. Die Operation "Teilen" soll deshalb am Beispiel von zwei Mädchen, die 8 und 11 Jahre alt sind, durchgeführt werden. Maria soll die Steine dem Bild der beiden Kinder zuordnen.

☐☐☐   ☐☐☐☐☐

4. N: *Nimm dir 8 Steine und teile sie dir. Jeder soll gleichviel bekommen.*
Maria teilt das Material schnell.
5. M: *4.*
6. N: *Und wenn das Gummibärchen wären?*
7. M: *4.*
8. N: *Jetzt sollen sich die Mädchen 6 Gummibärchen teilen. Du kannst das Material benutzen.*

☐☐☐☐☐   ☐☐☐☐☐

9. Maria legt die Steine zu zwei Fünferhaufen zusammen.
10. N: *Was hast du gemacht?*

☐☐☐☐☐☐   ☐☐☐☐

Maria ordnet die beiden Haufen zu einem Vierer- und einem Sechserhaufen

---

[48] Fingerhut/Manske schildern anschaulich, wie sich Alltagserfahrungen auf die Entwicklung mathematischer Vorstellungen auswirken können. Zur Berechnung von 8:4 sollen 8 Pfennige auf 4 Puppen (dargestellt durch Piroschkapuppen) verteilt werden. Der größten Puppe werden 4 Pfennige, der zweitgrößten 3, der drittgrößten 1 Pfennig und der kleinsten 0 Pfennige zugeordnet. Dazu sagte Ralf: "Ich krieg eine Mark die Stunde. Ich bin der mit einer Mark. Der erste, glaube ich, ist der Chef, der zweite ist wohl der Meister, der letzte kriegt gar nichts. Der fühlt das doch, der möchte auch was haben" (Fingerhut/Manske, 1984, S. 53). Eine andere Verteilung kann Ralf zunächst nicht durchführen, weil sie seiner Alltagserfahrung widerspricht. "Ich kann mich aber nicht durchsetzen" (ebd.). Die Ausführung, die jeder Puppe 2 Gegenstände zuordnete, gelang erst, nachdem über die "Gleichwertigkeit" gesprochen wurde, mit der "echtes Unrecht" (a.a.O., S. 57) vermieden werden kann.

111

11. N: *Kannst du mir die Frage wiederholen?*
12. *Ich soll 6 teilen.*

   ☐☐☐ ☐☐☐

Maria nimmt sich 6 Steine und teilt sie in zwei Dreierhaufen. Anschließend teilt sie rasch 8, 6, 10. Wir ergänzen die Steine durch Material aus ihrer Federtasche, um zu sehen, ob sie die Handlung auch im Bereich bis 20 durchführen kann. Sie teilt rasch 20, indem sie nur eine Menge von 10 Gegenständen abzählt.

Beim Ordnen des Materials verwendet sie mal die linke, mal die rechte Hand, mal beide Hände[49].

Deutung
Da Marias Antwort ohne Material falsch war, soll die Arbeit mit den Steckwürfeln zeigen, ob sie die Operation "halbieren", für sie übersetzt in "teile mit deinem Bruder, so dass jeder gleichviel hat", dann "teile so, dass jedes der beiden Mädchen gleichviel hat", durchführen kann. Ihre Betrachtung der Zehnerstange (3) könnte auch bedeuten, dass sie ihre vorhergehende Antwort (2) zur Zerlegung von 10 in 3 und 7 nutzt. Ihre Antwort könnte sich auch auf die von ihr vermutete Anzahl der Steckwürfel pro Stange beziehen. Irritierend wirkt ihre Schnelligkeit und Sicherheit beim Zerlegen von Mengen, wobei sie die Anweisungen mal richtig, mal falsch umsetzt. Mit ihrer Handlung (nach 8) setzt sie die Aufforderung teilweise um: Sie verwendet das Material, sie teilt aber nicht entsprechend der Vorgabe nur sechs Steine. Durch die Frage (9) wird sie veranlasst, ihre Handlung zu korrigieren. Sie teilt in eine Sechser- und in eine Vierermenge. Erst nachdem sie die Frage selbst wiederholt hat (11), gelingt es ihr, sie vollständig umzusetzen. Ihre Schnelligkeit in der anschließenden Ausführung des Teilprozesses lässt vermuten, dass sie die Operation als solche durchführen kann und ihre Schwierigkeiten eher in der Umsetzung von Anweisungen liegen. Die angeleitet durchgeführten Handlungen lassen die letzten Teilprozesse als analoge Handlungen erscheinen.

Nach Aussage des Förderlehrers nutzt Maria visuelle Veranschaulichungen sehr rasch. Wegen ihrer Schnelligkeit beim Hantieren mit dem Material

---

[49] Im Zusammenhang mit Lernschwierigkeiten werden ebenfalls Entwicklungsverzögerungen der Lateralisierung diskutiert (Dennisson, 1984; Lorenz 3/1991; Milz 1993). Die Verwendung beider Hände könnte ein Hinweis für eine Entwicklungsverzögerung der Handdominanz sein, der weiter überprüft werden sollte.

soll die Handlung erschwert werden, indem der visuelle Sinn ausgeschaltet wird. Die gleichen Aufgaben sollen mit Material unter einem Tuch durchgeführt werden (siehe Lorenz/Radatz, 1993).

Maria fällt die Durchführung der Aufforderungen unter dem Tuch deutlich schwerer. Anscheinend kann sie den Wegfall der Modalität des Sehens nur bedingt ausgleichen. Sie probiert die gestellten Anweisungen auszuführen. Sie deutet die Anweisungen jedoch nicht in der erwarteten Weise. Teilweise scheint das Gespräch mit Maria unproblematisch, teilweise scheint sie Fragen oder Anforderungen nicht zu verstehen. Es stellt sich die Frage, wieweit ihr Sprachverständnis die Gesprächssituation erschweren könnte.

In den letzten 10 Minuten soll kurz auf den Inhalt der Unterrichtsstunde eingegangen werden. Durch die Glastür kann die Tafelanschrift erkannt werden. Die Klasse erarbeitet Zahldarstellungen bis 1000 und trägt sie in eine Stellenwerttafel ein, z.B.:

H	Z	E
3	5	7
6	7	1

Um an Zahldarstellungen anzuknüpfen zeige ich ihr Bilder des Kutzerzuges und bitte sie die entsprechende Anzahl abzulesen.

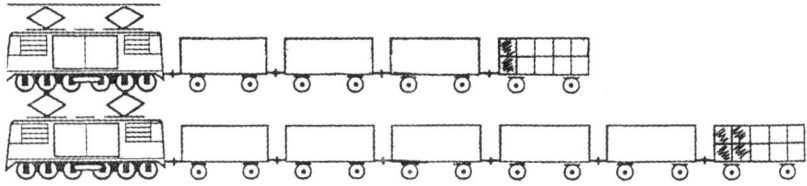

Z. B.: 32 und 54 (nach Kutzer, 1981, S. 59)

Maria liest anhand des Veranschaulichungsmaterials rasch die entsprechenden Zahlen bis 100 ab. Sie erkennt, dass der Hunderterzug die Zahl 100 darstellen soll, kann aber keine Antwort auf die Frage geben, wie viel 100 + 100 ergeben. Ihre Mathematiklehrerin sprach von mangelndem Operationsverständnis. Es fragt sich jedoch, *ob Maria die Bezeichnung für 200 nicht kennt, oder ob sie die Operation nicht durchführen kann.*

Deutung

Marias Kenntnisse können nach dieser Sitzung kaum eingeschätzt werden. Im Vordergrund scheinen Kommunikationsprobleme zu stehen, so dass nur zu vermuten ist, dass ihre Kenntnisse für die Klassenstufe noch nicht ausreichend entwickelt sind. Überraschend ist ihre Fähigkeit, mit einem Blick durch die Glastür zu erfassen, wie dreistellige Zahlen in eine Stellenwerttafel einzuordnen sind. Auch im nur kurzen Umgang mit dem Kutzerzug scheint sie sich rasch orientieren zu können.

Was kann Maria?

- Sie kann mit Hilfe von Material Anzahlen im Bereich bis 20 halbieren.
- Sie weiß vermutlich, dass 10 die Hälfte von 20 ist.
- Sie kennt Zerlegungen wie 10-2=8 und 6+2=8
- Maria kann nach einem vorgegebenen Beispiel Hunderterzahlen addieren.
- Sie kann, nachdem sie die Lösung von 100 + 1 kennt, weitere Einer zu 100 addieren.
- Sie kann dreistellige Zahlen in die vorgegebene Stellenwerttafel eintragen.

Was kann Maria nicht?

- Sie kennt den Begriff "Verdoppeln" nicht.
- Sie kann ohne Material 8 nicht halbieren.
- Sie versteht meine Anweisungen nicht sofort.
- Sie kann nicht unter einem Tuch eine Mengen von Steckwürfeln teilen.
- Sie kann nicht die Summe von 100 + 100 nennen.
- Sie kann zunächst nicht 100 + 1 addieren.

8.3.3 Zweite Einzelsitzung

8.3.3.1 Zu Marias Vorkenntnissen

Maria löst Aufgaben zur Invarianz. Sie zählt vorwärts sicher im Bereich bis 100, ab 100 zählt sie nur in Hunderterschritten. Rückwärtszählen gelingt ihr schnell von 10, von 20 aus gelingt es ihr langsamer. Sie kann auch ungeordnete Mengen mit und ohne Berührung der Elemente zählen. Auditiv vorgegebene Mengen zu zählen fällt ihr schwer, auch rhythmisch vorgegebene Anzahlen nachahmen oder zählen gelingt ihr nur manchmal.

Die Addition mit Zehnerüberschreitung gelingt ihr bis 20. Sie zählt dabei die Ergebnisse aus und verzählt sich ab und zu. Summen bis 100 kann sie nur bei einstelligem zweiten Summanden berechnen. Die Subtraktion fällt ihr bereits ohne Zehnerüberschreitung schwer. Sie kann jedoch rasch übertragen von 5 - 3 auf 15 - 3 , 25 - 3, usw.

Zur weiteren Überprüfung ihrer auditiven Wahrnehmung werden Maria, ohne dass sie auf meinen Mund sehen kann, Zahlen sowie Terme vorgesprochen, die sie nachsprechen soll.

365, 736, 1216 werden von ihr fehlerfrei wiederholt. Obwohl 1216 ebenfalls eine vierstellige Zahl ist, ist sie leichter zu verarbeiten als die nachfolgenden Zahlen, weil sie weniger Informationseinheiten (sechzehn statt sechsunddreißig) und nur 8 Silben enthält. Die übrigen vierstelligen Zahlen enthalten im Unterschied zu den dreistelligen mehr Silben und mehr Informationen (2354: 10 Silben, als zusätzliche Informationen "zwei" und "Tausend").

Vorgabe	Marias Wiederholung
2354	zweitausend vierunddreißighundert
5761	fünftausend siebeneinundsechzig
6325	sechstausendzweiunddreißigtausend

Der Zahlbereich größer als 1000 ist Maria aus dem Unterricht noch nicht bekannt. Im dritten Schuljahr wird der Bereich bis 1000 gerade erst erarbeitet. Bei unbekannten Wörtern ist der Anspruch an eine ausreichende Lautdiskrimination größer als bei bekannten Wörtern. Deshalb werden ihr Terme vorgegeben:

Vorgabe	Marias Wiederholung
3+4+7	3+4+7
5-2+8	5-2=8
18+3-4	18+3-4
15+7-6	15=7-6

Marias Unsicherheiten in der Wiederholung von Termen und Zahlen erhärten die Vermutung, dass sie Schwierigkeiten in der Sprachwahrnehmung haben könnte.

In einer zwei Monate später durchgeführten Diagnostik bei einem HNO-Arzt wird eine zentrale Hörverarbeitungsschwäche bei einwandfreiem peripheren Hörvermögen festgestellt. Der Arzt schlägt weitere kinderneurologische Untersuchungen vor, da er eine minimale zerebrale Dysfunktion vermutet [50]. Des weiteren vermutet er eine reduzierte Intelligenz. Für die Schule schlägt er vor, dass Maria "in der Klasse nach vorn gesetzt werden müsste, es ist von einer deutlichen und klaren Ansprache abhängig, um seine Hörwahrnehmungsfehler zu korrigieren, und müsste einen ruhigen Schüler an die Seite bekommen, damit es nicht immer mit beidseitigen Wortinformationen bearbeitet wird, um hier dann den Konzentrationsfaden zu verlieren und unaufmerksam zu werden" (Aus dem Gutachten des Arztes für die Lehrerin). Ein sprachfreier Intelligenztest, der in der Schule durchgeführt wurde, attestiert Maria zwar schwache Leistungen, die aber im Bereich der Regelschule liegen.

8.3.4 Dritte Einzelsitzung

In dieser Sitzung wird zunächst an ihre Einmaleinskenntnisse angeknüpft. Maria erzählt, dass sie in der Einzelförderung die Zweier- und die Dreierreihe sowohl rückwärts und vorwärts gelernt hat. Sie sagt die Zweierreihe auf in der Form 2, 4, 6, ... 20. Von der Dreierreihe kann sie jedoch nur drei Zahlen nennen.

Es stellt sich die Frage, ob sie sich die Reihen durch Auswendiglernen eingeprägt hat, ob sie die Operation "Multiplikation", sowie das Aufsagen der Reihen mit einer entsprechenden Vorstellung verbunden hat[51].

Zunächst werden ihr Bilder aus einem Schulbuch vorgelegt. Maria könnte in diesen Bildern die Zweier- oder die Dreierreihe erkennen. Sie könnte aus der Darstellung an die Kommutativität der Multiplikation erinnert werden.

---

[50] Die Eltern lassen keine weiteren Untersuchungen vornehmen. Sie erkennen zwar die Schwierigkeiten ihres Kindes und nehmen diese an, halten jedoch weitere Förderungen nicht für notwendig, im Vertrauen auf Reifungsprozesse und die Arbeit der Schule.

[51] Lorenz (3/1991) weist auf die besondere Bedeutung der visuellen Anschauung für das Lernen arithmetischer Operationen hin. "Etwa 80 % der von uns untersuchten Dyskalkuliekindern wiesen Störungen in der Fähigkeit auf, Vorstellungsbilder zu generieren und Vorstellungsbilder zu manipulieren" (S. 30).

 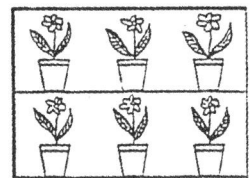

$\mathcal{B}\!eim\ \mathcal{G}\ddot{a}rtner$

(Kutzer, 1981, S. 88)

1. N: *Könntest du mir mal versuchen ...*
2. Maria unterbricht: *Das ist die Dreierreihe.*
3. N: *das Bild zu erklären! ... Und was siehst du da drauf?* (Die übrigen Aufgaben der Seite werden mit einem Blatt zugedeckt.)
4. M: *6 Blumen.*
5. N: *Ja, ... und was meinst du, warum die das dahin gemalt haben?*
6. M: *..... 3 mal 3.*
7. N: *Mal mir mal ein Bild zu 3 mal 3!*

Das bisher bearbeitete Bild wird zugedeckt. Maria hat nur ein Heft und die Federtasche vor sich. Sie beginnt zu schreiben: $3 \cdot 3$ und fragt dabei:

8. M: *Auch aufmalen?*
9. N: *Du kannst ruhig schreiben 3 mal 3 erst mal und dann auch aufmalen, was könnte dazu passen.*
Maria überlegt etwas, dann malt sie und lächelt, als sie fertig ist.

0 0 0 $3 \cdot 3 = 9$
0 0 0

10. N: *Wie viele Blumen sind das?*
11. M: *6.*
12. N: *Und hier steht $3 \cdot 3 = 9$.*

117

13. Maria überlegt: *Ist ja auch 9* (zuckt mit den Achseln).
14. N: *Was ist 9?*
15. M: *3 · 3.*
16. N: *Und das Bild soll aber dazu passen.*
17. M: (Überlegt, stöhnt): *3 · 3.*
Sie zeigt von links nach rechts auf das Bild. ...

 3 mal

3

18. N: *Ist nicht das richtige Bild zu 3 · 3. ... Soll ich dir zeigen, was du dazu malen müsstest?*
19. Maria überlegt, dann nickt sie: *Ja.*
20. N: *Gib mir mal bitte den Stift. Du müsstest hier noch eine Reihe dazu machen.* (Malt). *Ich kann die Blumen nicht so schön wie du. .... Guck, das wäre das Bild zu 3 · 3.*

Ich zeige von oben nach unten auf die Dreiergruppen.

21. M: *Ah, jetzt versteh ich: 3 · 3* (sie zeigt von oben nach unten auf die markierten Kreise)

$3 \cdot 3 = 9$

3 · 3

22. N: *3, 3, 3* (Zeige von oben nach unten auf jeweils eine Spalte). *Dreimal hast du eine 3.*
23. M: *Das ist 2 · 2, war das.*
24. N: *Was, wie war das?*
25. M: *2 · 2.*

118

26. N: *Du meinst, das war 2 · 2?* (Ich decke die dritte Reihe zu).

$$-\!0\;0\;0\!\longrightarrow \qquad 3 \cdot 3 = 9$$
$$-\!0\;0\;0\!\longrightarrow$$

M: *Ja, 2 · 2* (sie lächelt).
28. N: *Mhm, ich zeig dir mal, was 2 · 2 ist.* (Ich decke die Blumen so ab, dass ein 2 · 2 Feld übrig bleibt.)
29. M: *Das war 4 mal, glaub ich*
30. N: *Du hast gesagt, dass war 2 mal 2, jetzt zeige ich dir, was 2 mal 2 bedeutet. 2 hier und 2 hier* (zeige auf die Reihen), *2 mal 2.*

$$-\!0\;0\!\longrightarrow$$
$$-\!0\;0\!\longrightarrow$$

Maria überlegt kurz: *Und das waren 3 mal 3.* (Sie zeigt aufs Heft).

$$-\!0\;0\;0\!\longrightarrow$$
$$-\!0\;0\;0\!\longrightarrow$$

31. N: *Und jetzt nehmen wir noch mal das, was du gezeichnet hast, hast du nicht eine Idee?* (Ich nehme die Abdeckung vom Heft. Es sind Marias beide Dreierreihen zusehen).
32. M: (Maria schaut nicht auf's Heft.) *3 mal 3.*
33. N: *3 mal 3?*
34. M: (Maria schaut auf's Heft, schaut fragend und verneint:) *Mm....6 mal 3?*
35. N: *6 hast du hier, 6 mal 3 ist das nicht. .... Hast du Bilder gesehen zu Malaufgaben?*
Maria schüttelt den Kopf.
37. N: *Als du die, ..., das Einmalzwei gelernt hast?*
Maria schüttelt noch mal mit dem Kopf.
38. N: *Keine Bilder gesehen?*
Maria bestätigt durch erneutes Kopfschütteln.[52]

---

[52] Daraus kann nicht geschlossen werden, dass Marias Lehrerin bei der Erarbeitung von Einmal-einsaufgaben keine Veranschaulichungsmittel genutzt hat. Häufig wird die enaktive Phase über-sprungen. Die Bilder der Schulbücher werden in vielen Klassen genutzt. Es kann hier nur geschlos-

Deutung

(2) Maria sagt zum Bild: Das ist die Dreierreihe. Es sind 3 mal 2 Gegenstände abgebildet. Es ist nicht sicher, ob sie meinen Hinweis, dass es die Zweierreihe ist, überhört hat. 3 mal 2, sowie die Anzahl 6 könnte sowohl zur Zweier- als auch zur Dreierreihe gehören.

(6) Sie deutet das Bild als 3 mal 3. Verwechselt sie hier plus und mal? Misst sie dem Namen des Operationszeichens "mal" eine Bedeutung zu? Um das zu klären wird ihr in (7) die Aufgabe gestellt, ein Bild zu 3 mal 3 zu malen. Sie "malt" zunächst die Gleichung "3·3=9", d. h. die Notation der Gleichung wird von ihr als „malen" verstanden, und ergänzt auf einen Hinweis ein Bild mit zwei Reihen zu je drei Blumen (10). Dabei hat sie sich an der Vorgabe des Buches orientiert. Es wird noch nicht deutlich, woraus sich ihre Darstellung ergibt. Sie könnte aus der Verwechslung von Addition und Multiplikation resultieren. Sie könnte allein an den Zahlen, drei sowie drei ausgerichtet sein. Diese Vermutung wird durch ihre Gestik verstärkt. Sie streicht *von links nach rechts* über eine Reihe mit 3 Blumen und sagt 3, sagt mal und wiederholt die Bewegung (17). Sie streicht also über *zwei* Dreierreihen.

(10 - 16) Maria zeigt hier die Verwendung von zwei verschiedenen Konzepten. Sie ist sicher, dass 3 mal 3 gleich 9 gilt. In ihrem Bild verwendet sie jedoch nur 6 Blumen. Diese Veranschaulichung würde zu einer additiven Verknüpfung passen.

In (20) mache ich die gleichen Gesten wie sie, streiche aber *von oben nach unten* über je drei Dreierreihen. Sie "versteht" jetzt und ahmt in (21) die Geste von oben nach unten nach.

(21 - 27) Ihr Hinweis, sie "verstehe" jetzt und ihr Zeigen auf zwei Dreierreihen wird zunächst so gedeutet, als würde Maria das Bild als drei Reihen mit je drei Kreisen verkürzt darstellen. In (23) zeigt sich jedoch, dass sie mit den Gesten die Zahlenwerte abliest: 2 Blumen stehen übereinander. Dass es insgesamt 3 mal 2 Blumen sind, wird von ihr nicht berücksichtigt. Vielleicht ordnet sie diese Spalte in der sprachlichen Begleitung dem "mal" zu: 2 mal 2. Dieses "mal" kann man setzen oder auch weglassen.[53] Deutlich scheint, dass sie die Anzahl der Blumen aus der Veranschaulichung mit der

---

sen werden, dass Maria sich nicht an Bilder in Zusammenhang mit der Erarbeitung der Einmaleinsreihen erinnert.

[53] Die Vorstellung, das Setzen von Zeichen sei beliebig, man könne es setzen oder auch weglassen, wurde im Zusammenhang mit dem Gleichheitszeichen untersucht (siehe Nolte, 1991).

Anzahl, die aus der Einmaleinsgleichung resultiert, nicht in Übereinstimmung bringt.

(29) Bei dem abgedeckten 2 mal 2 Feld nennt sie die gesamte Anzahl "vier" mal. Hier würde die Durchführung der Operation "mal" ebenso wie die Betrachtung der Anzahl der Punkte vier ergeben.

In (31 - 33) überträgt sie ihre Idee auf das vorige Bild. Es wird nicht deutlich, ob sie sich auf das gesamte 3 mal 3 - Bild bezieht oder ihre vorausgegangene Darstellung von 2 mal 3. Im weiteren scheint sie mit der Nennung von "6" die gesamte Anzahl der Kringel, die sie gezeichnet hatte, zu betrachten. Sie orientiert sich an dieser Zahl und bildet mit ihr eine Einmaleinsaufgabe.

(29) Maria orientiert sich an der Anzahl der Blumen. Es sind 4 Blumen. Sie verbindet damit die Anzahl, nennt jedoch auch die Operation. Sie scheint jedoch mit der Bezeichnung "mal" nicht die Operation zu verbinden. Bei (35) geht sie von der Anzahl der Blumen aus, 6 Blumen sind es, und verbindet sie mit der Operation mal 3.

Dem Bild	00	wird 2 mal	(2 mal 2)	oder $4 \cdot 2$ zugeordnet.
net.	00	2		
Dem Bild	000	wird 3 mal	(3 mal 3)	oder $6 \cdot 3$ zugeordnet.
	000	3		

Diese Beobachtungen zeigen, dass Maria keine angemessene Vorstellung von der Operation Multiplikation erworben hat. Wie Sabrina wird auch Maria von Widersprüchen, hier in der Reihe der Einmaleinszahlen und ihrer eigenen Darstellung nicht irritiert.

Anhand von Materialien und Bildern wird versucht, die Bedeutung der Operation Multiplikation mit der entsprechenden Versprachlichung zu verbinden. Zunächst kann Maria dabei Materialien und Bildern die entsprechenden Terme zuordnen und vermittelt den Eindruck, einen wichtigen Schritt im Begriffsbildungsprozess gemacht zu haben. Die Umkehrung, zu einem vorgegebenen Term Materialien zu legen oder ein Bild zu zeichnen gelingt jedoch nicht.

1. N: *Ja. ... Leg mir doch mal hier 5 mal 2.*
Steckwürfel liegen auf dem Tisch.

Maria fängt an zu legen. Sie legt zunächst 5 Steckwürfel, dann 2 Würfel davor, vertauscht die Reihenfolge, so dass die Steckwürfel in einer Reihe wie folgt liegen.

□□□□□ □□
Sie schaut auf.

2. N: *Ist das so richtig?*
   Maria nickt.
3. N: *Was hast du gelegt?*
4. M: *5 mal 2.* (Dabei fasst sie zunächst die 5, dann die 2 Würfel an).
5. N: *Mal mir das noch mal auf!*
6. M: *Was soll ich aufmalen?*
7. N: *5 mal 2.*
   Maria schreibt 5 • 2.
8. N: *Mal mir das mit den Klötzchen dazu, wie du die gelegt hast, dass man sich das vorstellen kann.*
   Maria nimmt die Klötzchen und will ein genaues Bild von den Klötzchen malen.
9. N: *Na so nicht, mach doch mal, mach doch einen Kreis für jedes Klötzchen.*
   Maria malt.

5•2
0 0 0 0   0 0

10. N: *Was ist das, weißt du das ?*
11. M: (Maria zuckt mit den Achseln): *5 mal 2.*
12. N: *Ja und weißt du auch, was die Lösung ist?*
13. M: *... 6.*

Deutung
Das Misslingen der Umkehraufgabe zeigt, dass trotz erfolgreicher Zuordnung von Summen- und Produkttermen zu vorgegebenen Zeichnungen, Maria die Bedeutung der Operation noch nicht verstanden hat.

Maria kennt Einmaleinsaufgaben z. T. auswendig. Ihre Darstellung lässt deutlich werden, dass sie die Anzahlen, die multipliziert werden sollen, legt, aber keine Operation darstellt. Dabei achtet sie auf die richtige Reihenfolge. Sie korrigiert die Lage der Kieselsteine von xx xxxxx in xxxxx xx. Diese Darstellung, ausschließlich orientiert an der Abfolge der Zahlen unter Vernachlässigung der Operation, zeigt sich auch bei der Aufforderung zu malen. Sie "malt" "5•2" ebenso, wie sie zuvor Zahlen "gemalt" hatte.

Maria konnte Vorgaben weiterführen, immer auf der Suche nach einer Regel, wie die Suche nach einem Verständnis der Gesten zeigte. Sie sucht nach einer Bedeutung, die sie erfassen und nachvollziehen kann. Mit meinen Hinweisen konnte sie unter Anleitung die Aufgaben im Buch so bearbeiten, dass es der Ausführung der Operation entsprochen hätte. Ihr letzter Schritt lässt jedoch vermuten, dass ihre Ausführungen durch das Nachvollziehen von Vorgaben, nicht aber durch die Einsicht in die Operation geleitet wurden.

Maria scheint nicht auf angemessene Vorstellungen zur Operation Multiplikation zurückgreifen zu können. Wieweit sie vorgegebene Veranschaulichungen zur Multiplikation im Sinne der Operation zu deuten vermag, bleibt fraglich. In dieser Situation sind Übungen zur Automatisierung des Einmaleins nicht angebracht. Sie würden isoliertes, schwer zu erwerbendes und kaum anzuwendendes Wissen darstellen.

Was kann Maria?
- Maria kann die Zweier- und die Fünferreihe aufsagen.
- Sie kann zu Darstellungen die Additionsaufgabe nennen.
- Sie kennt viele Zahlensätze bis 20 auswendig.

Was kann Maria nicht?
- Sie kann auch einfache Multiplikationsaufgaben nicht darstellen.
- Sie kann zu Darstellungen die Multiplikationsaufgabe nicht nennen.

8.3.5 Zweite Stunde

Thema der Stunde ist die Addition bis 1000 über Zerlegung in Stufenzahlen.
1. Die Stunde beginnt mit Kopfrechenaufgaben. Wenn die Antwort eines Kindes falsch war, gibt die Lehrerin die Aufgabe erneut an die Klasse und lässt sie von einem anderen Kind beantworten:

Frage	Antwort	Korrektur
90 + 30	Maria: 39	120
80 + 50	Kind: 133	130
50 + 60	Kind: 110	
180+40	Kind: 220	
170+60	Kind: 30	230 usw.

Marias Fehler könnte aus einer ungenauen Lautdiskrimination resultieren: 9+30=39. Dann hätte sie die Aufgabe richtig berechnet. Sie könnte jedoch auch auf ein mangelndes Verständnis der Stellenwerte hinweisen. Beides schließt sich nicht aus.

Während der Kopfrechenphase beschäftigt sich Maria anderweitig. Sie schlägt Steine aufeinander, klopft mit den Füßen an den Tisch, spielt mit ihrem Schlüssel, mit einem Säckchen mit Klickern. Der erhebliche Lärm lenkt die anderen ab. Die Kinder ihrer Tischgruppe beteiligen sich an dem Spiel. Maria wird von der Lehrerin aufgefordert aufzuhören, schließlich die Klicker ganz wegzutun.

2. Nach der Kopfrechenphase wird an der Tafel weitergearbeitet:

$$245 + 46$$

Die Aufgabe soll über Zerlegungen berechnet werden. Ein Kind nennt 240 + 40 + 5 + 6 und berechnet die Lösung.

Maria befasst sich wieder mit ihren Steinen. Sie untersucht die Dinge in ihrer Federtasche. Signalisiert, aufzuhören, lässt sie zwar die Dinge liegen, beginnt aber mit dem Stuhl zu schaukeln, den Kopf auf den Tisch zu legen, sich halb unter den Tisch fallen zu lassen. Sie passt nicht auf. Vergleichbare Aufgabe zur Addition und zur Subtraktion werden teilweise mit Erläuterungen der Kinder oder der Lehrerin durchgeführt ohne dass Maria aufpasst.

3. Die Lehrerin schreibt einige Aufgaben an die Tafel zur Addition und Subtraktion. Die Kinder sollen sie in ihr Heft übertragen und ausrechnen. Maria schreibt langsam und sorgfältig das Datum sowie die Additionsaufgaben in ihr Heft. Sie weiß nicht, was sie machen soll und fragt, was das Pluszeichen bedeutet. Es klingelt. Sie soll die Aufgaben zu Hause lösen.

Deutung
Maria könnte von den Schwierigkeiten ihrer Mitschüler profitieren. Die Lehrerin nimmt immer wieder Unsicherheiten der Kinder zum Anlass, auf Veranschaulichungen zurückzugreifen. Maria achtet jedoch häufig nicht auf den Unterricht, sondern lenkt sich ab oder lässt sich ablenken.

In der letzten Woche vor Weihnachten wird eine Arbeit geschrieben. Maria kann nur wenige der im Unterricht geübten Zahldarstellungen lesen. Schwierigkeiten treten insbesondere mit der Null auf.

Es kann hier nicht geklärt werden, ob Marias Diskriminationsstörungen es erschwerten, Zahlen mit Null zu erkennen, ob sie deshalb Probleme damit

entwickelte, den Stellenwert zuzuordnen oder ob ihr die Aufgaben nicht gelingen, weil sie nicht aufgepasst hat.
Sie kann Fragen zu Vorgänger und Nachfolger nicht beantworten. Sie führt Additionen und Subtraktionen fehlerhaft durch. Es wird nicht deutlich, ob sie die Aufgaben generell nicht lösen kann oder die Aufgabenstellung nicht verstanden hat. Für die Bewertung ihrer Leistung ist diese Frage unerheblich. Marias Arbeit wird mit 6 bewertet.

Was kann Maria?
• Das wird in dieser Beobachtung nicht sichtbar.

Was kann Maria nicht?
• Maria bildet die Summe von 90 + 30 fehlerhaft.
• Sie weiß nicht, wie sie die Hausaufgaben beginnen soll. In der Stunde wird nur deutlich, dass sie sich an die Bedeutung des Operationszeichens nicht erinnern kann.

8.3.6   Vierte Einzelsitzung

Marias Unsicherheiten beim Aufsuchen von Vorgängern und Nachfolgern von Zahlen im Bereich bis 1000 soll anhand des Tausenderbuchs (Wittmann/Müller, 1991)[54] weiter nachgegangen werden. Maria nimmt sich das Buch. Sie schaut auf die Punktefelder und zählt:

Rückseite 1. Hälfte

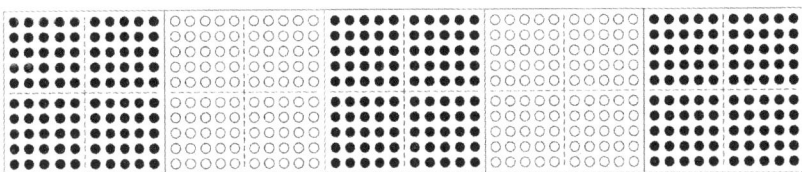

---

[54] Das Tausenderbuch ist ein Faltbuch. Auf einer Seite sind fortlaufend Hundertertafeln, auf der anderen Seite Punktefelder mit hundert Punkten abwechselnd eine Tafel mit blauen, eine mit roten Punkten, dargestellt.

1. M: *Hundert, hundertzwei, hundertdrei, hundertvier, hundertfünf, hundertsechs, hundertsieben, hundertacht, hundertneun, Tausend. ... Und was wollen wir jetzt machen?*

Auf der Rückseite sind Zahlentafeln bis 1000, die nur teilweise ausgefüllt sind, abgebildet. Zunächst soll überprüft werden, ob Maria beliebige Zahlen lesen kann. Damit hat sie keine Probleme. Im nächsten Schritt wird gefragt, ob sie auch in der Lage ist, leeren Stellen eine Zahl zuzuordnen bzw. eine vorgegebene Zahl richtig zu plazieren. Dies gelingt ihr nur teilweise.

Z. B.: 910: Es gelingt ihr nicht, die entsprechende Stelle anzugeben. Sie macht verschiedene Vorschläge, darunter auch die Stelle der 901. Hält sie die Zuweisung einer Zahl für beliebig oder fällt es ihr schwer, 901 und 910 zu unterscheiden?

Vorderseite 2. Hälfte

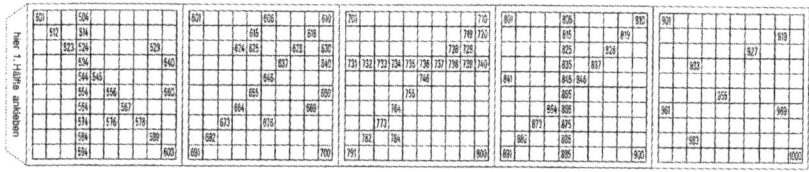

Anhand der Punktfelder soll überprüft werden, ob Maria einer bestimmten Anzahl das entsprechende Zahlwort zuordnen kann. Sie weiß, dass es insgesamt 1000 Punkte sind, kann aber nicht angeben, wie viel Punkte auf insgesamt auf zwei Seiten abgebildet sind.

2. N: *Weißt du, wie viel Punkte auf einer Seite sind?*
   Ich klappe die Seiten so um, dass nur 100 zu sehen sind.
3. M: *... 100.*
4. N: *Ja, weißt du, wie viel Punkte auf 2 Seiten sind?*
   Ich klappe die Seiten so weg, dass 200 Punkte zu sehen sind.
5. M: *110.*

126

6. N: *Wie viel Punkte sind jetzt auf dieser Seite* (der Seite mit den roten Punkten)?
7. M: *100:*
8. N: *Und auf der blauen Seite?*
9. M: *100.*
10. N: *Und wenn man das zusammenzählt? Weißt du, wie man das nennt?*
11. M: *1000.*
12. N: *Diese beiden zusammen, 100 + 100? Sind 1000 sagst du?*
13. M: *Mhm* (bejahend).

Auch hier wird sie wieder erst durch entsprechende Nachfrage auf die Unvereinbarkeit der beiden Aussagen - alle Punkte zusammen ergeben 1000 - die Punkte auf zwei Seiten ergeben 1000 - aufmerksam.

14. N: *Eben hattest du gesagt,* (Wir klappen das Buch auf, so dass alle Punkte zu sehen sind.) *das sind 1000.*

Maria schaut nach, ob auch alles aufgeklappt wurde.

15. M: *Ja.*
16. N: *Und das sind auch 1000, dieses Stück* (Ich zeige 2 Tafeln)?
17. M: *Nein.*
18. N: *Nein, kann nicht sein. Wie viel sind das?*
19. M: *Das sind 110.*
20. N: *110, Kannst du mir 10 Punkte zeigen auf einer Tafel?*

Maria deckt 10 Punkte mit ihrer Hand ab. Sie zeigt eine Spalte, sie zeigt auf Nachfrage auch eine Reihe, zweimal fünf Punkte. Sie zeigt es sowohl auf dem roten wie auf dem blauen Punktefeld.

21. N: *Jetzt frage ich dich noch mal nach der Anzahl,* (Es sind ein roter und ein blauer Hunderter aufgedeckt) *wie viel rote Punkte hast du?*
22. M: *100.*
23. N: *Und wie viele blaue Punkte hast du insgesamt?*
24. M: *Auch 100.*
25. N: *Und weißt du, wie viel das zusammen ist?*
26. M: *110.*

Deutung

Zunächst nimmt sich Maria das Tausenderbuch und beginnt zu zählen (1). Sie zeigt durch ihre Gestik, dass sie die Zahlen von 100 bis 1000 in Hunderterschritten aufsagen will, benennt sie jedoch falsch. Die Frage nach der Platzierung von 910 kann sie nicht eindeutig beantworten. Deshalb ist es *m.E. kann Maria diese Operationen durchführen, weder Addition noch Multiplikation → hat noch nicht den Sinn einer Operation erfasst - Regelwerk*

kann keine evidentielle Zuordnung H Z E

fraglich, wieweit Maria den Aufbau der Hundertertafel und die Übertragung auf die Tafeln im Bereich bis 1000 verinnerlicht hat.

Die Darstellungen auf der Zahlenseite sind abstrakter, als die Darstellungen auf der Seite der Punktefelder. Dadurch, dass die Zahlenfelder nicht vollständig dargestellt sind, müssen die fehlenden Zahlen in der Vorstellung ergänzt werden. Damit fehlt ihre Platzierung, also der Aspekt der Reihenfolge der Zahlen. Die Zahlen haben zwar eine bestimmte Bezeichnung, die Maria ablesen kann, sie kann ihnen jedoch nicht die Platzierung zuordnen.

Auf den Punktefeldern sind jeweils 100 Punkte, zusammen 1000 Punkte, abgebildet. Auf dieser Seite muss nur einer Quantität die entsprechende Bezeichnung zugeordnet werden. Im weiteren soll überprüft werden, ob Maria diese Zuordnung durchführen kann. Zunächst soll Maria bestimmen, wie viel Punkte auf einer, wie viel auf zwei Seiten abgebildet sind. Sie nennt als Summe mal 110, mal 1000 (3-13) . Durch die Gegenüberstellung der beiden Bilder von 1000 und 200 merkt sie, dass die Bezeichnung 1000 für die Anzahl der Punkte auf zwei Seiten falsch ist (14-17). Durch Vorgabe von weiteren Anzahlen im Bereich bis 200 soll Maria langsam an die Bezeichnung "zweihundert" herangeführt werden. Selbst nach mehreren Darstellungen von 10 Punkten nennt sie die Summe der beiden Hunderterfelder 110 (20-26).

Weitere Übungen zeigen, dass Maria die Zahlennamen bis 100 kennt und auch Punktdarstellungen zuordnen kann, dies jedoch nicht sicher im Bereich bis 1000. Entsprechende Hinweise lassen sie leicht die Analogie erkennen. Damit kennt sie jedoch noch nicht weitere Hunderterzahlen.

Sie weist darauf hin, dass es ihr schwer fällt, Zahlen wie 106 und 160 zu unterscheiden, kann sich aber selbst kontrollieren und korrigieren. Ebenfalls erwähnt sie, dass sie auch öfter die Ziffern vertauscht und sich mit der Betonung der Endsilbe behilft. Dieses Problem scheint weniger eine Frage des Stellenwertbegriffs als der Bezeichnung zu sein, da sie sowohl 106 als auch 160 zeigen kann, selbst wenn sie sich dabei konzentrieren muss.

Was kann Maria?

- Maria kann Zahlen lesen, die keine Null enthalten.
- Sie kann Zahlen, die eine Null enthalten, lesen und sich bei Fehlern korrigieren.
- Sie kann Punktefeldern die entsprechende Anzahl zuordnen.

- Sie kann 10 auf verschiedene Weise an den Punktefeldern darstellen.
- Sie kann im Bereich bis 199 weiterzählen.
- Sie kann sich beim Vertauschen der Ziffern selbst korrigieren.

Was kann Maria nicht?
- Sie kann mündlich vorgegebene Zahlen nicht platzieren.
- Sie kann die Summe von 100 + 100 nicht nennen. Sie bezeichnet sie als 1000 sowie als 110.
- Sie vertauscht bei einigen Zahlen die Ziffern.
- Sie kann Anordnungen nicht immer umsetzen.
- Sie kann Fragen nicht immer erinnern.

Zusammenfassung
Maria verwendet auch in dieser Sitzung die Veranschaulichungen nicht eindeutig. So werden der Bezeichnung 101 sowohl 100 Punkte, als auch 100+1 Punkte zugeordnet, der Bezeichnung 102 sowohl 200 Punkte, als auch 100 + 2. Damit führt Maria ihre Schwierigkeiten, die sie mit der invertierten Sprech- und Schreibweise im Bereich bis 100 hatte, fort. Die Klangbilder "hunderteins" und "einhundert", "hundertzwei" und "zweihundert" unterscheiden sich nur durch die Reihenfolge ihrer Silben. Zur Entwicklung des Zahlbegriffs sowie zur Entwicklung von Zahlvorstellungen geben kleine Unterscheidungen im Klangbild wichtige Hinweise über die Größe der Zahl sowie ihren Platz in der vorgegebenen Reihenfolge. Für Maria fragt sich, ob sie diese Unterscheidungen in dem Maße für die Begriffsbildung nutzen konnte, wie andere Kinder.

Ihre Schwierigkeiten mit Bezeichnungen zeigen sich auch bei ihren Bemühungen, die Summe von 100 + 100 zu benennen. Selbst nachdem sie mehrere Beispiele für die Darstellung von 10 Punkten gegeben hat, bezeichnet sie die Summe von 100 + 100 als 110.

8.3.7 Fünfte Einzelsitzung

Im Anschluss an den Unterricht werden ihr Aufgaben aus dem Buch vorgelegt.

4,25 DM + 0,78 DM + 0,05 DM =   DM (aus Schmidt u. a.,   Denken und Rechnen 3, S. 53)

Maria kann die Dezimalzahlen nicht ohne Hilfe lesen und sieht zunächst keine Möglichkeit, sie zu berechnen. Die Aufforderung, die Zahlen untereinander zu notieren, kann sie nicht umsetzen. Maria schreibt die Zahlen nebeneinander ins Heft.

4, 25 DM + 3, 78 DM =   DM

1. N: *Ich habe gesagt, du sollst das untereinander schreiben, was bedeutet das?*

...

2. M: *Durcheinander schreiben?*
3. N: *Bitte?*
4. M: *Durcheinander!*
   Als Maria auf das Buch schaut, sieht sie auf der Seite Aufgaben, die untereinander notiert wurden.
5. M: *Da muss ich das hier machen!*
6. N: *So wie da, ja! Aber nicht mit diesen Zahlen, sondern mit den Zahlen* (weise auf die Ausgangsaufgabe hin).
7. M: *Ach ja, jetzt weiß ich's.*
8.

$$\begin{array}{r} 4{,}25\ \text{DM} \\ +3{,}78\ \text{DM} \\ \scriptstyle 1 \\ \hline 8{,}03\ \text{DM} \end{array}$$

Maria rechnet eine weitere Aufgabe. Ohne das Karopapier fällt es ihr jedoch schwer, die Ziffern richtig untereinander zu schreiben. Sie arbeitet in ihrem Heft weiter. Es gelingt ihr, die Aufgaben ohne Fehler aufzuschreiben und auszurechnen. Dieses Erfolgserlebnis motiviert sie sehr stark. Sie rechnet freiwillig noch verschiedene Aufgaben bis zum Ende der Stunde. In der nächsten Stunde zeigt sie mir, was sie alles gelernt hat[55].

---

[55] Die schriftliche Addition und Subtraktion wird von vielen Kindern mit Schwierigkeiten im Mathematikunterricht gerne durchgeführt. Die Bearbeitung des Algorithmus erfordert keine Betrachtung der Zahlen als Ganze, sondern gelingt, bei der ziffernmäßigen schrittweisen Verknüpfung. Die dabei zu berechnenden Zahlenwerte sind gering und liegen in der Regel in einem Bereich, der ausgezählt werden kann. Alleine, weil sie vielen schwachen Kindern endlich Erfolgserlebnisse vermittelt, sollte sie für diese Kinder nicht vernachlässigt werden. Immer wieder zeigt es sich, dass Kinder nach der Erarbeitung dieser schriftlichen Verfahren, sie auch nutzen können, um andere Subtraktionen und Additionen durchzuführen, ohne sie untereinander zu notieren. Einige Kinder

Deutung

Maria hat Schwierigkeiten die Zahlen der Aufgabenstellung richtig vorzulesen und die Arbeitsanweisung - untereinander schreiben - richtig umzusetzen (3-5). Meine Frage signalisiert ihr, dass sie etwas falsch gemacht hat,
sie will ihre Zahlen ausradieren. In dem Versuch das Wort "untereinander"
zu erklären, bezeichnet sie es als "durcheinander" (2). Es wird nicht deutlich, wieweit ihr in dieser Situation die unterschiedliche Bedeutung der
beiden Wörter bewusst ist, zeigt jedoch, dass es für sie eher unsicher scheint,
eine Bedeutung alleine der sprachlichen Information zuzuweisen. Ihre Orientierung an anderen Aufgaben im Buch zeigt ihr, welche Form sie für die
Lösung ihrer Aufgabe wählen soll (5-7). Mit dieser Kenntnis hat sie ihre
Sicherheit wiedergefunden und kann die Aufgaben lösen.

Was kann Maria?

• Maria kann Dezimalzahlen den Stellen entsprechend untereinander
  schreiben, nachdem sie sich an einem Muster im Schulbuch orientieren
  konnte.

• Sie kann Dezimalzahlen schriftlich addieren.

Was kann Maria nicht?

• Maria kann den Aufgabentext nicht ohne Hilfe umsetzen.

---

formen in ihrer Vorstellung die vorgegebenen Aufgaben so um, dass sie sie entsprechend der schriftlichen Verfahren berechnen können.

8.4 Marias Probleme und deren Verflechtungen in dieser ersten Phase

Bei Maria zeigt sich eine Verkettung ungünstiger Faktoren, die ihre Mitarbeit im Mathematikunterricht beeinträchtigen.

Zu Erarbeitung von Inhalten
- Ihre Vorkenntnisse sind für die Klassenstufe unzureichend. Sie kann nicht in ausreichendem Maße auf Vorstellungsbilder zurückgreifen.
- Die Erarbeitung neuer Inhalte, die sich auf vorausgehende Kenntnisse beziehen, wird dadurch erschwert.
- Die Entwicklung von Vorstellungsbildern wird durch ihre zentrale Hörverarbeitungsstörung beeinträchtigt. Sie ordnet wiederholt für vom semantischen Kontext zu unterscheidende Veranschaulichungen gleiche Bezeichnungen zu. Ihre Sprachverarbeitung ist damit nicht eindeutig auf das entsprechende Konzept bezogen.
- Dies erschwert Maria zusätzlich die Erarbeitung neuer Inhalte.

Zur Aufmerksamkeitssteuerung
- Die Hörverarbeitungsstörung macht es Maria schwerer als anderen Kindern, Informationen nach ihrer Wertigkeit zu selektieren. Es fällt ihr deshalb schwer, ihre Aufmerksamkeit auf die durch die Impulse der Lehrerin intendierte Richtung zu fokussieren.
- Ihre hohe Ablenkbarkeit wird durch die erhebliche Unruhe in der Klasse noch verstärkt. Sie lässt sich stören und verstärkt durch ihr Verhalten weitere Störungen.
- In ihrer Unruhe sucht sie selbst nach Ablenkungen und bezieht andere Kinder in ihre störenden Aktivitäten mit ein.

Zur Unterrichtsführung
- Die Situation der Klasse sowie ihre eigenen Vorstellungen von Unterricht führen die Lehrerin zu einem zentral geleiteten Unterrichtsstil. Sie wird dabei in ihrer Aufmerksamkeit gleichzeitig von der Vermittlung der Inhalte sowie der regelmäßigen Disziplinierung einiger Kinder gebunden.

- Dabei kann sie nicht in dem Maße, wie es wünschenswert wäre, individuelle Besonderheiten der Kinder kennenlernen und individualisierende

Angebote machen. Zu lange Aufmerksamkeit auf ein Kind veranlasst andere zu weiteren Störungen, was sie in ihrer frontalen Form des Unterrichts bestärkt.

- Ihr überwiegend zentral ausgerichteter Unterrichtsstil ist von klarer Struktur und hoher Anschaulichkeit geprägt. Kinder, die auf ihre Angebote eingehen können, werden immer wieder unterstützt.

Zu Marias Umgang mit den Angeboten des Unterrichts

- In den meisten beobachteten Unterrichtssituationen stellt Maria sich nicht auf frontale Angebote ein und nutzt damit auch nicht zusätzliche Erklärungen an andere Kinder um ihr Verständnis zu vertiefen. In der Situation nimmt sie Veranschaulichungen, die ihr im Unterricht angeboten werden, nicht an.
- Damit vertieft sich die Kluft zwischen ihren Kenntnissen und den zu erarbeitenden Inhalten.
- Sie entwickelt eine Haltung, mit der sie sich über weite Bereiche dem Unterricht entzieht. Neben Störungen stehen Verhaltensweisen, die Mitarbeit vortäuschen.
- Die Einzelförderung wird durch ihre großen Lücken in ihren Kenntnissen veranlasst. Sie fördert Marias Selbstbewusstsein, was sich negativ auf ihre Disziplin auswirkte. Die Möglichkeit in der Einzelsituation gefördert zu werden, macht eine Beteiligung am Unterricht auch nicht unbedingt erforderlich.

Viele der beschriebenen Prozesse beeinflussen sich gegenseitig.

In den Einzelsituationen arbeitet sie mit. Häufig reagiert sie impulsiv und aufgeschlossen. Hier bestätigt sich die Einschätzung der Lehrerin, dass Maria nicht über ein ausreichendes Operationsverständnis verfügt. Es zeigt sich jedoch auch, dass Maria nach Orientierungen und Regeln sucht und Strukturen erkennen kann. Dann versucht sie weitere Aufgaben nach dem entdeckten Muster zu lösen. Damit erzielt sie teilweise richtige Ergebnisse. Sie scheint es "verstanden" zu haben, sie weiß jetzt "wie es geht". Dieses "Wissen" ist jedoch an die Situation und die damit vermittelten Vorgaben gebunden. Ihre Probleme im Umgang mit Vorstellungen haben zu isoliertem Wissen in bestimmten Bereichen geführt. Ihr Umgang auf der symbolischen Ebene zeugt von der Schwierigkeit, die Zeichen als Träger für Bedeutungen zu erkennen. So erscheint es verständlich, dass selbst über den Einbezug verschiedener Sinneskanäle Übungen zum Automatisieren des Einmaleins wenig erfolgreich waren. Die Reichhaltigkeit von Übungsformen auf sensorischer Ebene kann nur wirksam werden, wenn sie Wissen trainieren, das für das lernende Kind bedeutsam erscheint.

Bei Maria ist es leicht erkennbar, dass sie dem Mathematikunterricht nicht folgen kann.

Es entwickelt sich eine Situation, die an den "Teufelskreis Lernstörungen" von Betz/Breuninger (1982) erinnert. In dem Unterricht, der zumindest frontal eine Reihe von Veranschaulichungen, Strukturierungen und Hilfen anbietet, wäre für Maria eine individuelle Ansprache wichtig, die ihr nicht in dem Maße zuteil wird, wie sie es bräuchte.

In dieser Situation scheint eine wichtige Ursache für Marias Schwierigkeiten neben ihren mangelnden Vorkenntnissen in motivationalen Faktoren auf Seiten des Kindes, den schwierigen Verhaltensweisen der anderen Kinder sowie der Reaktionen der Lehrerin darauf und den divergierenden Vorstellungen von Klasse und Lehrerin bezogen auf den Unterrichtsstil zu liegen. Bezogen auf die Begriffsbildung erweisen sich eher Marias Verhaltensweisen, weniger als ihre Schwierigkeiten in der auditiven Wahrnehmungstätigkeit als hinderlich. Die wechselseitige Bedingtheit der verschiedenen Faktoren macht eine eindeutige Ursachenzuweisung fragwürdig.

Diese Konstellation macht es faktisch nicht möglich, dass Maria in die Klasse integriert werden kann.

8.5   Maria in der 2. Klasse

Maria wird zum Februar in die zweite Klasse zurückgeschult. Inzwischen liegt der medizinischer Befund vor. Maria wird in die erste Reihe neben eine sehr ruhige Schülerin gesetzt, deren Leistungen im Mathematikunterricht erheblich schwächer als Marias sind. Dieses Kind kann z. B. noch nicht einer vorgegebenen Anzahl von Materialien (kleiner als 20) die entsprechende Zahl zuordnen. Die Klasse wird von einer Lehrerin geführt, die Mathematik fachfremd unterrichtet. Die Klasse selbst ist ruhiger. Im Unterschied zur vorigen Klasse fallen sehr viel weniger Kinder durch ihre Verhaltensweisen auf. Einige Kinder stören zwar, die Störungen wirken aber nicht als gezielte Provokation. In dieser Situation zeigt auch Maria ein anderes Verhalten. Sie arbeitet viel häufiger aufmerksam mit. Sie war zunächst sehr traurig, die Klasse wechseln zu müssen, scheint sich aber jetzt sehr wohl zu fühlen und sich gut mit ihrer Tischnachbarin zu verstehen.

8.5.1 Themen in Marias Klasse während der Beobachtungen

Thema der beobachteten Stunden waren Übungen zum Einmaleins. Die Stunden liefen alle nach einem ähnlichen Muster ab. Zunächst wurde der Arbeitsplatz aufgeräumt. Die Kinder wurden für einen ordentlichen Tisch mit einem Sternchen an der Tafel belohnt. Sie waren immer sehr schnell und aufmerksam damit befasst und kontrollierten genau, ob die Sternchen angemessen verteilt wurden. Zum eigentlichen Stundenbeginn wurden mündlich Aufgaben zum Einmaleins abgefragt, daran anschließend Arbeitsblätter zum Einmaleins bearbeitet, die nach verschiedenen Schwierigkeitsgraden differenziert angeboten wurde. Die Kinder suchten sich in der Regel die Blätter selbst aus, einige Kinder bearbeiteten sehr viele Blätter, anderen gelang nicht die Beendigung eines Blattes. Gegen Ende der Stunde schloss sich häufig ein Spiel an, dem mündlich Übungen zum Einmaleins zugrunde lagen.

Die Arbeitsblätter wurden von der Lehrerin selbst erstellt. Sie enthielten immer Aufgabengruppen, mit denen die Beziehungshaltigkeit vertieft werden konnte, z. B. eine Aufgabengruppe zu einer Einmaleinsreihe, dazu die Tauschaufgabe, ein anderes Mal Einmaleinsaufgaben und entsprechende Ergänzungsaufgaben. Sowohl die mündliche Phase als auch die Bearbeitung der Arbeitsblätter bezog sich nur auf die symbolische Phase. Es wurden zum Einmaleins keine Veranschaulichungen angeboten und außer einer Stunde die Tafel nur zur Notation von Sternchen genutzt. Die Kinder arbeiteten insgesamt mit hoher Motivation.

8.5.2 Aus der ersten Stunde in der neuen Klasse

Da alle beobachteten Stunden nach dem gleichen Schema abliefen, soll nur der Verlauf einer Stunde dargestellt werden.

Maria bemüht sich darum, ihren Arbeitsplatz so vorzubereiten, dass ihr Tisch ebenfalls gelobt wird. Die Einmaleinsaufgaben werden in hoher Geschwindigkeit abgefragt, so dass Maria, die viele Aufgaben noch auszählt, nicht mitkommt. Dies zeigt sich in ihrem Verhalten. Die ersten beiden Aufgaben zählt sie noch mit den Fingern aus, dann lässt sie die Hände sinken und meldet sich nicht mehr. Sie schaut jedoch sehr aufmerksam und erweckt mit Mimik und Gestik den Eindruck, konzentriert mitzuarbeiten[56].

Es schließt sich ein kurzer Test an. Die Lehrerin stellt gemischte Einmaleinsaufgaben. Aufgrund dieses Tests entwickelt sie für Maria und ihre Nachbarin in den weiteren Stunden Arbeitsblätter, die Aufgaben zum Einmalzwei enthalten. Während des Tests lenkt sich Maria ständig ab. Sie schaut durch die Klasse, rechnet kurz weiter, dann schaut sie zu ihrer Nachbarin, zu mir, rechnet wieder weiter.

Die Stunde wird mit einem Spiel "Ecken rechnen" abgeschlossen. In diesem Spiel stellen sich Kinder in die Ecken der Klasse. Ein anderes Kind oder die Lehrerin stellen Aufgaben. Wer die Aufgabe zuerst nennen kann, darf in die nächste Ecke gehen. Sieger ist das Kind, das als Erstes in die Ausgangsecke zurückkehren kann. Da es bei diesem Spiel auf Schnelligkeit beim Rechnen ankommt, verwundert es nicht, dass Maria dieses Spielt ablehnt.

Nach dieser Beobachtung wäre ein wichtiges Ziel, ihre Arbeitshaltung dahingehend zu beeinflussen, selbst nachzudenken, Ausdauer bei der Bearbeitung von Aufgaben zu entwickeln. Die rasche Abfolge der Kopfrechenaufgaben führte wiederholt zu einer Unterbrechung von Marias Denkprozessen. Das veranlasste sie, sich nicht mehr um die Lösung der Aufgaben zu bemühen, sondern dazu, den Anschein zu erwecken sie würde rechnen. Auch bei der Bearbeitung des Tests konzentrierte sie sich weniger auf die eigentliche Aufgabe, dem Berechnen der vorgegebenen Aufgaben. In den weiteren Stunden bemüht sich die Lehrerin besonders darum, Maria zu motivieren. Sie stellt ihr und ihrer Nachbarin in der Kopfrechenphase Aufgaben, für deren Bearbeitung den Kindern Zeit gelassen wird, sie legt ihnen eher leichte Aufgaben vor, so dass Maria mehr Möglichkeiten hat, sich zu beteiligen. Dies führt dazu, dass Maria nicht mehr durch unangemessenes Verhalten auffällt. Sie entwickelt in der neuen Klasse zunehmend ruhigeres und ausdauernderes Verhalten. Auch ihr Umgang mit ihrer Tischnachbarin hat sich verändert. Die Kinder helfen sich gegenseitig. Maria freut sich sehr, wenn sie anderen etwas erklären kann.

---

[56] Diese Deutung wäre nur durch ein entsprechendes Videobild belegbar. M. E. waren die Verhaltensweisen jedoch so eindeutig, dass auch ein anderer Beobachter in der gleichen Situation zu einer gleichen Deutung gekommen wäre. Ein Kind kann in der Regel sich noch nicht so gut verstellen. Die Bemühungen um ein Verhalten, aus dem man auf konzentrierte Arbeit schließen kann im Unterschied zum Bemühen, die Aufgaben möglichst schnell auszuzählen, waren deutlich sichtbar.

8.5.3 Sechste Einzelsitzung

Da die Klasse mit Automatisierungsübungen zum Einmaleins befasst ist, werden Aufgaben zum Einmaleins gestellt. Maria soll zeigen, wieweit sie auf Vorstellungen zu Einmaleinsaufgaben zurückgreifen kann. Zunächst ruft sie dabei ihre bekannten Vorstellungen auf, sie stellt nicht die Operation, sondern die Abfolge der Zahlen dar.

5 mal 2
00000 00

1. N: *Was davon ist 5 mal 2?*
2. M: *7...*
   Maria kann sich jedoch korrigieren.
3. N: *Ja. Was bedeutet das, 3 mal 2?*
4. M: *3 mal muss ich die 2 nehmen.*
5. N: *Dann mach das. Nimm 3 mal die 2!*
   Maria nimmt die Steine und legt 6 auf einen Haufen. Sie ordnet sie nach meiner Aufforderung in Zweierpakete und notiert die Gleichung:
6. 3·2=
7. N: *Wie viel sind das?*
8. Maria schaut in die Luft.
9. N: *Kannst du hier gucken, brauchst du nicht abzählen.*
10. M: *6.*

Deutung
Maria scheint zwar zu wissen, wie sie Materialien legen muss, um den Term darzustellen, dies zu verwenden, um die Lösung zu ermitteln, lehnt sie jedoch ab. Auf die Aufforderung, die Lösung zu nennen, schaut sie bewusst nicht zu den Materialien. Ich versuche ihr zu erklären, dass sie die Veranschaulichungen verwenden darf, dass sie sogar wichtig für sie sind. Maria sperrt sich dagegen und betont:

M: *Ich kann einmal 2, ich kann einmal 5, ich kann einmal 10...*

Sie kann allerdings nur die Reihen sicher aufsagen und macht bei gemischter Vorgabe entsprechender Aufgaben noch Fehler.

Zur weiteren Arbeit

Im weiteren Verlauf zeigt es sich, dass Maria drei verschiedene Vorgehensweisen, die Terme zu bearbeiten, zeigt. Auf der enaktiven Ebene stellt sie die in der Gleichung vorgegebenen Anzahlen dar. Maria kann Hinweise nutzen, um die an der Operation orientierte Darstellung von 2 mal 3 zu zeichnen. Mit ihrer bewussten Weigerung auf die Materialien oder die Bilder zu schauen, verwendet sie zum Berechnen der Gleichung eine dritte Vorgehensweise.

Maria scheint im Sinne der subjektiven Erfahrungsbereiche (Bauersfeld, 1985) unterschiedliche neuronale Vernetzungen für verschiedene Tätigkeiten, die sich alle auf denselben Begriff beziehen, aufgebaut zu haben. Damit kennzeichnet sie zwar die verschiedenen Aspekte des Begriffs, die Handlungserfahrung, die bildliche Darstellung, die Berechnung auf symbolischer Ebene. Diese werden jedoch zur angemessenen Begriffsentwicklung als ein Begriff auf verschiedenen Abstraktionsstufen aufgefasst. Dieser Zusammenhang scheint ihr nicht bewusst zu sein. Ziel muss es sein, die verschiedenen Bereiche der Begriffsbildung zu integrieren.

Im Verlauf der weiteren Arbeit scheint die Zusammenführung der verschiedenen Aspekte zu gelingen. Maria ist sichtlich erfreut, als ihr der Zusammenhang von verschiedenen Perspektiven auf das Material und die Möglichkeit des Vertauschens der Summanden bewusst wird. Tauschaufgaben hatte sie vielfach auf Arbeitsblättern mechanisch notiert und damit anscheinend richtig gerechnet. Sie scheint ebenfalls Zusammenhänge zwischen verschiedenen Einmaleinsreihen erarbeitet zu haben.

Diese Zusammenhänge ergeben sich zum einen aus ihrer Verwendung der Veranschaulichungen. Sie lehnt sie nicht mehr ab wie in den vorangegangenen Stunden. Vielmehr scheint sich ihr ein Verständnis von auf symbolischer Ebene bereits ausgeführter Rechnungen zu erschließen. Sie ergeben sich im weiteren aus ihrer veränderten Berechnung der Einmaleinsreihen, sie zählt nicht mehr alles aus. Dies könnte neben verbesserter Rechenfertigkeiten auch auf die Erkenntnis eines Zusammenhangs zwischen der Addition und der Multiplikation beruhen.

8.5.4 Zusammenfassung

Marias Vorgehensweise zeigt, dass sie bei Vorgabe von Termen diese spontan über Auszählen löst oder auswendig gelerntes Wissen abruft. Ihre ersten Versuche der Darstellungen beziehen sich jeweils auf eine Darstellung der Zahlenwerte, denen sie gerne noch ein Operationszeichen hinzufügen würde, damit man erkennen kann, welche Operation sie meint. Unter Anleitung gelingen ihr Darstellungen auf der Handlungs- wie auf der bildlichen Ebene. Sie kann zwar zu symbolischen Darstellungen auch deren Umkehrung, die Zuordnung von Summen oder Produkten abrufen, verwendet dieses Wissen jedoch nicht zum Rechnen. Immer wieder verwechselt sie Summen und Produkte. Daran könnte man die Frage anschließen, ob ihr zur Erarbeitung von Additionen mehr Veranschaulichungen angeboten wurden oder von ihr die angebotenen Veranschaulichungen besser genutzt werden konnten.

Durch die Trennung der verschiedenen Konzepte und gelegentlichen Vermischung wird es wahrscheinlich, dass sie den Zusammenhang zwischen den verschiedenen Repräsentationen und den zu berechnenden Aufgaben noch nicht umsetzen kann. Sie lehnt es auch ab, die Sicherheit, die ihr das Fingerrechnen und Weiterzählen bietet, für die angebotenen Veranschaulichungen aufzugeben.

Die Trennung der verschiedenen Konzepte führt dazu, dass sie für gleiche Aufgaben, also gleiche Bezeichnungen, verschiedene Lösungen bzw. Veranschaulichungen nutzt. So ist 3 mal 2 sowohl 5 als auch 6 und 5 mal 2 sowohl 7 als auch 10. Unter Anleitung lernt sie in den Einzelsitzungen, Veranschaulichungen kennen. Sie lernt im Umgang mit Produkten verschiedene Ebenen der Repräsentation aufeinander zu beziehen, obwohl ihr das schwerfällt und sie es zunächst bewusst verweigert.

8.5.5 Abschließende Bemerkungen zur zweiten Klasse

In der neuen Klasse fühlt sich Maria nach kurzer Zeit wohl. Die relativ ruhige Atmosphäre, die klare Stimme der Lehrerin, die ruhige Tischnachbarin bedeuten für Maria eine neue Chance bezogen auf ihr Verhalten. Sie stört nicht mehr, freut sich, wenn sie sich am Unterricht beteiligen kann und profitiert davon, dass ihre Banknachbarin noch viel schwächer ist als sie.

Ihre Leistungen sind auch für diese Klasse unzureichend. Besonders die stark auf auditive Verarbeitung ausgerichtete Unterrichtsphase fordert Maria in Bereichen, in denen ihre Schwächen liegen. Zudem verfügt sie nicht über ausreichende Einmaleinskenntnisse, um mit der wachsenden Geschwindigkeit bei den abgefragten Einmaleinsaufgaben Schritt halten zu können. Erste Ansätze sich zurückzuziehen werden von der Lehrerin durch Anbieten eines langsameren Tempos beim Abfragen sowie der differenzierten Arbeitsblätter abgebaut.

Maria kann unter diesen Bedingungen gleiche äußerliche Handlungen durchführen wie ihre Mitschüler. In den Einzelsitzungen zeigt es sich jedoch, dass diese Handlungen auf dem Bemühen beruhen, Fakten anzulernen, die zusammenhangslos und ohne Anbindung an bisherige Kenntnisse erscheinen. Auf der symbolischen Ebene erwirbt sie somit Kenntnisse über Strukturen, wie Umkehroperationen oder Kommutativität, ohne diese jedoch mit anderen situativen Elementen oder Bildern in Verbindung bringen zu können. In der Einzelsituation ergeben sich Möglichkeiten, sie immer wieder auf die Beziehung von Termen zu Veranschaulichungen hinzuweisen. Im Klassenunterricht besteht gar nicht die Notwendigkeit, sich auf Veranschaulichungen zu beziehen, da sich der Unterricht während meiner Beobachtung nur auf ein Training der Einmaleinsaufgaben bezog.

8.6 Diskussion der Beobachtungen

8.6.1 Schwäche der auditiven Wahrnehmungstätigkeit

Bei Maria wurden ebenfalls Schwächen in der auditiven Wahrnehmungstätigkeit diagnostiziert, die sich darin äußern,
- dass ihr Bezeichnungen für Begriffe fehlen,
- dass mehrfach gleiche Bezeichnungen zu unterschiedlichen Darstellungen abgerufen werden,
- dass sie zu einigen Begriffen keine Vorstellungen abrufen kann,
- dass sie wiederholt Anweisungen und Hinweise nicht versteht.

Diese Schwierigkeiten beeinträchtigen mit die Entwicklung ausreichender Kenntnisse. Sie führen zu Missverständnissen wie "untereinander schreiben - durcheinander schreiben". Damit werden Hinweise zur Organisation der eigenen Arbeit sowie zur räumlichen Orientierung nicht immer durch sprachliche Impulse umsetzbar sein. Der überwiegend auf sprachliche Impulse ausgerichtete Unterricht erschwert für Maria die Entwicklung von Kompensationsmechanismen. Zusätzliche visuelle Informationen ermöglichen Maria Orientierungen, die jedoch nicht ausreichen, um Verständnis zu entwickeln.

Maria bemüht sich darum, Analogien in den Aufgabestellungen zu erkennen und nachzuvollziehen. Damit kann sie die sprachliche Informationsaufnahme durch zusätzliche Informationen anreichern. Sie erarbeitet sich zunächst die prozeduralen Aspekte der Tätigkeit. "Was muss ich tun?" hat Vorrang vor der Frage "warum muss ich es tun?" Im Unterricht stehen ihr nur zwei Techniken zur Verfügung, das Auszählen oder das Wissen von Lösungen.

8.6.2 Isoliertheit des Wissens

Marias Kompensationsbemühungen verschleiern die genaue Eingrenzung ihrer Schwierigkeiten. Sie kann durch das Auswendiglernen von Fakten einige Aufgaben lösen. Auch situative Deutungsmuster ermöglichen es ihr, Aufgaben das richtige Ergebnis zuzuordnen. Aus diesen Ergebnissen kann jedoch nicht geschlossen werden, dass Maria eine der mathematischen Operation angemessene Vorstellung entwickeln und abrufen konnte. Die wiederholte Erfahrung, bei gleicher Strategie mal ein richtiges Ergebnis zu erzielen, mal nicht, verstärkt die Verunsicherung zusätzlich.

Die Mathematiklehrerin der dritten Klasse erkannte ihr mangelndes Operations- und Symbolverständnis. Die Lehrerin der zweiten Klasse erlebte Maria als langsame Lernerin und erhoffte sich aus einem Training, dass auch Maria an Schnelligkeit gewinnen könnte. Das schien sich zu bestätigen. Maria eignete sich zunehmend mehr Einmaleinssätze an.

In der Einzelsitzung wurde die Isoliertheit ihres Wissens deutlich. Sie kannte Fakten zum Einmaleins, sie lernte mit Material Einmaleinsaufgaben darzustellen, sie lernte Bilder als Veranschaulichungen kennen. Diese verschiedenen Bereiche wurden jedoch zunächst nicht aufeinander bezogen. Maria lehnte es sogar zunächst ab, einen Bezug herzustellen. Für Maria zeichnete sich so ein umgekehrter Weg der Begriffsbildung ab. An die symbolische Darstellung und an Kenntnisse in diesem Bereich wurden nachträglich Veranschaulichungen in Form von Handlungen oder Bilder angebunden.

Ohne die Entwicklung von Zusammenhängen bleibt es fraglich, ob Maria sich aus der Abhängigkeit situativer Deutungsmuster lösen kann.

Gegen Ende der Arbeit kennt Maria viele Einmaleinsaufgaben und kann sich andere ableiten. So erarbeitete sie sich 7 mal 6 aus 5 mal 6 und zählte in Sechserschritten weiter: 36, 42.

8.6.3 Probleme mit der Aufmerksamkeit

Marias Probleme zeigten sich in der dritten Klasse ebenfalls in motivationalen Faktoren. Sie war unaufmerksam und verstärkte durch ihr Verhalten die Disziplinprobleme in der Klasse. Dies mag auf ihre Schwierigkeiten mit der auditiven Wahrnehmungstätigkeit zurückzuführen sein.

Marias Arbeitshaltung wurde beeinträchtigt durch

- ihre hohe Ablenkbarkeit,

- ihr rasches Aufgeben,
- ihre Lebendigkeit, die sie zu anderen Aktivitäten veranlasste.

An Marias Beispiel wird die Verflechtung motivationaler Faktoren und Verhaltensweisen mit Umgebungsvariablen deutlich. Es zeigen sich erste Ansätze sekundärer psychischer Reaktionen, die jedoch noch nicht verfestigt sind und mit den Veränderungen der Umgebung wieder in eine positive Lernhaltung verändert werden können.

Die Disziplinprobleme, die in der dritten Klasse beobachtet werden konnten, erwiesen sich so als Folge verschiedener aufeinander bezogener Variablen. In der zweiten Klasse und in den Einzelsitzungen entwickelte Maria große Motivation zu lernen. Ihre Bemühungen um angepasstes Verhalten zeigen sich zunächst in der Nachahmung äußerer Tätigkeiten. Sie ahmt eine konzentrierte Arbeitshaltung nach. Die Reduktion des Arbeitstempos, individuelle Arbeitsblätter, die Möglichkeit, gelobt zu werden, selbst wenn es sich auf die Ordnung des Arbeitsplatzes bezieht, wirken sich bei Maria deutlich auf ihre Arbeitsweise und ihr Verhalten aus.

8.7 Abschließende Bemerkungen zur Fallstudie Maria

Vergleichbar Sabrina zeigte Maria ihre Schwächen nicht generell, sondern konnte Teile von Aufgabenstellungen lösen. Ihre Unfähigkeit, aus inhaltlichen Angeboten die Aspekte zu erkennen, die sie bearbeiten konnte, zeigte sich vorwiegend in der dritten Klasse.

Maria und Sabrina zeigen verschiedene Gemeinsamkeiten. Beiden Kindern wurden Störungen der auditiven Wahrnehmungstätigkeit diagnostiziert, beide suchen nach Bedeutungen und Bezügen, finden sie jedoch eher in situativen Elementen, die nicht mit dem mathematischen Inhalt in Verbindung stehen müssen.

Beide Kinder wenden in der Mathematik eindeutig verwendete Bezeichnungen in semantisch unterschiedlichen Bedeutungen an. Die Zuordnung von verschiedenen Quantitäten und Veranschaulichungen zu einer Bezeichnung erinnert an die Darstellungen Wygotskis (1986) zur Begriffsbildung von Kindern über die Stufe der Komplexbildung. Sie weist auf die Situationsgebundenheit von Lösungsansätzen hin.

Die Vielfältigkeit in den inhaltlichen und modalitätsspezifischen Anforderungen bei der Auseinandersetzung mit Problemen fördert bei Sabrina die unterschiedlichsten Aktivitäten. Die Einseitigkeit in den Anforderungen ermöglicht hingegen Maria nur das Auswendiglernen von Faktenwissen. Dies führt auch bei ihr dazu, dass sich ihre Kenntnisse vergrößern. Es gelingt ihr jedoch nicht, angemessene Vorstellungen zu entwickeln. Ihre Automatisierungsprozesse verlaufen sehr langsam. Der Einsatz unterschiedlicher Modalitäten beim Training der Einmaleinsaufgaben kann keine ausreichende Gedächtnisstütze bieten, wenn die Bedeutung der Tätigkeiten nicht erfahren wird. Ohne eine Einbettung in strukturelle Zusammenhänge erwachsen für Maria kaum Kompensationsmechanismen, um fehlende Kenntnisse auszugleichen.

Die Einschätzung des Förderlehrers über Marias rasche visuelle Auffassungsgabe deutet sich in verschiedenen Situationen wiederholt an.

- So wurde sie in der zweiten Beobachtung durch die Ausschaltung der visuellen Modalität stark beeinträchtigt.

- Sie überschaute bei der Durchführung von Teilprozessen die Materialien schnell und konnte dadurch auf vollständiges Auszählen verzichten.

- In einer kurzen Phase notierte die Lehrerin der zweiten Klasse Beispiele an der Tafel. Maria erkannte umgehend eine Struktur und übertrug sie auf eine weitere Aufgabe. Ihre Verallgemeinerung war nicht richtig, aber erschien aufgrund der Beispiele an der Tafel plausibel.

Ihre Lebendigkeit und teilweise Schnelligkeit, mit der sie versuchte zu begreifen, veranlasste den Förderlehrer ebenso wie mich zu vermuten, dass bei Maria eine durchschnittliche Intelligenz vorliegen könnte. Dieser Eindruck wurde von ihren Lehrerinnen und dem Arzt nicht geteilt. Auch der in der Schule durchgeführte sprachfreie Intelligenztest bestätigte diesen Eindruck nicht.

Es bleibt eine offene Frage, welche Lernmöglichkeiten sich für Maria ergeben hätten, wenn ihr in für ihre Bedürfnisse ausreichend ruhigen Umgebung im Unterricht mehr Möglichkeiten angeboten worden wären, andere Modalitäten bei der Erarbeitung von Begriffen mit einzubeziehen.

9   Fallstudie Ulrike

9.1 Vorbemerkungen

Ulrike geht in die 6. Klasse. Sie ist älter ist als die anderen beschriebenen Kinder und liegt in ihrem Leistungsspektrum als Gymnasialkind über dem der anderen. Ebenso wie Maria hat sie eine Haltung gegenüber dem Mathematikunterricht aufgebaut, die sich als hinderlich für das Lernen erweist. Im Unterschied zu Maria zieht sie sich jedoch sehr stark zurück und gilt als angenehme Schülerin.

Ulrike wurde von ihrer Mutter zu mir geschickt, die sich Sorgen wegen ihrer schwachen Leistungen im Mathematikunterricht machte und über Ulrikes weitere Schullaufbahn verunsichert war. Die Erwägung, Ulrike eine Klasse wiederholen zu lassen, wurde jedoch zurückgestellt, da ihre Schwierigkeiten hauptsächlich im Mathematikunterricht auftraten, sich Ulrike in der Klasse wohl fühlte und ebenso wie ihre Eltern zu den Lehrern ein Vertrauensverhältnis aufgebaut hatte.

9.1.1 Kurzdarstellung des Kindes

Ulrike ist die älteste von vier Geschwistern. Ihr Verhalten wird von Seiten der Schule wie von Seiten der Eltern als unproblematisch beschrieben.

Zu Beginn der Untersuchungen beendete sie die 5. Klasse eines Gymnasiums. Im Zeugnis der 5. Klasse wurde ihre Leistung im Mathematikunterricht als mangelhaft beurteilt mit einem zusätzlichen Hinweis auf ihre unzureichende Beteiligung. Nach Aussagen der Mutter resultieren die schwachen Leistungen aus der Grundschulzeit. Sie war mit dem Unterricht der Grundschule sehr unzufrieden und vermutet, dass der Lehrer die Schwierigkeiten des Kindes nicht erkannt hat.

In diesem Zusammenhang bewertet die Mutter Ulrikes angepasstes Verhalten eher negativ. Ulrike sei zwar in der Grundschulklasse beliebt gewesen und wurde wegen ihres guten Sozialverhaltens gelobt, es sei aber dem Lehrer sowie ihren Klassenkameraden nicht aufgefallen, wenn sie nicht da sei.

In den Zeugnissen der Grundschule finden sich keine Hinweise aus denen man auf eine Rechenschwäche schließen könnte. Ihre Leistungen werden als

„recht sicher", im zweiten Schuljahr sogar als „schnell und sicher" beschrieben. Ab dem dritten Schuljahr werden Notenzeugnisse erteilt. Ulrike hat in allen Fächern Zweien oder Dreien, in Mathematik eine drei. Bezogen auf die Leistungen im Mathematikunterricht findet sich der Hinweis, dass sie die Einmaleinsaufgaben noch zu langsam berechnet. Auffälligkeiten in der motorischen Entwicklung deuten sich in den Bemerkungen zum Sportunterricht an, in denen sie als „nicht sonderlich geschickt" beschrieben wird. Im Zeugnis des vierten Schuljahrs zeigen sich Entwicklungsforschritte im motorischen Bereich, in dem keine Rede mehr von Ungeschicklichkeit ist und ihr Spaß an Bewegungsaufgaben zugeschrieben wird.

Nach Aussagen der Mutter hatte Ulrike von Anfang an Probleme im Mathematikunterricht[57]. Während ihr die Addition im Bereich bis 20 im ersten Schuljahr leicht fiel, hatte sie besondere Schwierigkeiten bei der Subtraktion sowie beim Zehnerübergang. Ulrike reagierte darauf mit zunehmender Passivität. Im 2. Schuljahr beteiligte sie sich nicht mehr am Unterricht und fragte nicht nach, wenn sie etwas nicht verstanden hatte. Sie begann, sich mechanisch Aufgaben anzueignen. So bemerkte sie bei Vorgabe gemischter Operationen nicht, wann addiert oder subtrahiert werden musste.

Die Diskrepanz zwischen der Beschreibung der Mutter und Ulrikes Zeugnissen ist offensichtlich. Ulrike bestärkt die Einschätzungen ihrer Mutter. Sie vermutet, dass der Lehrer ihr keine schlechte Zensur erteilen wollte, weil er sie als besonders sensibel einschätzte. Sie erzählt, dass sie und einige ihrer Klassenkameraden im Zahlbereich bis 100 „einige Seiten" hinter den anderen zurücklagen. Sie fühlte sich vom Lehrer gedrängt schneller zu rechnen, wusste aber nicht, wie das zu bewältigen wäre. Sie wagte sich nicht, ihn zu fragen, wenn sie etwas nicht verstanden hatte. In ihrer Not berechnete sie die Aufgaben zu Hause mit dem Taschenrechner[58], um den Anschluss an die Klasse zu finden. Sie wagte nicht, die Mutter um Hilfe zu bitten, die durch die kleineren Geschwister, u. a. ein Zwillingspärchen, sehr belastet ist.

Während der Schwangerschaft mit Ulrike musste die Mutter liegen. Nach der sehr langen Geburt hatte das Kind schlechte Apgarwerte. Die Mutter beschreibt sie als „nicht bewegungsfreudig". Sie zeigte in früher Kindheit

---

[57] Die Mutter hat für Ulrike ein Tagebuch geführt, indem sie wichtige Entwicklungsschritte vermerkt hat.

[58] Ulrike weiß nicht mehr, ob das in der ersten oder zweiten Klasse war. Im ersten Schuljahr schreiben die Kinder die Lösungen direkt ins Buch. Deshalb wäre zu vermuten, dass sie sich auf die erste Klasse bezieht.

allergische Reaktionen. Ihre Entwicklung verlief jedoch weitgehend unauffällig. Ulrike krabbelte als Kind nicht. Sie fiel häufig hin, wollte nicht schaukeln, aber rutschte gern. Sie vermied Roller fahren und lernte spät Fahrradfahren. Den Sportunterricht mochte sie nicht. Ihre sprachliche Entwicklung verlief unauffällig. Mit 20 Monaten sprach sie sicher ganze Sätze. Sie malte gerne und spielte gut Memory.

Ulrike hatte im Vorschulalter Schwierigkeiten soziale Kontakte zu knüpfen. Sie lehnte den Besuch des Kindergartens ab. Nach Einschätzung der Eltern war sie mit 6 Jahren nicht schulreif. Dieses Urteil wurde durch die einschulenden Lehrer sowie durch die Befunde der Schulärztin nicht geteilt. Ulrike wurde mit 6 Jahren eingeschult und gehörte zu den jüngsten Kindern der Klasse. Sie hatte große Ängste, sich von ihrer Mutter zu trennen. Im ersten Halbjahr weinte sie jeden Morgen, wenn sie in die Schule musste. Sie weinte, wenn sie „Mama" schrieb oder las.

Ihre Entwicklung machte große Fortschritte, als sie mit 9 Jahren zu reiten begann. Sie legte ihre Ängstlichkeit vor Bewegungen sowie vor sozialen Kontakten ab, entwickelte Freude am Schaukeln, auf Bäume klettern und lernte Schwimmen.

Mit zehn Jahren wurde sie auf ein Gymnasium eingeschult und von den Lehrerinnen und Lehrern als Gymnasialkind eingeschätzt. In den Mathematikarbeiten mit arithmetischen Inhalten zeigte sie jedoch keine ausreichenden Leistungen. Bei geometrischen Themen schrieb sie gute Arbeiten. Sie hat keine Schwierigkeiten mehr mit sozialen Kontakten.

Zu Beginn meiner Beobachtungen scheinen sich bei Ulrike Schwierigkeiten in der Sprachrezeption anzudeuten. Sie wird deshalb einer HNO-Ärztin vorgestellt, die sich u. a. auf Störungen der Wahrnehmungstätigkeit spezialisiert hat. Nach ihrem Befund liegen Schwächen in der auditiven Wahrnehmungstätigkeit vor.

Dieser Befund überrascht, weil Ulrikes Sprachentwicklung keine Hinweise auf eine gestörte Sprachrezeption andeutet.

Die Beschreibungen der Mutter über Ulrikes Entwicklung wie die Ablehnung von Schaukelbewegungen, ihren Schwierigkeiten Fahrrad oder Roller zu fahren, lassen eher Probleme im vestibulären System vermuten[59]. Eine zu

---

[59] Diese Deutungen sollen nur als Vermutungen aufgefasst werden. Kinderneurologische Untersuchungen, die sie bestätigen könnten, fanden nicht statt. Es gibt ebenso andere Erklärungsansätze für Schwierigkeiten im sozialen Bereich sowie Ulrikes Unlustgefühlen beim Fahrradfahren oder im Sportunterricht. Neurophysiologische Untersuchungen weisen jedoch auf die Zusammenhänge

geringe Stimulation der Bewegungsreize durch die lange Bettlägerigkeit der Mutter in den letzten Monaten der Schwangerschaft könnte damit in Verbindung stehen. Die von Ulrike übersprungene Krabbelphase wird als eine Phase der ersten Überkreuzbewegungen angesehen, die für die Entwicklung der Lateralität als sehr bedeutsam angesehen wird.

Dem vestibulären System werden bedeutsame Aufgaben bei der Wahrnehmungstätigkeit zugesprochen (Ayres 1984; Brüggebors, 1992). „Problems in the balance system will have repercussions for all other areas of functioning. Such problems affect the sensory system, because all sensation passes through the vestibular mechanism at brain stem level before being transmitted elsewhere for analysis" (Goddard 1996, S. 42). Reiten wird als therapeutisches Mittel zur Aktivierung sensorischer Reize, besonders des vestibulären Systems empfohlen.

Woraus Ulrikes Probleme in sozialen Kontexten erwachsen sind, kann hier nicht abgeklärt werden.

Die Entwicklung des körperlichen Gleichgewichts kann von der Entwicklung eines seelischen Gleichgewichts nicht getrennt gesehen werden. Ulrikes Probleme sich von der Mutter zu lösen und sich in einer Krabbelgruppe sowie im Kindergarten zu integrieren, könnten aus einem unzureichenden seelischen Gleichgewicht resultieren, das ihr die Orientierung in fremder Umgebung als bedrohlich erscheinen lässt.

Sie können jedoch ebenfalls aus Beschränkungen ihrer auditiven Wahrnehmungstätigkeit erwachsen. Beeinträchtigte Diskriminationsleistungen erschweren die Orientierung in einer unruhigen Umgebung wie es eine Kindergruppe der Fall ist. Sie erschweren Kommunikationsprozesse und fördern Missverständnisse.

Es ist genauso gut möglich, dass sich Ulrike, bedingt durch ihr Unwohlsein in fremder Umgebung oder einer größeren Kindergruppe, kommunikativen Prozessen verschloss und eine Haltung aufbaute, die ihr den Rückzug ermöglichte, aber gleichzeitig auditive Wahrnehmungstätigkeit als störend erscheinen ließ.

9.2 Ulrike - Beobachtungen vor Beginn der Hospitationen

Da der Kontakt gegen Ende der fünften Klasse aufgenommen wurde, wurden mit Ulrike zunächst Einzelsitzungen durchgeführt, in denen ihre Vor-

---

zwischen der Entwicklung von Verhalten, Fähigkeiten und emotionalen Prozessen hin, so dass in diesem Zusammenhang die Deutung unter diesen Aspekten gerechtfertigt scheint.

kenntnisse überprüft wurden. Die Unterrichtsbeobachtung fand nach den Sommerferien in aufeinanderfolgenden Stunden statt.

9.2.1 Erste Einzelsitzung

Eine Überprüfung der Vorkenntnisse in Anlehnung an das Arithmetikprofil von Lorenz/Radatz (1993)[60] zeigte, dass Ulrike Aufgaben zur Mengeninvarianz sicher löste. Ulrike ist Rechtshänderin. Beim Zählen von ungeordneten Mengen zählt sie sicher bis zu 3 Steinen gleichzeitig und verwendet dabei die linke Hand[61].

Ulrike kann Zahlen, die ihr diktiert werden, bis zu 1.000.000 lesen und schreiben. 1000 000 kann sie nicht schreiben und keine Strategie nennen, die Anzahl der Nullen von einer Million zu ermitteln.

Sie kann bis 100 Relationszeichen richtig einsetzen, Anzahlen Verdoppeln und Halbieren, wobei ihr das Halbieren von 74 erst nach Halbieren von 70 gelingt.

Aufgaben zur Addition und Subtraktion mit Zehnerüberschreitung gelingen ihr schnell und sicher im Bereich bis 20, bis 100 arbeitet sie ebenfalls fehlerfrei, aber langsamer. Aufgaben mit mehrstelligen Zahlen berechnet sie schriftlich.

Zur Zählfähigkeit

Bei der Beobachtung ihrer Zählfähigkeit fielen Schwierigkeiten auf. Sie konnte im Bereich bis 1000 sicher vorwärts zählen, rückwärts jedoch nur im Bereich bis 100.

Bei Zahlen größer als 1000 fällt es ihr schwer, Vorgänger insbesondere von Stufenzahlen zu nennen. Dies ist unabhängig von der Modalität der Vorgabe (visuell oder auditiv präsentiert).

1. N: *Und 10 000?*
2. U: *Äh, davor kommt, 10 äh, 10 000 999, äh, 1990, und danach 10 001.*

---

[60] Da die Inhalte dieser Überprüfung sich auf die ersten drei Schuljahre beziehen, werden die Aufgaben in den Bereichen Zählfähigkeit, Vorgänger und Nachfolgerbildung auf größere Zahlbereiche ausgedehnt.

[61] Es ist nicht geklärt, ob die Lateralisierungsprozesse bei Ulrike abgeschlossen sind. Ulrike hatte die Krabbelphase übersprungen. Die Handhabung von Materialien unter Verwendung von beiden Händen auf vergleichbare Weise könnte als Hinweis auf Beidhändigkeit gewertet werden. Dieser Frage wurde nicht weiter nachgegangen.

...

3. N: *Dann frag ich dich, wie sieht das bei der Zahl 100 000 aus? Weißt du, welche Zahl vor 100 000 kommt?*
4. U: *... (ca. 17 sec.), ach so, 90 999.*
5. N: *Schreibst du die mal bitte auf?*
6. U: *Auch 100 000?*
7. N: *Mhm.*
8. U: *Auch 100 000?*
9. N: *Ja.*

Ulrike schreibt: 10.000   100.000
                               90.999

10. N: *Kannst du mir auch sagen, welche Zahl kommt vor 1000?*
11. U: *Eh, 99 899, äh.*
12. N: *Was habe ich eben gefragt?*
13. U: *(... unv.) was vor 10 000 kommt.*
14. N: *Ich habe gefragt, „welche Zahl kommt vor 1000?".*
15. U: *Ach so (lacht) 999.*
16. N: *Ja, was kommt vor 3000?*
17. U: *Äh, 2 909, 299, äh 999, 9 999* (299 und 999 hören sich an wie eine Korrektur von 909. 9 999 scheint anschließend als ganze Zahl wiederholt zu werden).
18. N: *Weißt du's nicht genau?*
19. U: *Nein.*

Deutung

Bisher wird deutlich, dass Ulrike bei größeren Zahlen Unsicherheiten beim Zählen und beim Ermitteln von Vorgängern und Nachfolgern zeigt (2-4, 10-15). Es ist nicht sicher, ob sie die Zahlwörter nicht kennt, oder Unsicherheiten beim Erwerb des Stellenwertbegriffs hat. Da sie in Zehner und Hunderterschritten im Bereich bis 1000 sicher zählen konnte, liegt vermutlich keine generelle Unkenntnis vor. Jedoch könnte sich andeuten, dass sie Einsichten im kleineren Zahlbereich noch nicht auf einen größeren übertragen hat[62]. Die größte Vertrautheit mit Zählprozessen liegt in der Regel in kleineren Zahlbereichen vor, so dass nicht erwartet werden kann, dass die Zahlwortreihe auch bei einer großen Startzahl automatisiert abgerufen werden kann.

---

[62] Siehe Sabrina

Zählprozesse werden hier durch den Rückgriff auf die Regelhaftigkeit des Zahlaufbaus durchgeführt.

Häufig werden Schwierigkeiten beim Bilden von Vorgänger und Nachfolger oder Zählprozessen bei großen Zahlen bei Kindern beobachtet, die in vergangenen Schuljahren entsprechende Schwierigkeiten in kleineren Zahlbereichen hatten.

Ulrikes Probleme scheinen unabhängig von der Modalität der Aufgabenvorgabe zu sein - der mündlichen Vorgabe und einem Versuch den Vorgänger zu nennen, sowie der mündlichen Vorgabe, die sie sich notiert und aus der Notation den Vorgänger zu nennen versucht.

Auffällig sind hier bereits häufige Wiederholungen von Fragstellungen, die sie einfordert (6-8) oder Missverständnisse (10-13). Als eine unter anderen möglichen Deutungen für dieses Verhalten werden ihr Aufgaben, die insbesondere ihre auditive Wahrnehmungstätigkeit herausfordern, vorgelegt.

Ulrike soll mit geschlossenen Augen Klopfzeichen zählen. Das einfache Zählen von Anzahlen bereitet Ulrike keine Schwierigkeiten. An leichten Lippenbewegungen wird erkennbar, dass sie mitzählt. Klopfzeichen im Rhythmus vorgegeben zu entschlüsseln fallen ihr schwerer. Dabei scheint sie den Rhythmus zu entschlüsseln, aber die Anzahl der Wiederholungen nicht sicher zu erkennen.

Vorgabe	Nachahmung	Vorgabe	Nachahmung
6	9	10	10
8	6	7	7
8	8	6	9
10	U: Das habe ich nicht so richtig gehört.		
10	16? (Der Rhythmus wurde wiederholt).		
9	9	10	keine Antwort

Die Aufgabe, Zahlen ohne Blickkontakt nachzusprechen, erfordert erneut auditive Diskriminations-und Speicherfähigkeiten.

Vorgabe	Nachsprechen
578	578
12 230	12 230
365 727	keine Antwort
365 727	365 707
423 645	4 ne, 34 000
816 430	816 430

961526	961 000
3+7+4-53+7	
3·8-12.17	3·8-12
4+16-2	4 (stockend), 4·16-2
5·36-47	5·36-47

Deutung

Beim Zahlennachsprechen werden die drei Größeren der sechs vorgegebenen Zahlen nicht richtig wiederholt. Da Ulrike bei Zahlen dieser Größe auch die Vorgänger nicht sicher nennen konnte, fragt es sich, ob ihr diese Zahlen zu fremd sind, oder mit ihnen das auditive Gedächtnis zu stark belastet wird.

Der zweite Teil der Nachsprechübungen enthält deshalb kleine Zahlen und vertraute Operationen. Drei der vier vorgegebenen Terme können nicht richtig wiederholt werden.

Im die Sitzung beendenden Gespräch frage ich sie deshalb, ob sie in der Stunde immer alles hört, was der Lehrer sagt. Dies wird von ihr verneint. Außer ab und zu bei ihrer Nachbarin abzuschreiben, nennt sie jedoch keine Strategie, sich Hilfe zu holen.

Zusammenfassung

Ulrikes Vorkenntnisse scheinen im Bereich bis 100 bisher recht sicher. Ihre Fähigkeit zu addieren und zu subtrahieren, mit Relationen und Operationen wie Verdoppeln und Halbieren umzugehen sind erfreulich. Auch ihre Art, eine ungeordnete Menge bündelnd zu zählen, lässt die Entwicklung von systematischem Vorgehen erkennen. Ihre Sicherheit beim Zählen in Schritten, sowie die Beobachtung, dass sie Hinweise rasch aufzugreifen vermag, erwecken den Eindruck, dass sie grundlegende Einsichten in Operationen wie Addition und Subtraktion sowie den Stellenbegriff erworben hat.

Im Umgang mit größeren Zahlen werden ihre Schwierigkeiten deutlich. Hier können ihre Kenntnisse nicht als altersgemäß bezeichnet werden. Neben methodischen Versäumnissen, die die Mutter aus der Grundschulzeit beklagt, lassen die Beobachtungen als eine weitere mögliche Ursache Schwächen in der auditiven Wahrnehmungstätigkeit zu. Diese werden durch die medizinische Diagnostik bestätigt.

Tätigkeiten, die auf der Verarbeitung auditiver Information beruhen, fallen ihr jedoch unterschiedlich schwer. So macht sie auch beim Schreiben größerer Zahlen nach Diktat keinen Fehler - hier werden die Zahlen schriftlich reproduziert - wohl aber bei der mündlichen Reproduktion.

In weiteren Übungen zum Zahlen nachsprechen zeigen sich ihre Fähigkeiten in Abhängigkeit von der Vorgabe der Zahlen. Wenn Ulrike Zahlen selbst vorliest und aus der Erinnerung aufschreibt, macht sie keinen Fehler. Dabei liest sie eine Zahl, deckt sie zu und notiert sie. Soll sie jedoch die Zahlen erst hören und dann notieren, gelingt ihr das nicht mehr, sobald die Zahlen sechsstellig werden. Die fettgedruckten Teile der Zahlnamen werden von ihr nicht genannt:

2 692	81 589	23 630	62732
921 **253**	436 **892**	775 **351**	

Kann sie beim Vorlesen von Zahlen unmittelbar darauf mitschreiben, hat sie keine Probleme.

In den folgenden Sitzungen werden weitere Vorkenntnisse überprüft sowie Hinweise und Übungen angeboten, durch die Inhalte aus der Grundschulzeit aufgegriffen werden. Dabei zeigt es sich, dass Ulrike Hilfen rasch aufnehmen und umsetzen kann. Erfreulich schnell erarbeitet sie z. B. anhand der Dienesblöcke Zahldarstellungen in unterschiedlichen Stellenwertsystemen und zeigt keine weiteren Probleme mehr, die auf Unsicherheiten mit diesem Begriff zusammen hängen könnten.

Ihre Kenntnisse sind sehr unterschiedlich. Ulrike scheint das kleine Einmaleins zu können, auch wenn sie langsam arbeitet. Sie erinnert sich noch an die schriftliche Addition und Subtraktion, kennt die Verfahren zur Multiplikation und Division jedoch nur noch bruchstückhaft.

Aufgaben zur Addition und Subtraktion von Zahlen bis 1000 zeigen bei nichtschriftlicher Bearbeitung unterschiedliche Strategien. Überwiegend verknüpft sie die Zahlen jedoch ziffernbezogen. Diese Strategie ist bei Aufgaben ohne Zehnerüberschreitung erfolgreich. Die Erfahrung, bei gleicher Prozedur manchmal richtige, manchmal falsche Ergebnisse zu notieren, erschwert es den Kindern, Einsichten zu entwickeln.

Zusammenfassend kann man sagen, dass Ulrike nicht über angemessene Strategien verfügt, große Zahlen (nichtschriftlich) zu addieren oder zu subtrahieren. Gleichzeitig bestätigt sich der Eindruck, dass Ulrike Teilkenntnisse erworben hat, die sie manchmal sinnvoll anwendet. Ihre unterschiedlichen Strategien deuten an, dass sie Einsichten in Strukturen erworben hat. Diese sind jedoch nicht gefestigt. Es ist ihr nicht klar, wann welche Strategie abgerufen werden soll. Damit scheinen Verbindungen zwischen deklarativen und prozeduralen Wissensanteilen nicht geklärt.

9.2.2 Diskussion der bisherigen Beobachtungen

Ulrike verfügt noch nicht über ausreichende Kenntnisse, um am Unterricht einer sechsten Klasse erfolgreich teilnehmen zu können. Ihre Vorkenntnisse im Bereich der Arithmetik aus der Primarstufe sind nicht ausreichend. Besonders im Zahlbereich größer als 1000 sind ihre Rechenfähigkeiten nicht sicher genug. Es deutet sich an, dass ihre Probleme auch aus ihrer beeinträchtigten auditiven Wahrnehmungstätigkeit erwachsen könnten. Ihre Schwierigkeiten beim Nachsprechen großer Zahlen oder mehrstelliger Terme, ihre Schwierigkeiten, Sachaufgaben nachzuerzählen, Rhythmen nachzuklopfen sowie ihre wiederholten Nachfragen, selbst im Dialog, weisen darauf hin, dass ihr die Sprachrezeption schwer fällt.

Gleichungen mit Platzhaltern löst sie unterschiedlich, teilweise durch Ergänzen, teilweise durch Verknüpfung der beiden Zahlen dem Operationszeichen entsprechend. Dies führt bei den Subtraktionsaufgaben zur richtigen Lösung, nicht aber bei Additionen.

Visuelle Fähigkeiten sowie Fähigkeiten im Umgang mit Material scheinen gut entwickelt. Dem entsprechen ihre guten Leistungen bei der Bearbeitung geometrischer Aufgaben (in Klassenarbeiten der fünften Klasse).

Ulrikes rasches Aufgreifen und Umsetzenkönnen von Hinweisen scheinen die Einschätzung der Mutter zu bestätigen, dass im Grundschulunterricht versäumt wurde, ihr Möglichkeiten zur Entwicklung angemessener Vorstellungen einzuräumen.

Erfreulich rasch kann sie angebotenes Material nutzen - z. B. die Mehrsystemblöcke zur Zahldarstellung -. Ihre Schnelligkeit, mit der sie Inhalte aus der Grundschule aufgreift, lässt vermuten, dass es Ulrike nicht schwer fallen sollte, fehlende Vorkenntnisse aufzuarbeiten. Sie erhält über die Sommerferien ein Computerübungsprogramm zum Training der Grundrechenarten.

9.3 Unterrichtsbeobachtungen

9.3.1 Zu den Inhalten des Unterrichts während der Hospitation

Teilbarkeitslehre: Teilermengen, Vielfachenmengen, Teilbarkeitsregeln, Primfaktorzerlegung, Bestimmung des größten gemeinsamen Teilers (ggT), Bestimmung des kleinsten gemeinsamen Vielfachen (kgV).

9.3.2 Zur Situation der Klasse

Die Unterrichtsbeobachtungen fanden zu Beginn der sechsten Klasse statt. Unter den 28 Kindern der Klasse sind 10 Mädchen. Die Klasse kann als sehr unruhig bezeichnet werden. Während der Hospitationen wurde in einer Klassenkonferenz pädagogische Maßnahmen besprochen, um die Kinder zu ruhigerem Verhalten zu veranlassen.

Ulrike sitzt neben ihrer Freundin, einer stillen ruhigen Schülern, sowie neben einem Jungen. In Gesprächen am Rand des Unterrichts bezieht sie sich jedoch nur auf die Freundin. Die beiden werden in Aktivitäten ihrer Umgebung nicht mit einbezogen.

9.3.3 Zum Verlauf der Stunden

Der Mathematikunterricht wurde von frontalen, fragend-entwickelnden Unterrichtsgesprächen und der Bearbeitung von Aufgaben in Einzel- oder Partnerarbeit bestimmt. Zu Beginn der Stunde wurden die Hausaufgaben besprochen, die sich auf eine Wiederholung der Inhalte der Stunde bezogen. Der Lehrer griff jede Frage der Kinder auf und diskutierte sie in der Klasse. Er nannte viele Beispiele und Gegenbeispiele, um Inhalte zu verdeutlichen. Die Klasse war insgesamt eher unaufmerksam. Dies zeigte sich u. a. darin, dass Schüleräußerungen wiederholt Unverständnis zu Begriffen oder Lösungsprozeduren ausdrückten, die gerade eben erläutert wurden.

9.4 Ulrike - beobachtet im Kontext des normalen Unterrichts und in Einzelsitzungen

9.4.1 Erste Stunde

In den vorausgegangenen Stunden wurde das Bilden der Teilermengen einer Zahl erarbeitet. In dieser Stunde werden die Vielfachenmengen einer Zahl gesucht.

1. Der Lehrer geht von dem bekannten Begriff Teilermenge aus und schreibt an die Tafel: 25 I 155 (25 teilt 155). Ein Kind erklärt diese Aussage und stellt fest, dass sie nicht gilt. 25 teilt nicht 155.
Zur Veranschaulichung wird notiert: 25 I 150, weil 6·25 = 150

Der Lehrer schreibt verschiedene sprachliche Umschreibungen der Aussage an die Tafel:

25 teilt 150   *25 ist ein Teiler von 150*
150 ist teilbar durch 25   *150 ist Vielfaches von 25*

Diese Umschreibungen werden erklärt und in ihrem Bezug zueinander angesprochen. Zwischendurch fordert der Lehrer die Schüler zum Mitschreiben auf.
Er notiert an der Tafel:

Eine Vielfachenmenge einer natürlichen Zahl enthält alle Vielfachen dieser Zahl.

Ulrike schreibt mit. Der Lehrer fragt als Beispiel nach der Vielfachenmenge von zwei. Die Schüler nennen Zahlen, die vom Lehrer an der Tafel notiert werden.

V2: { 2, 4, ...
Ulrike meldet sich nach kurzer Zeit und nennt 20.

V2: { 2, 4, ... 18, 20, ... }
Er fordert die Schüler auf, die Teilermenge der Zahl 2 zu nennen und notiert auf Antworten der Schüler:

T2: {1, 2}

Es gibt in dieser Phase immer Kinder, die sich melden und falsche Zahlen nennen. Der Lehrer geht auf jede Äußerung ein, gibt die Frage an die Klasse zurück oder erklärt sie selbst kurz, bevor er eine weitere Frage stellt.
Als weitere Beispiele werden an der Tafel die Vielfachenmengen von 3 und 12 gesucht. Ulrike meldet sich in beiden Fällen. Zu den Vielfachenmengen werden die Teilermengen gesucht.

T12: {1,12, 2, ... }

Der Lehrer fragt nach der Begründung für 2 als Element der Menge.

1. Kind: Teiler von 12 ist 1, 12 , 2 weil, ...

2. *Kind: 3·4=12*
Ulrike gibt die geforderte Antwort: Weil 6 •2 = 12 ist.

2. Im Anschluss bearbeiten die Schüler alleine oder mit ihrem Partner Aufgaben, die an der Tafel vorgegeben wurden:

Bestimme die ersten 5 Elemente der Vielfachenmengen von 10, 13, 15, 124 und zu jeder Zahl auch die Teilermengen.

Ulrike fängt selbständig an zu arbeiten. Der Lärmpegel steigt. Die Kinder tauschen sich laut über ihre Ergebnisse aus und diskutieren sie. Verschiedene Vermeidungsstrategien sind zu beobachten: Einige Kinder schmieren, andere schreiben äußerst langsam. Ulrike arbeitet sorgfältig und vergleicht die Lösungen mit ihrer Nachbarin, einer sehr ruhigen Schülerin, die sie als ihre Freundin bezeichnet.
Während der Lehrer die Schüler zur Kontrolle der Arbeiten auffordert, werden sie leiser. Einige Schüler lesen ihre Lösungen vor. Andere beschäftigen sich anderweitig. Der Lärmpegel steigt erneut. Mit dem Nennen der Hausaufgabe endet die Stunde.

Anforderungen der Stunde
- Die Schüler müssen die Unterschiede und Gemeinsamkeiten verschiedener Umschreibungen von x teilt y nachvollziehen und der Notationsweise entsprechend eine Begründung angeben können.
- Sie müssen die Teiler einer Zahl finden und angemessen notieren können.
- Mit der Erarbeitung der Vielfachenmenge sind Notationsweisen, Einmaleinskenntnisse sowie Strategien Einmaleinsaufgaben abzuleiten, erforderlich.

Deutung
Der Lehrer begleitet alle mündlichen Beiträge durch Aufzeichnungen an der Tafel.
Die Klasse insgesamt ist sehr unruhig. Es ist eine produktive Arbeitsunruhe. Die Kinder können sich schnell wieder auf das konzentrieren, was der Lehrer sagen will. Trotzdem ist der Lärmpegel sehr hoch. Ulrike erzählt später, dass ihre Klassenkameraden immer so laut sind und sie anfangs sehr darunter gelitten habe. Inzwischen habe sie sich an die Unruhe gewöhnt.

Trotz der hohen Unruhe ist die Stimmung in der Klasse in der Regel entspannt. Dies kann sicher mit auf die ruhige Ausstrahlung des Lehrers zurückgeführt werden. Die Unruhe der Schüler wirkt eher unüberlegt als provokativ.

An eine kurze Wiederholungsphase zum Begriff „Teilermenge" einer Zahl schließt sich die Einführung des Begriffs „Vielfachenmenge" einer Zahl an. Beide Begriffe „Vielfachenmenge" und „Teilermenge" knüpfen an die Kenntnisse des Einmaleins an. Das Bilden einer Vielfachenmenge entspricht dem aus der Grundschule bekannten Aufsagen einer Einmaleinsreihe. Als zusätzliche Anforderungen werden Eingrenzungen vorgenommen. Während die häufigsten Übungen zu Einmaleinsreihen das Nennen der Vielfachen bis zum zehnten Vielfachen einer Zahl beinhalten, werden hier zusätzlich die Intervalle angegeben, auf die sich die Aufgabenstellung bezieht.

Im Unterschied zur Division, bei der zu einer vorgegebenen Aufgabenstellung eine Lösungszahl gefunden werden muss, erfordert das Abrufen der Teilermengen einer Zahl einen breiteren Suchprozess. Die Aufgabe beinhaltet das Nennen von möglichen Teilern und deren Überprüfung (wie 2 teilt 12, weil $2 \cdot 6 = 12$) sowie eine Strategie, alle Teiler dieser Zahl zu erhalten. Gleichzeitig werden neue Notationsweisen gelernt wie | für teilt und entsprechend durchgestrichen für teilt nicht.

Der Lehrer fordert von den Schülern grundsätzlich, eine Begründung für eine Behauptung zu nennen. Damit wird immer der Zusammenhang einer Aussage zum bisherigen Wissen gesucht. Die Schüler sind also gefordert, nicht alleine prozedurale Verfahrensweisen zu lernen, sondern diese an deklaratives Wissen anzubinden.

Ulrike hat in dieser Stunde aufmerksam mitgearbeitet. Sie hat Anweisungen des Lehrers sofort umgesetzt.

Welche Kenntnisse zeigt Ulrike?
- Ulrike kann eine Zahl der Vielfachenmenge von 2, vermutlich auch der von 3 oder von 12 nennen.
- Sie kann der ersten 5 Elemente der Vielfachenmenge von 10, 13, 15 und 124 in der gewünschten Form notieren.
-

Was bereitet Ulrike Schwierigkeiten?
- Bei der Erarbeitung von Teilermengen notiert sie alle möglichen Zerlegungen einer Zahl, auch wenn sie die Umkehrung bereits notiert hatte.

- Die vielfachen Verbesserungen zeigen, dass sie es ihr schwerfällt, Vielfache von 124 zu bilden.

9.4.2 Zweite Stunde

1. Zu Beginn der Stunde lesen die Kinder ihre Hausaufgaben vor. Ulrike liest die Vielfachenmenge von 1000 vor. An der Tafel wird die Aufgabe besprochen:

Gesucht sind die ersten drei Zahlen der Vielfachenmenge von 24, die größer sind als 200.

$V24 = \{..., 240, 216, 264, ... \}$

Ein Kind erläutert seine Strategie: Man muss einfach zehn mal nehmen, dann neun mal, das wäre weniger, also noch mal elf mal.

Während der Lehrer an der Tafel die Vielfachen der Zahl 115, die zwischen 800 und 1500 liegen notiert, spielt Ulrike mit ihrer Federtasche. Sie schaut ab und zu an die Tafel, beteiligt sich aber nicht aktiv.

$V115 = \{..., 805, ..., 1150, ... \}$

Ein Kind nennt 1385 als Element der Menge und erläutert seine Strategie:

K: 1385, ich hab einfach 10 mal 115 sind 1500, ne, sind 1115.

Ein anderes Kind korrigiert:

K: 1150.

Ein weiteres Kind erkennt eine Beziehung zur Vielfachenmenge von 114, die in der Hausaufgabe, gesucht war.

K: Zu jeder Zahl muss ich einen dazuzählen. 7 Schritte waren es, also plus 7. Er erhält 805 als erste Zahl.

In dieser Phase wirkt Ulrike unruhig. Sie spielt mit ihrer Federtasche, den Stiften, ist aber immer der Tafel zugewandt.

2. Der Lehrer notiert das Thema der Stunde an der Tafel:

Teilbarkeit durch 2

Er fragt, woran man bei einer Zahl erkennen kann, ob sie durch 2 teilbar ist.

158

S: Wenn hinten eine gerade Zahl steht, ist sie durch 2 teilbar.
L: Woher weißt du das?
S: Das haben wir schon in der Grundschule gehabt.
Der Lehrer notiert die Vielfachenmenge der 2 bis 42 an der Tafel.

$V2 = \{2, 4, 6, 8, 10, 12, 14, \ldots\}$

Er weist auf die Folge der Endziffern hin. Ulrike schreibt alles mit, was an der Tafel notiert wird.

Merksatz: Eine natürliche Zahl ist genau dann durch 2 teilbar, wenn ihre Endziffer durch 2 teilbar ist.

Der Lehrer gibt Beispiele an der Tafel vor. Er weist darauf hin, dass sich mit diesem Merksatz die Begründungsmöglichkeiten für die Teilbarkeit durch 2 erhöhen.

Bisherige Notation: 2|126534, weil 2 · 63267 = 126534
Neue Notation: 2|126534, weil die Endziffer vier ist.

In dieser Phase sind die Schüler sehr leise.

Ein Kind meldet sich und fragt, ob Zahlen deren Endziffer eine 6 enthalten ebenfalls durch 6 teilbar sind. Der Lehrer verneint und fordert die Schüler auf, 556 auf ihre Teilbarkeit durch 6 zu untersuchen. Die Kinder überprüfen durch Division, die sie schriftlich durchführen. Dieser Algorithmus wird in den weiteren Stunden noch häufig an der Tafel durchgeführt. Es zeigt sich, dass mehrere Schüler noch nicht sicher über die entsprechenden Einmaleinskenntnisse verfügen und die Prozedur selbst nicht sicher zur Verfügung haben.

In dieser Phase lenkt sich Ulrike ab. Sie spielt mit ihren Zähnen, ihre Nachbarin beteiligt sich an dem Spiel. Mit der Nennung der Hausaufgaben wird diese Stunde beendet.

Deutung
In dieser Stunde beteiligt sich Ulrike bei der Hausaufgabenkontrolle und trägt eine der leichteren Aufgaben vor. Für die weitere Arbeit in der Stunde wirkt sie häufig abgelenkt, scheint sich aber immer wieder dem Unterricht zuzuwenden. Alle schriftlichen Arbeiten führt sie aus.

Die Hausaufgaben, das Bilden von Vielfachenmengen, erforderte eine Multiplikation großer Zahlen, sowie das Beachten der vorgegebenen Intervalle. Die Mengen konnten durch fortgesetzte Addition, aber ebenso durch geschickte Verknüpfung von Multiplikation und Subtraktion oder Addition erarbeitet werden. Die Überprüfung der Zahlen auf Teilbarkeit erfordert in der Phase, in der die Kinder die Teilbarkeitsregeln kaum kennen, die sichere Anwendung der schriftlichen Division.

Welche Kenntnisse zeigt Ulrike?
- Ulrike kann die Vielfachenmenge von 1000 bilden.

Was bereitet Ulrike Schwierigkeiten?
- Die vielfachen Verbesserungen zeigen, dass sie es ihr schwerfällt, Vielfache von 16 zu bestimmen.

9.4.3 Weitere Hospitationen

In der dritten Stunde wird die Teilbarkeit durch 2 erarbeitet.
Erneut verhält sich Ulrike weitgehend passiv. Sie schreibt wie bisher immer alles von der Tafel mit.

An diesem Tag ist es sehr warm. Die Schüler sind deutlich unkonzentrierter und wenig belastbar. Für Ulrike erweist es sich als Chance, dass auch viele ihrer Mitschüler die Inhalte der vorangegangenen Stunde nicht präsent haben.

Ihre Hausaufgabe, das Bilden von Vielfachenmengen, zeigt viele Spuren von Verbesserungen. Ihre Schwierigkeiten scheinen nicht aus einem grundsätzlichen Unverständnis zu resultieren. Sie hat die jeweiligen Intervalle eingehalten, scheint sich jedoch häufiger verrechnet zu haben.

In den nächsten Stunden werden weitere Teilbarkeitsregeln erarbeitet. Ulrike wirkt häufig sehr verträumt. Es ist selten zu erkennen, ob Ulrike vom Unterricht profitieren kann. Durch die Tafelanschriften des Lehrers, der alle Informationen notiert, werden ihr Möglichkeiten geboten, durch Störungen von Diskriminationstätigkeiten auftretende Verständnisschwierigkeiten auszugleichen. Nicht immer kommt es dabei zu einer vollständigen Informationsvermittlung.

Zum Beispiel:
Diskutiert wird die Teilbarkeit von 144002.
An der Tafel steht: 8 teilt nicht 2.
Der Lehrer erläutert:

Man muss sich die letzten 3 Ziffern angucken 002, 8 teilt nicht die 2.

In dieser Situation steht etwas an der Tafel, was der bisherigen Regel, immer die drei letzten Ziffern zu betrachten, widerspricht. Die mündliche Erläuterung weist darauf hin, so dass die gesamte Information für ein Kind, das zuhört und zuschaut, mit den bisher gelernten Regeln übereinstimmt.

9.4.4 Zur Klassenarbeit

In der nächsten Stunde werden Übungen als Vorbereitung für die bevorstehende Klassenarbeit gestellt. In dieser Wiederholungsstunde wird deutlich, dass noch nicht alle Kinder die Teilbarkeitsregeln anwenden können. Mit der Besprechung der Hausaufgaben werden alle Regeln ausführlich gegeben und häufig wiederholt. Ulrike verhält sich sehr passiv. Sie stört nicht, beschäftigt sich eher leise, passt aber in den meisten Fällen nicht auf. Problematisch für die Lösung der geforderten Aufgaben ist Ulrikes Arbeitstempo. Durch ihre unzureichenden Rechenfertigkeiten hat sie zu wenig automatisierte Kenntnisse und benötigt viel Zeit, sich Lösungen auszurechnen. Diese Fähigkeiten erweisen sich nicht bei strukturellen Betrachtungen wie Regeln zur Erarbeitung der Teilbarkeit oder der Teilermengen als hinderlich. Sie wirken sich vor allem auf die Übungsphase aus. In der gleichen Zeit berechnet sie sehr viel weniger Aufgaben als ihre Mitschüler.

Ulrikes kontinuierliche Mitschriften müssten es ihr ermöglichen, die gelernten Regeln nachzulesen. Vermutlich greift Ulrike nicht auf diese Möglichkeit zurück. Sie hat Probleme, den Begriff der Quersumme zu erläutern, direkt nachdem sie die Teilbarkeitsregel durch 3 sowie durch 9 abgeschrieben hat.

Ihre eigenen Arbeiten in der Stunde zeigen, dass sie die Teiler einer Zahl finden kann, jedoch noch nicht weiß, woran man erkennt, dass alle Teiler gefunden sind. Damit berechnet sie für eine Aufgabenstellung mehr Aufgaben als nötig. Bei der Überprüfung einer Zahl auf Teilbarkeit überprüft sie nur die Teilbarkeit durch 2.

Ulrike zeigt in der Arbeit ausreichende Leistungen. Sie kann Aufgaben bearbeiten, die eher rezeptiven Charakter haben. Aufgaben, die heuristisches Vorgehen erfordern, werden von ihr nicht begonnen.

9.5 Diskussion der Unterrichtsbeobachtung

Aus den Unterrichtsbeobachtungen wird nur an wenigen Stellen deutlich, über welche Kenntnisse Ulrike verfügt. Die Form der Unterrichtsdurchführung als Frontalunterricht mit vielen gemeinsam durchgeführten Übungsphasen lässt es kaum erkennbar werden, ob Ulrike über Kenntnisse verfügt oder nicht. Diese Form des Unterrichts erfordert von den Schülern eher nachvollziehendes Lernen verbunden mit Nachfragen und entsprechenden Übungen als das eigenständige Entdecken von Zusammenhängen.

Auch aus der Untersuchung der Hausaufgaben lassen sich keine sicheren Schlüsse ziehen. Ulrike hat viel verbessert, bevor ich die Hausaufgaben einsehen konnte.

Die Unterrichtsbeobachtungen alleine geben noch keine Erklärung für Ulrikes Schwierigkeiten. So wie Ulrike verhalten sich einige Schüler eher passiv. Viele zeigen mit ihrem Verhalten, dass sie in ihrer Aufmerksamkeit unbeständig sind.

Die Aufmerksamkeit der Klasse schwankt in Abhängigkeit von den Inhalten. Wenn etwas Wichtiges erläutert wird, z.B. ein neues Verfahren besprochen wird, verhalten sich die Schülerinnen und Schüler leiser. Der Unterricht enthält viele Wiederholungen. Jede Frage eines Kindes wird beantwortet, Vorschläge der Kinder aufgegriffen und diskutiert, Gegenbeispiele vorgestellt, durch die die Grenzen der Ideen der Kinder aufgezeigt werden. Diese Unterrichtsform ermöglicht es dem Lehrer, auf breiter Basis Begriffe zu erläutern und den Schülern Angebote diese zu üben, zu machen. Durch die hohe Unruhe der Klasse, werden jedoch viele Anregungen aus den Diskussionen von einigen Schülern nicht aufgenommen.

Für Ulrike ist diese Unruhe sehr belastend. Es gelingt ihr nur mit Mühe, aufzupassen. Sie ist daran zunächst auch kaum interessiert. Sie ist es nicht gewohnt, nachzufragen, wenn sie etwas nicht verstanden hat, sie scheint es kaum gewohnt zu sein, bei einem Unterrichtsgespräch zu versuchen, die auditive Information aufzunehmen. Damit beraubt sie sich der Chance, die vielen Wiederholungen für eine Vertiefung des Verständnisses zu nutzen

Im Laufe der Beobachtungen änderte sich ihr Verhalten. War sie in der ersten Stunde motiviert und sichtlich aufmerksam, fiel sie in den weiteren Stunden eher in eine verträumte Haltung zurück. Ein Gespräch mit ihr und ihrer Mutter zu diesem Verhalten, entlockte ihr zunächst Tränen und Abwehr der Beobachtungen. Nachdem sie sich wieder beruhigt hatte, akzeptierte sie die Einschätzung ihrer Verhaltensweise als zutreffend. Ein gemeinsam entwickelter Vorschlag bestand darin, zu versuchen, dem Lehrer Fragen zu stellen sowie darauf zu achten, sich zu melden, wenn Fragen gestellt werden, die sie beantworten kann. Daraufhin schien sich ihre Aufmerksamkeit etwas zu verbessern.

Ein großer Vorteil dieser Unterrichtsform bestand darin, dass der Lehrer sehr ausführlich Merksätze, Aufgabenstellungen sowie -bearbeitungen an der Tafel notierte. Ulrike konnte so ihre Mitschriften für die Bearbeitung ihrer Hausaufgaben nutzen und diese teilweise lösen.

Die Tafelnotizen bildeten jedoch keine vollständige Information. Diese ergab sich erst durch die begleitenden verbalen Kommunikationsprozesse. Sich diesen in der Regel zu entziehen, muss zu wiederholten Missverständnissen führen.

Neben der großen Unruhe in der Klasse und ihrer passiven Haltung, ergab sich für Ulrike ein Hindernis aus ihren unzureichenden Rechenfähigkeiten. Die jeweils notwendige Herleitung der Rechnungen gelingt ihr zwar meistens, verlangsamt jedoch zwangsläufig ihr Arbeitstempo. Zusätzlich wird ihr Gedächtnis belastet, die Aufmerksamkeit, die bereits durch die geringere auditive Diskriminationsfähigkeit belastet ist, zusätzlich gefordert.

Für Ulrike ist es deshalb notwendig ihre Sicherheit im Rechnen zu erhöhen. Sie muss sich weiterhin eine Haltung aneignen, die von aktiven Bemühen, die Inhalte im Mathematikunterricht zu verstehen und sich gegebenenfalls Hilfe zu holen, gekennzeichnet ist.

Für den Mathematiklehrer ist es wichtig, abzusichern, dass Ulrike seine verbal gegebenen Informationen aufnehmen kann.

Zur Erzielung von mehr Ruhe in dieser Klasse hat die Konferenz gemeinsame pädagogische Maßnahmen besprochen, von denen man hoffen kann, dass sie langfristig erfolgreich sind.

Ulrike einen anderen Sitzplatz zuzuweisen wurde überlegt, aber nicht durchgeführt. Ulrike ist nicht das einzige Kind in der Klasse, das Probleme hat. Es ist nicht möglich, die Kinder so zu platzieren, dass alle Belange, die dafür eine Rolle spielen, berücksichtigt werden können.

Wann die Unruhe einer Klasse als unangenehm empfunden wird, hängt stark vom subjektiven Empfinden der Lehrerinnen und Lehrer sowie der Kinder ab. So gab es auch bezogen auf diese Klasse unterschiedliche Einschätzungen der Lehrer. Der Mathematikunterricht wurde von den Kindern als mit am leisesten empfunden. Für Kinder wie Ulrike gilt es jedoch Maßstäbe zu setzen, die sich an dem Lärmempfinden dieser Kinder orientieren. Die Unruhe dieser Klasse wirkte sich für Ulrike in ihrem Informationsverarbeitungsprozess behindernd aus.

Ulrike beschrieb, wie die Unruhe auf sie wirkte:

„Manchmal hab ich das Gefühl, dass so was wie Beläge auf den Ohren sind,
wie so ne Gummimasse, wo was geklebt wurde".

9.6 Zu den am Unterrichtsinhalt orientierten Einzelsitzungen

In den Interviews nach den Sommerferien werden Ulrike Aufgaben sowie Begriffe aus dem Unterricht vorgelegt.

9.6.1 Fünfte Einzelsitzung: „ist Teiler von", „a teilt b"

1. N: *Kannst du mir erklären, was bedeutet, „ist Teiler von".*
2. U: *Ehm, dass es eine Zahl teilt.*
3. N: *Ja, und kannst du mir ein Beispiel dafür geben?*
4. U: *Ah, 364 geteilt durch 2.*
5. N: *Ja, und wer ist dann Teiler wovon?*
6. U: *Ehm, 2 ist Teiler von 364.*
7. N: *Mhm. Kannst du das auch aufschreiben so wie ihr das in der Schule gemacht habt?*
   Ulrike schreibt.
   2 / 364
8. N: *Und jetzt kannst vielleicht auch sagen, woher du das weißt. Ist das jetzt richtig oder ist das falsch,*
9. U: *Ob man, äh, ob man 364 durch 4 durch 2 teilen kann?*
10. N: *Ja.*
11. U: *Ist richtig.*
12. N: *Und warum?*
13. U: *Weil hinten ei, äh weil hinten 4 steht und die kann man durch 2 teilen.*

Deutung

Im ersten Teil der Stunde soll Ulrike erklären, was sie unter „ist Teiler von" versteht. Viele Äußerungen werden erst unter Einbezug der Tätigkeiten verständlich. Alleine „ist Teiler von" erklären mit „dass es eine Zahl teilt" macht noch nicht deutlich, ob Ulrike die Unterscheidung von Divisor und Dividend klar ist (1 - 6), selbst wenn ihr Beispiel dies vermuten lässt.

Ulrike erinnert sich an die im Unterricht gebräuchliche Notationsweise nur zum Teil. Sie führt die Begründung nicht mit auf. Aus ihren Äußerungen (13 - 15) könnte man schließen, dass sie die Teilbarkeitsregel für die 2 anwenden kann.

Ulrike kann beispielgebunden erklären, was das Vielfache einer Zahl ist:
1. U: *Also wenn man jetzt 364 nimmt, dann muss man 364 dazu zählen. Und dann immer so weiter.*
2. N: *Mhm. Und was ist dann das Vielfache?*
3. U: *Eh,*
4. N: *Vielleicht an'ner leichteren, an einer kleineren Zahl gezeigt?*
5. U: *Ja, eh von 2,4,6 immer so weiter.*
6. ...
7. N: *Schreib sie mal auf, die Vielfachen von 2, die Vielfachenmenge von 2.*
   {2, 4, 6, 8, 10, 12, 14,16, 18, 20}

Sie kann ihre Kenntnisse ebenfalls anwenden, wenn ein Intervall vorgegeben ist. Sehr viel schwerer fällt es ihr, die Teiler einer Zahl zu bestimmen.

8. N: *... kannst du mir mal bitte die Teilermenge von der Zahl 60 aufschreiben.*
9. U: *1, 2, ... (ca. 22 sec), 3?*
10. N: *Ja.*
11. U: *5, ... (ca. 35 sec.) 4 geht auch.*
12. N: *Schreib auf.*
13. U: *5, 6, ... (ca. 22 sec.) 10, ... (ca. 30 sec.) Ehm 12, ... (ca. 67 sec.)*
14. N: *Sind das alle?.*
15. U: *ne, fünf, fünfzehn .*
16. N: *Mhm ... wie machst du das?*
17. U: *Ehm eh, also ich guck erst mal ob man 15 also mach ich erst eh je also zähl ich immer 15 zusammen z.B. 15 immer zusammen und guck ob's geht.*
18. N: *Mhm. Und wie machst du das bei 16? Jetzt würde ja 16 kommen?*
19. U: *Mhm. Da zähl ich erst, also - also, da zähl' ich erst mal paar Sechsen zusammen und ein paar Zehner und guck ob's reicht, falls nicht, dann zähl ich noch mal einmal 10 und 6 dazu. Wenn's dann nicht geht, ja, dann ...*
20. N: *Und wenn du die 16 ausprobiert hast? Ich sag dir jetzt, dass die 16 nicht geht, was machst du dann?*
21. U: *Dann guck ich weiter.*
22. N: *Mit welcher Zahl?*

23. U: *Mit 17.*
24. N: *Und dann?*
25. U: *Das geht aber auch nicht, dann mach ich mit 18.*
26. N: *Warum geht 17 nicht? ... Hast du das schon ausprobiert?*
27. U: *Ne, sie lacht, weil, ... (ca. 20 sec.) ja, da würde 68 rauskommen.*
28. N: *Mhm, ja.*
29. U: *18, ehm,... (ca. 18 sec.) Und 18 wär' auch zuviel und 19 ... (ca. 11 sec.)*

Deutung

Die Frage nach den Vielfachen einer Zahl beantwortet Ulrike mit einer Verfahrensweise, der fortgesetzten Addition (1). Sie kann die Vielfachenmenge von 2 aufschreiben (5) und weist darauf hin, dass es unendlich viele Vielfachen gibt.

Ulrike kann mit der Vorgabe des Begriffs „Teilermenge" ein Verfahren verbinden. Ihre Erarbeitung des Verfahrens ist jedoch ungünstig. Sie überprüft fortlaufend jede Zahl darauf, ob sie zur Teilermenge von 60 gehört (24, 26, 28, 30, 34). Da sie die entsprechenden Zahlenfolgen nicht automatisiert hat, berechnet sie sie, indem sie sie fortgesetzt addiert oder in Zehner und Einer zerlegt und dann addiert (19). Ihre guten Kenntnisse des kleinen Einmaleins werden von ihr in diesem Zusammenhang nicht abgerufen. Sie ruft anscheinend auch nicht die Teilbarkeitsregeln ab, die in der Stunde durchgenommen wurden.

1. N: *... So, jetzt möchte ich gerne wissen, wie die Teilbarkeitsregel durch 4 heißt. Weißt du das noch?*
2. U: *Ehm,... (ca. 10 sec.)*
3. N: *Brauchst nicht so zu sagen, wie dein Lehrer das gesagt hat. Sag das in deinen eigenen Worten.*
4. U: *...(20 sec.) Durch 4?*
5. N: *Mhm.*
6. U: *Weiß ich nicht mehr.*
7. N: *Weißt du nicht mehr? Ich schreib dir eine Zahl auf, und du sagst mir, ob sie durch 4 teilbar ist. (167 376)*
8. U: *Nein ist sie nicht. Weil, wenn man 6 durch 4 teilt, dann bleiben 2 übrig.*
9. N: *Mhm. Wäre die Zahl durch 2 teilbar?*
10. U: *Ja.*
11. N: *Worauf guckst du bei der Teilbarkeit durch 2?*

12. U: Auf die letzte Zahl hier.
13. N: Und wäre die Zahl durch 8 teilbar?
14. U: Nein,
15. N: Warum nicht?
16. U: Weil 6 kleiner ist als, weil die Zahl kleiner ist, die man teilen muss, äh, weil die Zahl, die man teilen muss, kleiner ist als die Zahl die man ...
17. N: ... die teilt?
18. U: ... die man tei, tei teilen muss.

Deutung

Mit der Frage nach den Regeln zur Teilbarkeit soll festgestellt werden, ob Ulrike sich überhaupt daran erinnern kann (1-3). Zunächst gelingt ihr das nicht (4-6). Die Notation eines Beispiels soll zeigen, ob der visuelle Input die Erinnerung an das Verfahren leichter abrufbar macht (7). Dies ist nicht der Fall (8). Ulrike vermutet, dass die Zahl zwar durch 2, aber nicht durch 4 oder 8 teilbar wäre (10-16). In ihrer Begründung der Teilbarkeit durch 4 bezieht sie sich auf die Teilbarkeitsregel durch 2. Sie betrachtet nur die letzte Ziffer, 6 ist zwar durch 2, nicht aber durch 4 teilbar. Für die Begründung der Teilbarkeit durch 8 betrachtet sie ebenfalls nur die letzte Ziffer. 6 ist kleiner als 8, damit ist 6 nicht durch 8 teilbar.

In dieser Situation verwendet sie in der Regel die Bezeichnung „Zahl" statt „Ziffer".

Ulrike wird aufgefordert, die Vielfachen von 4 in einer Felddarstellung entsprechend des Tafelbilds in der Schule zu notieren. Sie markiert die gleichen Ziffern. Nach dieser Tätigkeit gelingt es ihr, die Regel zu formulieren.

19. N: Kannst du dich jetzt erinnern an die Teilbarkeitsregel durch 4?
20. U: Mhm. Ja.
21. N: Worauf muss man achten?
22. U: Ehm,...dass die beiden letzten Ziffern, also Zahlen immer gleich sind.
23. ...
24. N: Jetzt überprüf bitte noch mal, ob die Zahl durch 4 teilbar ist (167 376).

25. U: ... (ca. 40 sec.) *Kann ich auch aufschreiben?*
26. N: *Ja, sicher. Schreib das ruhig so auf wie in der Schule.*
27. U: *Ja... ehm, 16 : 4 geht, sind 4, 4·4 sind 16. Und 0 dann hol ich die 7 runter und 7 geteilt durch 4 sind 1 Rest Rest 3 und und ach 1· 4 ist 4 muss ich hier hin schreiben und 4 bis 7 sind also, von 4 bis 7 sind, von 7 bis 4 fehlen noch 3, dann muss ich die 3 hier hinschreiben, die 3 ran und die andere 3 runterholen und 33 durch 4 sind ... (ca. 10 sec.) zwei und 8, und 8·4 sind 32 Rest 1 dann hol ich die 7 runter, 17 : 4 sind 16 : 4 sind 4· 4 sind 16 Rest bleibt 6 und dann 16 : 4 sind 4 ,4 · 4 sind 16 und doch. Es geht doch.*

Deutung

Obwohl die Teilbarkeitsregel unmittelbar zuvor besprochen wurde, ruft Ulrike sie in dieser Situation nicht auf. Sie teilt die vorgegebene Zahl schriftlich (7-9). In dieser Situation nennt sie zur Begründung ihrer Lösung die Umkehroperation. Erst durch die Nachfrage erinnert sie sich an die Vorgehensweise in der Schule. Sie teilt ebenfalls 76 : 4 schriftlich. Unter Anleitung gelingt es ihr, die Aufgabe entsprechend der Darstellungsweise in der Schule aufzuschreiben. Dabei vermischt sie gegen Ende die beiden Darstellungsformen und übernimmt die Begründung der als Erstes gelernten Überprüfungsweise:

1) 4 teilt 73656, weil 4·1456 = 73656
2) 4 teilt 73656, weil 4 teilt 56, 19·4 = 56.

Die Begründung entsprechend der neuen Teilbarkeitsregeln hätte der zweiten Form entsprochen.

N: *Weißt du noch die Teilbarkeitsregel durch 8?*

Ulrike kann sie nicht spontan nennen. Sie hat auch noch keine Hausaufgaben gemacht, mit denen sie die Anwendung der Teilbarkeitsregel geübt hätte.
Als nächste Aufgabe soll sie überprüfen, ob 8 teilt 73 656 gilt. Beim Versuch die Teilbarkeit durch 8 bei der Zahl 73656 zu überprüfen, wendet Ulrike die Regel der Teilbarkeit durch 4 an. Sie betrachtet zunächst die letzten beiden Ziffern. Durch die Nachfrage wird Ulrike daran erinnert, die letzten drei Ziffern der Zahl zu untersuchen.

1. U: *Ehm ehm ich ich rechne erst mal 8 mal 10 sind 80 das ist zu wenig, hab ich versucht, ehm 8·20 das sind 180. Das ist auch noch zu wenig. Dann ehm da 8·30 sind 224, sind 24.*
2. N: *Wie viel ist 8 mal 30. Ich habe das eben nicht richtig verstanden?*
3. U: *Ehm 224 und dann ... hm ...*
4. N: *Dann versuchst du an die 656 ranzukommen?*
5. U: Mhm. 664.
6. N: *664, was ist das für eine Zahl?*
7. U: *Eine größere als 656.*
8. N: *Und wie viel mal geht da die 8 rein? Was meinst du? Du müsstest eine aussuchen bei der du auch weißt, wie oft die 8 reingeht.*
9. U: *...*
10. N: *Weißt du nicht?*
20. U: *Eh, eh* (verneinend).

Jetzt wählt sie die schriftliche Division als Bearbeitungsverfahren.

Deutung

Sie überprüft, ob die Division von 656 durch 8 möglich ist. Dazu verwendet sie jedoch nicht die schriftliche Division, sondern versucht in einem Approximationsverfahren 656 zu erreichen (1-4). Dabei verrechnet sie sich mehrfach. So bezeichnet sie 30·8 als 224, d.h., sie berechnet 2·8 und addiert die Lösung zu 200 (2). Eine vergleichbare Vorgehensweise deutet sich im Anschluss erneut an (80·80 = 664?). Sie erklärt jedoch, dass sie 664 durch Addition von 8 zu 656 erhalten habe (6), eine Verfahrensweise, die bereits die Bestätigung der Vermutung, dass 656 durch 8 teilbar ist, voraussetzt. Es fragt sich, ob ihr der Transfer vom kleinen Einmaleins zum Einmaleins mit Zehnerzahlen geläufig ist.

Ihre schriftliche Berechnung des Quotienten zeigt noch einmal deutlich, dass sie die Division durch 8 noch nicht automatisiert hat.

Zusammenfassung

In der Transkription dieser Sitzung wurden Ulrikes vielen Wiederholungen mit aufgenommen. Ulrike lässt sich viel Zeit mit ihren Antworten. Sie scheint im Sinne von Radatz (1976) eher reflektiert als impulsiv zu arbeiten. Dabei hat sie sich ein Sprachverhalten angeeignet, das dem Stottern ähnelt. Ihre Sprechflüssigkeit ist eher stockend. Ihre vielen Einschiebungen wie „eh" signalisieren dem Gesprächspartner, dass sie mit ihrer Äußerung noch nicht fertig ist und veranlassen zum Zuhören. Im weiteren Verlauf der

Transkriptionen werden diese Einschiebungen und vielfachen Lautwiederholungen der besseren Lesbarkeit wegen weggelassen.

Obwohl in der Schule bereits mehrere Stunden über Teilbarkeitsregeln gesprochen wurde, fällt es Ulrike schwer, auf diese Informationen zurückzugreifen. Sie wendet Verfahren an, die sie kennt, wie die schriftliche Division der ganzen zu überprüfenden Zahl. Aus ihrer Vorgehensweise kann nicht geschlossen werden, dass Ulrike ein Verständnis für die Teilbarkeitsregeln erworben hat.

9.6.2   Zu weiteren Sitzungen

Im Laufe der nächsten Sitzungen eignet sich Ulrike die Teilbarkeitsregeln weiter an. Diese Kenntnisse werden gebraucht, wenn mit Hilfe der Primfaktorzerlegung das kleinste gemeinsame Vielfache (kgV) oder der größte gemeinsame Teiler (ggT) gesucht werden. Direkt nach den Teilbarkeitsregeln gefragt, kann Ulrike sie alle nennen.

Ulrike wendet diese Regeln jedoch nicht so häufig an, wie es möglich wäre. So überprüft sie die Teilbarkeit von 81 durch 3 indem sie ausprobiert, mit welcher Zahl 3 multipliziert werden müsste, um 81 zu erreichen.

Aus diesen Beobachtungen wird deutlich, dass Ulrike viele Inhalte des Unterrichts noch nicht integriert verarbeitet hat. Sie lernt die Regeln, kann sie nennen, ruft sie aber beim Lösen von Aufgaben nicht ab.

Bei der Erarbeitung des neuen Themas „Bruchzahlen" werden trotzdem eine Reihe von positiven Veränderungen deutlich.

Ulrike erzählt zu Beginn der neunten Sitzung, dass ihr Bruchrechnen leicht falle, „weil in Musik die Notenwerte fast genau so sind wie beim Bruchrechnen". Der Mathematikunterricht mache ihr jetzt Spaß: „Also ich versuch mich auch immer zu melden und in den letzten Stunden, da hab ich's auch ganz oft geschafft. Und er hat mich aber meist, er hat mich meist immer dran genommen, aber manchmal hat er's schon gesehen, aber manchmal auch nicht und wenn er's gesehen hat, dann hat er mich manchmal drangenommen und nicht". Auf die Frage, ob sie jetzt verstehe, was im Unterricht gemacht würde, antwortet sie, dass sie jetzt vieles verstehe, manches auch nicht, aber dann ihre Mutter fragen würde. „... und dann fragt sie auch meist immer, wie war's denn in Mathe und ich dann so, ja wir haben so was gemacht und dann sage ich's ... und dann fragt sie mich so, was denn das und das heißt und dann sag ich, ne, das weiß ich noch nicht und dann erklärt sie mir das so!". Die Erklärungen ihrer Mutter kann sie annehmen. Auf die Frage, ob sie es denn bereits in der Schule merke, dass sie etwas noch nicht verstanden habe, antwortet sie: „Also, ich versuch mir das auch schon in der Stunde so klarzumachen, aber das klappt dann manchmal nicht, und wenn ich ihn dann so fragen möchte, dann sind meist immer schon andere da und fragen ihn und denn, ja aber meist irgend was anderes und wenn er dann gehn will, dann ist er gegangen und dann kann ich ihn nicht mehr fragen".

In der nächsten Sitzung erzählt sie stolz, dass sie eine „drei" in der Arbeit geschrieben hat.

Ulrike zeigt nach wie vor Schwierigkeiten mit der Versprachlichung, mit Fachbegriffen. So fällt ihr von sich aus die Bezeichnung „kürzen" nicht ein. Sie „verkleinert" Bruchzahlen. Die „Verkleinerung" aktiviert bei ihr jedoch eine andere Vorgehensweise als das „Kürzen". Die vollständige Prozedur „kürzen" ist an diese Bezeichnung gebunden. Wird ihr diese genannt oder erinnert sie sich daran, arbeitet sie korrekt.

Hervorzuheben ist, dass sie im Zusammenhang mit Bruchrechnung immer wieder Veranschaulichungen wie den Zahlenstrahl erinnert. Sie scheint ihr Wissen verstärkt zu integrieren. So beruft sie sich in Überlegungen zum Kürzen auf die Teilbarkeitsregeln und weist in Begründungen für die Vorgehensweise beim Gleichnamig machen von Bruchzahlen darauf hin, dass sich der Wert eines Bruches durch Kürzen oder Erweitern nicht ändert. Auf Nachfragen zeichnet sie einen Zahlenstrahl, an dem sie ihre Begründungen erläutert.

9.7 Diskussion der am Schulstoff orientierten Einzelsitzungen

Ulrike arbeitete in den Einzelsitzungen motiviert und aufmerksam. Neben der Orientierung am Schulstoff wurden immer wieder Inhalte bearbeitet, bei denen sie Unsicherheiten zeigte, wie z. B. der Umgang mit großen Zahlen. Gegen Ende der Sitzungen waren ihre Schwierigkeiten mit Operationen, der Lesefähigkeit und anderen grundschulspezifischen Inhalten deutlich reduziert.

Wie bei Sabrina und Maria wurde auch bei Ulrike erst in den Einzelbeobachtungen deutlich, dass selbst richtig ausgeführte Aufgabenlösungen noch keinen Hinweis auf ein zugrunde liegendes Verständnis geben müssen. Ulrike nutzte den Unterricht um mitzuschreiben, konnte sich jedoch an viele Bezeichnungen nicht genau erinnern. Ihre Erläuterungen von Begriffen waren an der damit verbundenen Tätigkeit orientiert. Nicht immer wurde dabei deutlich, ob Ulrike angemessene Vorstellungen dazu aufrufen konnte. Es gelang ihr ebenfalls nur zum Teil, aus ihren Mitschriften die im Unterricht vermittelte Lösungsform zu entnehmen. Ulrike arbeitete in der Regel langsam und bedächtig. Damit verschleierte sie viele Zählprozesse.

Die im Unterricht vielfach erläuterten und angewendeten Teilbarkeitsregeln lernte Ulrike langsam. Sie rief in ihren eigenen Strategien zunächst nicht die Teilbarkeitsregeln auf, sondern erarbeitete über Annäherungsverfahren die Anzahl der möglichen Teiler. Die Strategien waren meist richtig, aber zu umständlich. Zusätzlich nicht ausreichend automatisierte Einmaleinskenntnisse ließen ihr Arbeiten zu langsam erscheinen. Ulrike unterliefen viele Rechenfehler, die sie oft korrigieren konnte.

Ulrike versuchte durch wiederholtes Nachfragen in der Einzelsitzung auszugleichen, dass sie eine Frage nicht richtig verstanden hat. In dieser Situation ist die Anforderung an auditive Diskriminationsleistung deutlich geringer, als in einer Gruppe. Damit wird einerseits deutlich, wie stark sie sich um Sprachrezeption bemühen muss. Gleichzeitig zeigen die Nachfragen ihr aktives Umgehen mit der Situation.

9.8   Diskussion der Beobachtungen

In der Beobachtung von Ulrikes Kenntnissen und Arbeitsweisen ist im Laufe der Studie eine Veränderung zu beobachten. Dies bezieht sich auf ihre Arbeitsweise, ihr Sprachverhalten sowie auf den Umgang mit ihren Kenntnissen.

9.8.1   Zu Ulrikes Arbeitsweise

Ulrike verhält sich zu Beginn der Beobachtungen weitgehend passiv. Diese Verhaltensweise resultiert vermutlich aus ihren Erfahrungen in der Grundschule. Es scheint, als habe sie sich bereits zu Beginn der Grundschulzeit abgewöhnt, Fragen zu stellen. Um Aufgaben bearbeiten zu können, hat sie sich im Unterricht darum bemüht, prozedurale Techniken zu erkennen. Sie fragt eher nach dem „wie" einer Verfahrensweise als nach einem „warum". Dieses Lernverhalten scheint eng an ihre Haltung gegenüber dem Lernen von Mathematik gebunden. Sie lernt und übt so zu arbeiten, wie es der Vorgabe aus dem Unterricht entspricht. Dadurch erwirbt sie sich ihr Wissen sehr stark an den jeweiligen unterrichtlichen Kontext gebunden und weitgehend isoliert von ihren Vorkenntnissen. Dabei bleibt sie im Unterricht weitgehend passiv, aber schreibt sorgfältig mit, korrigiert ihre Fehler und verhält sich leise.

Von ihrer Seite ist eine Veränderung des Verhaltens ebenso wichtig, wie das Aufarbeiten von Fertigkeiten. In einem Gespräch wurde Ulrike auf die Problematik ihrer Verhaltensweise angesprochen. Sie hat sich vorgenommen, mehr nachzufragen, wenn sie etwas nicht verstanden hat, sowie aktiv mitzuarbeiten, wenn sie Aspekte einer Problemlösung erkennt. Dem Lehrer sind ihre Probleme bewusst. Er wird seinerseits versuchen, Ulrike in ihrer Verhaltensänderung zu unterstützen.

Im Laufe der Beobachtungen zeigen sich bereits Veränderungen in Ulrikes Arbeitsweise. Sie bemüht sich um mehr aktive Mitarbeit im Unterricht. Dabei bemerkt sie sehr früh, wann sie etwas nicht verstanden hat und bittet meist die Mutter um Hilfe. Deren Nachfragen nach Bezeichnungen und Begriffen werden von Ulrike nicht abgewehrt, sondern als Unterstützung empfunden. Beim Thema Bruchrechnung wird deutlich, dass sie sich nicht allein um Verfahrensweisen, sondern um Verständnis bemüht. Sie kann Veranschaulichungen abrufen und verwendet sie, um ihre Erläuterungen zu ergänzen.

9.8.2   Zu Ulrikes Kenntnissen

Zunächst kann festgestellt werden, dass ihre Vorkenntnisse bezogen auf die Anforderungen einer 6. Klasse eines Gymnasiums nicht ausreichend sind. Sie verwendet in ihren Lösungsprozeduren zur Addition und Subtraktion keine angemessene Stellenwertvorstellung. Obwohl nach den Aufgaben des Arithmetikprofils ihre Einmaleinskenntnisse automatisiert schienen, werden sie von ihr im Kontext von anderen Aufgabenstellungen nicht sicher abgerufen.

Neben den unzureichenden Voraussetzungen im inhaltlichen Bereich, sind es vor allem ihre Strategien im Lernprozess, die sie verändern muss. Sie lernt zwar Bezeichnungen über Merksätze kennen, diese werden von ihr jedoch nicht ausreichend in ihre eigenen Lösungsstrategien eingebunden. So zeigt sich bei Ulrike wie bei den anderen Kindern verstärkt isoliertes Lernen, das an der momentanen Aufgabenstellung orientiert ist, ohne ausreichend mit den bisherigen Kenntnissen verknüpft zu werden.

Trotz ihrer schwierigen Voraussetzungen bezogen auf Strategien und Vorkenntnisse gelingt es Ulrike, neue Begriffe und Lösungsstrategien zu lernen.

Im Laufe der Studie ändert sich Ulrikes Umgehen mit den eigenen Kenntnissen. Beim Thema Bruchrechnung scheint sie ihre Kenntnisse an Vorstellungen anzubinden. Aus ihren Erklärungen kann entnommen werden, dass sie diese an die zuvor erworbenen Begriffe (z. B. kgV) anbindet.

9.8.3   Zu Ulrikes Sprachverhalten

Ulrike spricht sehr langsam, oft stockend, mit vielen Einschüben, teilweise stotternd. Die Verzögerung der Sprachflüssigkeit schien mit der Suche nach Wörtern verbunden zu sein. Dieses Sprachverhalten unterstützt ihr eigenes Nachdenken. Sie deutet mit den Einschüben an, dass sie weiter nachdenkt.

Weiterhin auffällig war die Reihenfolge der Sprachzeichen. Die Vertauschung von Reihenfolgen wirkt sich bei vielen Kindern auf die Fähigkeit, Ziffern in Zahlen in der richtigen Reihenfolge zu notieren. Dies konnte bei Ulrike nicht beobachtet werden. Sie vertauschte jedoch häufig die Reihenfolge von Zahlen in Operationen, z.B. bei der Durchführung der Division. In ihrer begleitenden Handlung wurde das Vertauschen nicht mitvollzogen. Vertauschungen fallen in ihrem sonstigen Sprachgebrauch nicht auf.

Ulrikes eigene Erläuterungen waren häufig nicht präzise genug. Sie verwendet in der Erklärung ihrer Vorgehensweise eher eigene Formulierungen statt auf die im Unterricht verwandten Bezeichnungen zurückzugreifen. Die im Unterricht vermittelten Bezeichnungen versuchte sie zu umschreiben. So sprach sie beim Kürzen von Verkleinern der Zahlen und beim Erweitern vom Vergrößern. Mit dieser Versprachlichung achtete sie oft nur darauf, den Nenner oder Zähler zu „verkleinern", so wie es für das Erzielen von gleichnamigen Nennern notwendig war. Sie kann aber kürzen und erweitern, wenn, es von ihr verlangt wird. Es fällt ihr nicht sofort ein, was damit gemeint ist. Wenn man sie daran erinnert, macht sie es.

Ihr Sprachverhalten scheint an ihr Verständnis der Inhalte gebunden. Mit ihrem Interesse am Unterricht sowie ihrer wachsenden Kenntnisse um Bezeichnungen und deren Zusammenhänge ändert sich auch ihre Sprechflüssigkeit. Sie spricht deutlich fließender. Nach wie vor macht sie viele Einschübe von „ehs", sie bricht jedoch nicht mehr so häufig Wörter auf der Suche nach der richtigen Bezeichnung ab.

Ihr rezeptives Sprachvermögen wird mit ihren Kenntnissen wachsen. Nach wie vor muss sie jedoch Kompensationsmechanismen für diese Funktion entwickeln. Im Unterricht kann sie dabei wesentliche Unterstützung erfahren. Für Kinder wie Ulrike drücken sich in ihrem eigenen Sprachgebrauch Unklarheiten aus, die im Unterricht nicht übersehen werden sollten, wie es Ulrikes Umgang mit „verkleinern" statt „kürzen" zeigte. Unsicherheiten in der Verwendung von Fachbegriffen können hier als Ausdruck von Unsicherheiten in der Aneignung von Wissen aufgefasst werden. Nicht immer ist unsachgemäßer Gebrauch einer Fachsprache ein Hinweis auf ungünstige Vorstellungen und Deutungsmuster, vor allem im Aneignungsprozess einer solchen. Dies sollte jedoch in der unterrichtlichen Kommunikation geklärt werden.

9.8.4   Zum Unterricht

Der jetzige Unterricht bietet ihr durch die vielfältigen Wiederholungen Übungsangebote für Verfahrensweisen. Die Erklärungen des Lehrers kann sie jedoch durch die hohe Geräuschkulisse und ihre Störungen der Wahrnehmungstätigkeit nicht in ausreichendem Maße aufnehmen. Da der Lehrer die Erklärungen sowie die Diskussionsbeiträge der Mitschüler an Beispielen erläutert, die an der Tafel sehr ausführlich notiert werden, besteht für Ulrike eine Chance, die Einschränkungen der Wahrnehmungstätigkeit auszugleichen. Für ihren aktiven und passiven Sprachgebrauch ist es wichtig, dass sich der Lehrer der eigenen Verwendung der Sprache bewusst ist und Merksätze mit den Kindern gemeinsam formuliert. Er achtet sowohl auf seine, wie auch auf die Formulierungen der Kinder.

Durch die pädagogischen Maßnahmen, die in der Klassenkonferenz besprochen wurden, bleibt zu hoffen, dass sich der Lärmpegel der Klasse insgesamt reduziert wird. Erste Erfolge sind nach Ulrikes Aussage bereits erreicht.

Für die Eltern bedeutet diese Entwicklung eine Entlastung. Im Unterschied zur Grundschule fühlen sie sich von den derzeitigen Lehrern eher verstanden. Sie üben mit Ulrike Grundrechenarten. Die vielfältigen Interessen innerhalb der Familie lassen diesen Übungen jedoch kein Übergewicht zukommen und beugen somit einer Ablehnung und Überforderung des Kindes vor.

Es ist überraschend, dass sich Ulrikes Probleme nur im Mathematikunterricht zeigen. Dies könnte damit zusammenhängen, dass sie in allen anderen Fächern - bedingt durch ihre Intelligenz und ihr Interesse - die sich aus einer unzureichenden auditiven Diskriminationstätigkeit ergebenden unzureichenden Informationen durch situative oder kontextbezogene Informationen ausgleichen kann.

Im Mathematikunterricht hat sie sich sehr früh zurückgezogen und blieb fehlerträchtigen Lösungsstrategien verhaftet.

Erfreulich ist ihre Aussage, dass ihr der Mathematikunterricht jetzt „Spaß mache".

10 Fallstudie Marcel [63]

10.1 Vorbemerkungen

Mit Marcel soll ein Kind beschrieben werden, dessen Schwierigkeiten u. a. aus Schwächen im Verständnis der symbolischen Funktion von Sprache resultieren. Grauberg (1998) beschreibt Kinder mit diesem Problem als Untergruppe von Kindern mit Dysphasien (Sprachstörungen): „They can learn to use symbols such as letters and numbers quite efficiently, but they will use them strictly as they have learned them, being almost unable to see them just as useful constructs which have no meaning as such, but only 'stand for meaning'" (Grauberg 1998, S. 4). Häufig haben diese Kinder keine Schwierigkeiten lesen zu lernen. Ihre Fähigkeiten, sich Dinge merken zu können wie z.B. Erlebnisse oder Bezeichnungen von konkreten Objekten müssen nicht betroffen sein. Sie können lernen Fertigkeiten anzuwenden, es fällt ihnen jedoch schwer, deren Übertragbarkeit vom Kontext, in dem sie sie erworben haben, zu erkennen.

10.1.1 Kurzdarstellung des Kindes

Marcel war zu Beginn der Beobachtung 9 Jahre alt und besuchte die 3. Klasse einer integrativen Regelklasse[64] einer Grundschule. Er hat eine Klasse wiederholt. Marcel leidet unter dem Esissyndrom, einer Form von Epilepsie[65].

---

[63] Die Beobachtungen wurden gemeinsam mit Stefanie Blocherer durchgeführt. Sie hat ihre Hausarbeit zur ersten Staatsprüfung über diese Fallstudie geschrieben.

[64] Integrative Regelklassen sind Grundschulklassen, in denen ähnlich Integrationsklassen behinderte und nichtbehinderte Kinder gemeinsam unterrichtet werden können. Im Unterschied zu Integrationsklassen, in denen höchstens 20 Kinder unterrichtet werden, von denen 3 eine Behinderung aufweisen, ist die Zahl der Kinder mit besonderen Schwierigkeiten nicht festgelegt, weil die Schule sich verpflichtet, alle Schüler, die Lern-, Sprach-, oder Verhaltensbeeinträchtigungen aufweisen im Klassenverband zu belassen. Auch die Klassenfrequenz ist in der Regel höher als in einer Integrationsklasse. Der Unterricht wird in einigen Stunden, z. B. Mathematik und Deutsch von zwei Lehrkräften, hier einer Sonderschullehrerin und einem Grundschullehrer, durchgeführt.

[65] Diese Form der Epilepsie gehört zu den Schlafepilepsien. Dörner/Plog (1984) beschreiben einen epileptischen Anfall wie folgt: "Neurophysiologisch gilt folgendes Bild: während die einzelne

Nach Aussagen des Arztes sind damit funktionelle Störungen verbunden, über deren genaue Ausprägung und Folgen er keine Auskunft geben wollte. Seine Lernfähigkeit einzuschätzen erwies sich als besonders schwierig, da er nicht konstant schwache Leistungen zeigte. Die Ergebnisse von Intelligenztests schwankten sehr stark. Eine Aussage des Neurologen gegenüber den Eltern beinhaltete die Möglichkeit , dass Marcel mit Erreichen der Pubertät völlig gesunden könnte[66]. Dies führte bei den Eltern zu der Hoffnung, dass Marcel dann „normale" Lernfähigkeiten zeigen könnte. Im Alltag bewerteten sie jedes Zeichen für eine positive Entwicklung sehr stark.

Störungen in der Wahrnehmungstätigkeit führten zu Förderunterricht in der Schule und einer psychologischen Therapie in der Praxis des behandelnden Kinderneurologen. Der mit ihm arbeitende Psychologe berichtete davon, dass Marcel in manchen Situationen über ein sehr gutes Gedächtnis auch für länger zurückliegende Sachverhalte verfüge. Diese Dinge bezogen sich auf konkrete Beobachtungen. Er konnte Veränderungen in seiner Umgebung beschreiben, die sich auf konkrete Dinge bezogen. Die Lehrerin erzählt von Orientierungsproblemen, die sich im Laufe der Jahre weitgehend ausgeglichen haben. Marcel kann z.B. inzwischen Treppen gehen, ohne sich an das Geländer klammern zu müssen. Er hat gelernt, in der Schule alleine den Weg zur Turnhalle zu finden. Dieses Wissen kann er jedoch nicht darauf anwenden, seinen Weg zum Zeichensaal, der einige Türen weiter entfernt ist, zu finden. Für diesen Weg braucht er noch Begleitung.

Er ist körperlich sehr geschickt. Besondere Freude bereiten ihm der Sportunterricht - er gilt als bester Körbewerfer beim Basketball - sowie der Musikunterricht. Seine Leistungen im Mathematikunterricht sind sehr viel schwächer als in den übrigen Fächern. Dort sind seine Leistungen denen anderer schwacher Kinder vergleichbar. Nach Aussage der Lehrerin deutet sich jedoch auch hier zunehmend eine Entwicklungsverzögerung an, was sich z. B. am Beibehalten von Interessen an kindlichen Spielen und Liedern im Unterschied zu seinen Klassenkameraden und an wachsenden Schwie-

---

Nervenzelle jederzeit maximal entladungsfähig ist, kann das Gehirn normal funktionieren, weil durch anhaltende Bremsaktivitäten ein mittleres Erregungsniveau in einem labil-flexiblen Gleichgewicht gehalten wird. Nachlassen der Bremsfunktion ermöglicht den Anfall: einzelne Nervenzellen entladen sich ungebremst, ..." (S. 277). Eine Beeinträchtigung der geistigen Fähigkeiten wird heute nicht mehr primär in den Zusammenhang mit der Epilepsie gestellt, vielmehr als mögliche Folge sich wiederholender Anfälle (ebd., S. 280) angesehen. Neben der kognitiven Entwicklung werden Zusammenhänge zu Wesensmerkmalen untersucht.

[66] Der Arzt gebrauchte im Gespräch mit den Eltern das Bild eines Schleiers, der vor Marcels Augen weggezogen würde.

rigkeiten im Deutschunterricht zeigt. In Bereichen des Sachunterrichts, für die er sich besonders interessiert, kann er den Unterricht durch vielfältige Kenntnisse, die er unter Verwendung eines differenzierten Wortschatzes darstellt, bereichern. Die Leistungen, die er dabei zeigt, liegen weit über seinem übrigen Niveau.

Die Mutter erzählt, dass Marcel inzwischen große Ängste vor Mathematik entwickelt hat.

In der Praxis des Neurologen wurden zu verschiedenen Zeiten Intelligenztests durchgeführt. Dabei wurden sehr unterschiedliche Ergebnisse gemessen. Teilweise langen sie im Bereich von Lernbehinderungen, teilweise wurden noch durchschnittliche Werte erreicht. Äußerst schwache Leistungen zeigte er in einem Test, der die Konzentrationsfähigkeit überprüft.

10.1.2 Zur Situation der Klasse

Die Zusammensetzung der Klasse wird von den beiden Lehrkräften als schwierig bezeichnet. Mehrere Kinder werden als sehr leistungsschwach, darunter einige als verhaltensauffällig beschrieben. Darunter ist ein Junge, der als stark verhaltensgestört beurteilt wird. In den beiden Fächern Deutsch und Mathematik wird die Klasse in zwei Gruppen mit unterschiedlichem Leistungsniveau geteilt. An der Kleingruppe in Mathematik, die vom Klassenlehrer unterrichtet wird, nehmen 6 Kinder teil. Sie sind, außer Marcel, sehr unruhig, so dass sich der Lehrer in der Stunde kaum äußern kann, ohne auf irgendeine Weise unterbrochen zu werden. Besonders ein Mädchen erfordert vom Lehrer ein hohes Maß an Aufmerksamkeit, die sich weniger auf inhaltliche Bereiche des Unterrichts, als auf seine sozialfürsorgerische Tätigkeit bezieht. Die Kinder werden von den Lehrern teilweise als verwahrlost bezeichnet. Sie haben selten alle ihre Sachen in Ordnung.

Im Gegensatz dazu legt Marcel sehr viel Wert auf Ordnung. Er hat zuverlässig die benötigten Dinge griffbereit und erfüllt immer alle formalen Anforderungen. Sein Bedürfnis nach Ordnung lässt es nicht zu, dass er gleichzeitig zwei Stifte auf dem Tisch liegen hat, die er abwechselnd benötigt. Die Lehrerin erzählt, dass er nach Gebrauch den Stift wegpackt, bevor er den nächsten holt, diesen benutzt, wegpackt und den ersten wieder auspackt [67].

---

[67] Einige der bei Marcel beobachteten Verhaltensweisen können im Zusammenhang mit seiner Erkrankung gedeutet werden. So wird im Zusammenhang mit Schlafepilepsien besonders sozial angepasstes Verhalten beschrieben als Ausdruck, die innere Unruhe zu bewältigen (Dörner/Plog, 1984).

10.1.3 Zum Verlauf der Stunden

Alle beobachteten Stunden werden mit einer Kopfrechenphase eingeleitet, bei der die Kinder die Lösungen in ein kleines, nur dafür verwendetes Heft notieren. Während der anschließenden Kontrolle der Ergebnisse, wird von den Kindern erwartet, dass sie ihre Ergebnisse mit Haken versehen oder korrigieren.

Daran anschließend folgt eine Erarbeitungs- oder Übungsphase. Hausaufgaben bearbeiten die Kinder nach einem Wochenplan, der einmal pro Woche besprochen wird.

10.1.4 Zu den Inhalten während der Beobachtungen

Der Lehrer orientiert sich nicht an den Inhalten der dritten Klasse. Er führt Übungen zum Rechnen bis 100 durch und wiederholt das Einmaleins. Alle behandelten Inhalte sind Wiederholungen vom vorausgegangenen Schuljahr. Der Lehrer lässt sie zunächst auf formalem Niveau bearbeiten und bei Schwierigkeiten teilweise Materialien oder bildliche Darstellungen benutzen. Mehrere Kinder dieser Gruppe haben die Einspluseinsaufgaben bis 20 noch nicht automatisiert. Beim Rechnen bis 100 scheint mindestens bei der Hälfte der Kinder der Stellenwertbegriff nicht gesichert.

Alle Kinder verfügen nur über rudimentäre Kenntnisse zum Einmaleins. Viele zeigen erhebliche Schwierigkeiten mit dem Stellenwertbegriff. Wenige können sicher addieren und subtrahieren. Damit hat die ganze Gruppe noch nicht die Voraussetzungen erworben, um am regulären Mathematikunterricht einer dritten Klasse teilnehmen zu können.

Die Arbeit in der Gruppe wird zusätzlich dadurch erschwert, dass die Kinder wenig zu Hause arbeiten. Nach der Kopfrechenphase sollen die Kinder die Einmaleinsreihen aufsagen, die sie zu Hause lernen sollten. In der Regel kann der Lehrer nicht erwarten, dass die Kinder ihre Hausaufgaben erledigt haben. Trotz intensiver Elternarbeit und Kontakten zum Kindergarten ist es selbst in dieser kleinen Gruppe ungewöhnlich, wenn alle Kinder ihre Aufgabe gemacht haben und ihre Sachen in Ordnung sind.

L: *Wer sagt mir die Reihe auf, die zu lernen war?*
Ma: *Welche war das?*
An: *8, 18, äh 16, weiter weiß ich jetzt auch nicht mehr.*
Aj: *8, 16*

Mi: *Ich hab nicht gelernt.*

In dieser Situation ist die Aufmerksamkeit des Lehrers stark gebunden. Es ist bei dieser Unterrichtsform selbst in dieser kleinen Gruppe kaum möglich, sich um ein einzelnes Kind intensiv zu kümmern.

10.2 Marcel - beobachtet im Kontext des Unterrichts und in Einzelsitzungen

10.2.1 Zum Verlauf der ersten Stunde

1. Zur Vorbereitung der Kopfrechenphase werden die Kinder aufgefordert, das Datum in die linke Ecke zu schreiben und zu unterstreichen.

Marcel notiert das Datum, aber unterstreicht es nicht. Bei einigen Kindern kontrolliert der Lehrer. Er schreibt dann Nummern von 1 bis 10 an die Tafel, die die Kinder in ein kleines Heft übertragen. Anschließend stellt er Kopfrechenaufgaben. Die Schüler notieren ihre Lösungszahl neben der entsprechenden Nummer. Anschließend werden die Lösungen vorgelesen und kontrolliert.

Die erste und letzte Aufgabe ist an allen beobachteten Tagen eine Kettenaufgabe, bei der im wesentlichen Zehnerzahlen addiert und subtrahiert werden. Alle weiteren Aufgaben sind der Addition und Subtraktion im Bereich bis 20 entnommen.

Zur Bearbeitung der Kettenaufgabe beobachtet Marcel seinen Nachbarn, der, deutlich sichtbar, an den Fingern rechnet, und ahmt dessen Handhaltung nach. Die Zahl, die er als letztes an seinen Fingern ablesen kann, schreibt er in sein Heft. Alle anderen Aufgaben bearbeitet Marcel, indem er mit gesenktem Kopf die Aufgaben mitschreibt, ohne jedoch eine Lösung zu notieren. Bei der anschließenden Kontrolle macht er an jede Aufgabe einen Haken. Dabei werden von ihm selbst einfache Aufgaben wie 5+5 nicht gelöst.

2. Thema der Stunde ist die Bearbeitung einer Sachaufgabe. Der Lehrer schreibt an die Tafel:

Ein Zug hat 13 Waggons als Anhänger, 8 werden abgekoppelt, wie viel bleiben noch übrig?

Zunächst klärt der Lehrer den Begriff Waggon. Ein Kind, das eine Eisenbahn zu Hause hat, erklärt, dass Waggons an Zügen hängen. Marcel ergänzt, "da kann man was mitschleppen".

Der Lehrer fragt: "Was hängt zuerst daran?" Man kann vermuten, dass er sich damit auf den Ausgangszustand bezieht, bei dem 13 Waggons angekoppelt sind. Marcel deutet die Frage anders: "Zuerst hängt eine Lokomotive dran."

Zur Veranschaulichung malt der Lehrer einen Zug mit 14 Anhängern an die Tafel und fragt die Kinder, ob es richtig ist. Die Kinder zählen und weisen ihn darauf hin, dass er einen Anhänger zuviel gemalt hat.

Der Einwurf "zuviel" veranlasst Marcel zu einem Einwurf: "Es sind zu viele, eigentlich gibt's nicht so viele, auf unserer Welt nicht."

Auf die Nachfrage des Lehrers schränkt Marcel seine Äußerung dahingehend ein, dass zumindest die S-Bahn kürzer ist, höchstens ein Güterzug könnte länger sein. Mit der Frage des Lehrers, *wie viel* seiner Meinung nach an einem Güterzug hängen müssten, wird Marcel aufgefordert, eine Zahl zu nennen. Er meint, 80 oder 90. Der Lehrer fragt, ob ein Güterzug mehr oder weniger Waggons enthält? Marcel antwortet: "Mehr". Der Lehrer geht über zur Tafel und fragt, wie viel Waggons denn an der Tafel gezeichnet sind. Marcel zählt: 13. Auf die Frage des Lehrers: "Sind das mehr oder weniger als 80?" antwortet Marcel: "Weniger". Ein Kind spricht dazwischen: „Es kommt mir vor wie 1000".

Während der Lehrer mit den Kindern bespricht, wie die Rechenaufgabe heißt und wie sie in die Kästchen zu notieren sei, wie man den Antwortsatz finden kann, scheint Marcel sich innerlich zurückzuziehen. Bevor der Antwortsatz an die Tafel geschrieben wird, meldet sich ein Kind: "Bitte keinen Antwortsatz!"

Der Lehrer schreibt nach Diktat eines Schülers den Antwortsatz: Er fährt mit 5 Waggons.

L: *Wie heißt das letzte Wort?*[68]
K: *Waggons.*
L: *Der Satz ist doch noch nicht fertig.*
K: *Weiter.*
Der Lehrer notiert: Er fährt mit 5 Waggons weiter.

---

[68] Im weiteren steht L für Lehrer, K für ein Kind aus der Gruppe, M für Marcel, B für Blocherer und N für Nolte.

Marcel überträgt den Satz Buchstaben für Buchstaben von der Tafel in sein Heft.

Anforderungen der Stunde

- Die Kopfrechenaufgaben zu Beginn der Stunde beziehen sich auf einfache Operationen im Bereich bist 100. Die Kinder müssen neben deren Bearbeitung eine Notationsform einhalten.
- Zur Bearbeitung der Textaufgabe ist es erforderlich, die Situation zu deuten, eine Operation zu ermitteln, durchzuführen und die erhaltenen Daten als „Antwortsatz" auf die Fragestellung beziehen.
- Sie müssen die bildliche Darstellung deuten und auf ihre Angemessenheit überprüfen.
- Die Aufgabe soll von den Kindern ins Heft übertragen werden.

Deutung

Marcel beteiligt sich an allen Tätigkeiten des Unterrichts. Er verhält sich ruhig, achtet auf Anweisungen und führt die Handlungen aus, die der Lehrer aufträgt. Marcel erfüllt damit alle formalen Anforderungen der Stunde. Er beteiligt sich an den geforderten Aktivitäten. Er schreibt, wenn die anderen schreiben, er macht seinen Haken wie die anderen auch. Er kommt den Aufforderungen des Lehrers nach ohne abzulenken oder sich anderweitig zu entziehen.

Die Beobachtung seiner Handlungen während der Kopfrechenphase lässt jedoch Zweifel daran aufkommen, ob er die inhaltlichen Anforderungen erfüllen kann. In dieser Phase hat Marcel keine einzige Aufgabe ausgerechnet.

Während des Gesprächs über die Sachaufgabe beteiligt sich Marcel aktiv. Man kann daraus entnehmen, dass er in diesem Kontext über die Begriffe "mehr" und "weniger" verfügt und sie auf die Zahlen 13 und 80 oder 90 anwenden kann. Er kann 13 Waggons zählen. Seine Beteiligung am Unterrichtsgespräch lässt darauf schließen, dass er sich unter der Ausgangssituation: "Ein Zug mit 13 Waggons", etwas vorstellen kann. Wieweit er die Operation versteht, wird nicht klar. Da die Aufgabe frontal im Unterrichtsgespräch bearbeitet wird und für die einzelnen Kinder nur noch die Arbeit des Abschreibens anfällt, ist auch hier seine Eigentätigkeit schwer zu beurteilen.

Auch in der letzten Phase erfüllt er die formal geforderten Anforderungen. Er überträgt die Zahlen von der Tafel auf das Arbeitsblatt. Dabei schreibt er Ziffer für Ziffer ab. Auf die gleiche Weise schreibt er auch Wörter, sogar das Wort "Wochenplan", mit dem er hinreichend vertraut sein müsste, von der Tafel ab.

Welche Kenntnisse zeigt Marcel?
- Marcel beteiligt sich am Gespräch über die Sachsituation.
- Er scheint über die Relationen „mehr" und „weniger" beim Vergleich von 13. 80 und 90 zu verfügen.
- Er kann 13 Waggons zählen.

Was bereitet Marcel Schwierigkeiten?
- Er rechnet beim Kopfrechnen nicht mit.
- Er rechnet die Sachaufgabe nicht selbständig aus.
- Es fällt ihm schwer, etwas von der Tafel in sein Heft zu übertragen.

10.2.2 Zu allen weiteren beobachteten Stunden

Wie wir später feststellen konnten, war Marcel in dieser Stunde lebhaft und beteiligte sich häufig. Diese erste Stunde zeigt bereits viel von dem, was weiterhin zu beobachten war. In allen Stunden erfüllt Marcel die formalen Kriterien. Er stört während der Beobachtungen nie. Er schaut immer an die Tafel, wenn der Lehrer etwas erklärt. Er findet seine Sachen und hat sie immer dabei.

Die Kopfrechenphase des Anfangs wird in jeder Stunde wiederholt. Obwohl dieses Vorgehen den Kindern vertraut ist, gibt es keine einzige Stunde, in der diese Phase einfach beginnen könnte. Immer hat mindestens eines der 6 Kinder sein kleines Heft oder einen Bleistift nicht dabei oder muss beides suchen.

In der Kopfrechenphase der ersten Stunde hat Marcel seinem Nachbarn die Fingerstellung bei der Kettenaufgabe abgeschaut und ein Ergebnis notiert. In den weiteren Stunden war dieses Vorgehen nicht mehr zu beobachten. Marcel schrieb immer die Aufgabenstellung, die im Kopf berechnet werden sollte, mit und machte sich bei der Lösungskontrolle Haken. In einigen Stunden vertauschte er bei der Notation konsequent die Ziffern, in anderen Stunden schrieb er die Zahlen korrekt.

Bei Marcel kann man feststellen, dass störendes Verhalten von seiner Seite nicht zu möglichen Ursachen für seine Lernschwierigkeiten gehört. Die Beurteilung seiner inhaltlichen Arbeit lässt jedoch die Frage aufkommen, ob er überhaupt weiß, worin die inhaltlichen Anforderungen bestehen könnten. Sein angepasstes Verhalten kann als Nachahmung der beobachteten Tätigkeiten der Mitschüler gedeutet werden. Es scheint auf einer äußeren Ebene[69] zu verbleiben.

Immer, wenn der Lehrer eine Möglichkeit zur Mitarbeit für Marcel zu erkennen vermeint, bindet er ihn in den Unterricht ein. Immer wieder wird er jedoch mit der Situation konfrontiert, dass Marcel die Angebote der Stunde nicht annehmen kann.

Beispiel:

Der Lehrer versucht durch den Einsatz von Steckwürfeln ein Verständnis für die Multiplikation zu erzeugen.

Er fordert die Kinder auf, entsprechend der Malaufgabe Reihen zu legen.

L: *Legt mal 3 Viererreihen. Drei Reihen mit 4 Kacheln. Marcel, 3 Reihen mit 4 Kacheln.*

Marcel legt 3 Reihen mit sehr vielen Steinen.

Der Lehrer fordert ihn auf, 4 Steine hinzulegen. Das gelingt Marcel.

L: *Leg noch eine Viererreihe.*

Marcel legt eine Viererreihe daneben.

Frau B. hilft ihm, die Reihe darunter zu legen und fordert ihn auf, noch eine Reihe zu legen.

In der Regel wird es den anderen Kindern nicht bewusst, dass Marcel erheblich schwächer ist als sie. Der Lehrer versucht bewusst, Marcel vor solchen Situationen zu schützen. In dieser Situation gelingt ihm das nicht. Einzelne Kinder fangen an, sich darüber lustig zu machen.

Marcel bemüht sich darum, den Anweisungen des Lehrers zu folgen. Dies gelingt ihm jedoch nur teilweise. Aus der ersten Anweisung entnimmt er, dass er 3 Reihen legen soll. Das macht er. Die zweite Anweisung befolgt er genau: Er legt vier Steine in eine Reihe. Auch die nächste Aufgabe erfüllt er genau. Er legt die zweite Reihe neben die erste. Seine Anordnung zeigt, dass Marcel keinen Bezug zu der vorangegangenen Arbeit mit Felddarstel-

---

[69] Chr. Erichson erzählte in einem Vortrag, dass ihre Nichte den Leseprozess der Erwachsenen nachahmte. Auch sie orientierte sich an den beobachtbaren Verhaltensweisen: Sie befeuchtete den Finger zum Umblättern der Seite wie ihre Mutter, machte das aber, nachdem sie die Seite umgeblättert hatte. Luria/Judowitsch (1970) beobachteten an einem Zwillingspaar, bei dem die Sprachentwicklung sowie die geistige Entwicklung retardiert waren, ebenfalls die Nachahmung äußeren Handlungsvollzugs anderer Kinder, den sie von einer Nachahmung unterschieden, die die Bedeutung des Spiels mit aufgreift. Sie deuteten es als Ausdruck des Unvermögens der Zwillinge, die Spiele der anderen Kinder zu verstehen.

lungen herstellt. Der Lehrer hat die Anordnung in seiner Formulierung auch nicht explizit mitgeteilt. Bezogen auf die Ergänzung der Sprache durch situative Informationen war das für die anderen Kinder nicht notwendig. Marcel kann zusätzliche situative Informationen zur Ergänzung der Sprache nicht nutzen. Er kann die Situation nicht im intendierten Sinne deuten.

Marcels Arbeitsfähigkeit hängt mit davon ab, ob es Veränderungen gibt, die ihn irritieren. In einer Stunde wird die Achterreihe geübt. Die Kinder lesen rhythmisch im Chor die Zahlen von der Tafel ab.

Tafel: (Untereinander notiert) 8 16 24 32 80

Damit Marcel die Zahlen besser erkennen kann, wird sein Tisch schräg gestellt. Marcel ist davon völlig irritiert und sehr beunruhigt. Der Tisch wird wieder in die alte Position gerückt und Marcel gelingt es, sich zu beteiligen.

In dieser Stunde kann Marcel seine gute visuelle Merkfähigkeit einsetzen. Bei einer Übung wischt der Lehrer jeweils eine Zahl aus der Achterreihe weg. Er macht es nicht gründlich, so dass im ersten Schritt ein Teil der Zahl lesbar erscheint. Beim nächsten Durchgang wird etwas mehr von der Zahl weggewischt, bis im letzten Schritt als einzige Hilfe die Geste des Lehrers übrig bleibt, der auf die Stelle deutet, an der die jeweilige Zahl stand. Marcel beteiligt sich aufmerksam an dieser Übung. Sie scheint ihm Spaß zu machen. Selbst kleinste Hinweise auf die Zahl weiß er noch zu nutzen. Nachdem die Tafel völlig leer ist, kann Marcel noch 8 und 16 aus der Achterreihe nennen.

Marcels Leistungsfähigkeit ist jedoch sehr schwankend. In der nächsten Stunde kann Marcel sich noch daran erinnern, dass das Einmaleins der 8 geübt wurde sowie an die ersten beiden Zahlen.

Wie isoliert dieses Wissen ist, zeigt sich, als der Lehrer versucht die Reihung der Zahlen in der Gleichungsdarstellung zu erarbeiten:

L: *Wenn ich 1 mal 8 nehme, was ist das?*

Marcel gibt keine Antwort. Die Möglichkeit zu antworten würde ein abstrakteres Verständnis voraussetzen. Auf einer konkreten nichtsymbolischen Ebene ist die Frage nicht zu beantworten. Was ist eine „8"? Denkt man sich eine Konkretisierung der Ziffer 8 und nimmt sie einmal, was ist das? Oder denkt man an acht Objekte?

Beim Versuch, in der gleichen Form wie in der vergangenen Stunde die Einmaleinsreihe in Gleichungsdarstellung zu üben, beteiligt sich Marcel heute nicht. Er liest zwar eine Zeile vor, die noch an der Tafel steht, ist aber sonst zu keiner weiteren Mitarbeit bereit.

10.3 Zusammenfassung der Stundenbeobachtungen

- Marcel erfüllt die formalen, nicht aber die inhaltlichen Anforderungen des Unterrichts.
- Er zeigt schwankende Leistungen.
- Seine Fähigkeit, sprachliche Anweisungen aufzunehmen, scheint teilweise stark eingeschränkt.
- Marcel ist sehr leicht zu beunruhigen. Bereits kleine Veränderungen können ihn völlig irritieren. Dies dürfte in einer unruhigen Klasse dieses Kind besonders fordern.

Der Lehrer verhält sich im Gespräch Marcel gegenüber nach dem Muster, das Bauersfeld (1978) als Handlungsverengung durch Antworterwartung bezeichnet. Er engt die Handlungs- und Antwortmöglichkeiten Marcels soweit ein, dass es ihm möglich ist, etwas zu antworten oder zu tun. Diese Form der Kommunikation, die für das Erzielen eines Verständnisses äußerst fragwürdig ist, erfüllt hier dennoch eine soziale Funktion. Sie ermöglicht es Marcel, seinem Bedürfnis nach formaler Ordnung nachzukommen. Er kann den eingeschränkten Aufforderungen entsprechend handeln. Sie ermöglichen es gleichfalls, gegenüber den anderen Kindern zu verschleiern, dass Marcel an der inhaltlichen Auseinandersetzung nicht teilnehmen kann.

- Marcel lässt sich leicht enttäuschen. Dann zieht er sich auf sich zurück und beteiligt sich nicht mehr an frontalen Phasen.
- Anscheinend verfügt er über ein gutes visuelles Gedächtnis.
- Marcel liegt mit seiner Leistungsfähigkeit erheblich hinter den anderen Kindern der schwachen Gruppe.

Nach den Beobachtungen erscheint es deutlich, dass Marcel von diesem Unterricht nicht profitieren kann. Seine Schwierigkeiten, sprachliche Informationen, die mehrteilig sind, umzusetzen, sowie seine leichte Störbarkeit durch Außenreize, zeigen auf, wie schwer es für Marcel ist an Kommunikationsprozessen in einer Gruppe teilzunehmen.

Diese Einschätzung bestätigt sich in den Einzelgesprächen. Auch dem Mathematiklehrer ist das bewusst. Er kann jedoch nicht einschätzen, wann Marcel etwas aufnehmen kann und wann nicht. Das Kommunikationsmuster, das sich ergibt, ist von ihm aus immer wieder als Angebot zu betrachten, Marcel in den Unterricht miteinzubeziehen. Gleichzeitig versucht er das Kind vor den Hänseleien seiner Mitschüler zu schützen.

10.4 Zu den Einzelsitzungen

Zu diesem Zeitpunkt werden bereits eine Vielzahl von mathematischen Symbolen und entsprechende Versprachlichungen im Unterricht verwendet. Zahl- und Operationszeichen, Fachbegriffe wie „mal" oder „gleich" werden gebraucht. Der Einsatz von Zeichen für etwas anderes basiert jedoch darauf, dass das Darzustellende bekannt ist. Deshalb soll in den Einzelsitzungen überprüft werden, ob Marcel über die entsprechenden Vorkenntnisse verfügt, um die verwendeten Symbole und Zeichen deuten zu können. Die Aussagen der Eltern, des Lehrers und der Lehrerin zu seinen Kenntnissen und Fähigkeiten ergaben kein eindeutiges Bild.

Die Aussagen der Eltern[70] werden von der Hoffnung getragen, der „Schleier vor den Augen des Kindes" könne weggezogen werden. Aussagen des Jungen im Alltag z. B. über Preise von Waren vermittelten den Eindruck von quantitativen Vorstellungen und Fähigkeiten, sich im Zahlbereich bis 100 orientieren zu können. Diese Eindrücke gaben die Eltern an die Lehrkräfte weiter, die die Beobachtungen der Mutter nachzuvollziehen versuchten, aber nicht zu teilen vermochten.

In den übrigen Fallstudien wurden die Kenntnisse der Kinder in Anlehnung an das Arithmetikprofil von Lorenz/Radatz (1993), sowie eng orientiert an den Inhalten des Unterrichts überprüft. Bei Marcel war diese Vorgehensweise nicht möglich. Bereits die Anforderungen des Arithmetikprofils erwiesen sich als zu anspruchsvoll.

Es zeigte sich schnell, dass eine Orientierung an den Inhalten der zweiten oder dritten Klasse nicht möglich war. Die Beobachtung gestaltete sich damit als Versuch, überhaupt etwas über seine mathematischen Kenntnisse zu erfahren. Die Versuche waren nur begrenzt planbar, weil die Vorstellungen über seine Kenntnisse vor allem zu Beginn zu hoch angesetzt waren. Erschwert wurde die Erfassung seiner Kenntnisse durch die wechselnde Belastbarkeit des Kindes, dessen Schwankungen von mir nicht genau eingeschätzt werden konnten.

Die Aufgaben wurden von einer Fragestellung ausgehend verändert, erweitert, reduziert oder auf bestimmte Aspekte fokussiert, je nachdem, welche

---

[70] Die Mutter ist selbst Grundschullehrerin.

Leistungen Marcel zeigte. So wurde bei der Überprüfung des Invarianzbegriffs festgestellt, dass weitere Fähigkeiten, z. B. ein Verständnis für die Gleichmächtigkeit von Mengen, nicht sicher vorausgesetzt werden konnte und ebenfalls überprüft werden musste.

10.4.1 Erste Einzelsitzung

10.4.1.1 Ein Versuch, die Vorstellungen zur Invarianz von Anzahlen zu ermitteln

Aus einem Haufen Bohnen werden einige beiseite gelegt, die Marcel in einer Reihe ablegen soll. Anschließend soll er aus dem Bohnenvorrat eine zweite Reihe bilden, die gleich viele Bohnen enthält. Dies ist die Vorbereitung der eigentlichen Frage: In beiden Reihen liegen gleichviel Bohnen. Nachdem eine der beiden Reihen so auseinandergezogen wird, dass sie bezogen auf die räumliche Ausdehnung „größer" erscheint, wird erneut die Frage nach der Gleichmächtigkeit der Mengen gestellt. Dieser Schritt wurde jedoch mit Marcel nicht erreicht.

Marcel bildet aus dem ersten Haufen zwei Reihen. Mit den anderen Bohnen beginnt er eine weitere Reihe zu legen, setzt jedoch diese Tätigkeit mit einer 3. Reihe fort. Das Legen der dritten Reihe wird unterbrochen.

1. N: *Nee, Marcel, so brauchst du das nicht zu machen. Du sollst so viele hinlegen, dass in der oberen und der unteren Reihe gleich viele Bohnen sind.*
Dieser Hinweis wird durch Zeigen auf die beiden Reihen verdeutlicht. Marcel fügt nun der oberen Reihe noch einige Bohnen zu, dann erweitert er die untere Reihe.
2. N: *sind jetzt in beiden Reihen gleich viele?*
3. M: *Mmm.*
4. N: *Bist du ganz sicher?*
Marcel legt eine weitere Bohne in die untere Reihe. Die Bohnen der unteren Reihe sind dichter gedrängt, so dass an der räumlichen Ausdehnung orientiert beide Reihen gleich lang sind.

5. M: *So, jetzt.*

Nach dieser Tätigkeit liegen in einer Reihe 9, in der anderen 10 Bohnen. Damit hat Marcel sich nicht an einer Eins- zu - Einszuordnung orientiert, sondern an der räumlichen Ausdehnung der Reihen. Es fragt sich, ob er durch Zählen feststellen kann, dass in einer Reihe mehr Bohnen liegen. Marcel zählt auf die Aufforderung hin, zählt jedoch die Gesamtzahl der Bohnen. Er erhält mal die Anzahl18, mal die Anzahl 19 und mal die Anzahl 20. Der Zählvorgang wird von ihm als eigene Aufgabe aufgefasst. Der Zusammenhang zur Frage nach der Gleichmächtigkeit der beiden Reihen ist aus den Augen verloren. Er wird aufgefordert, beide Reihen für sich zu zählen.

6. N: *Sind jetzt in beiden Reihen gleich viele?*
7. M: *Mhm* (bejahend).
8. N: *Wie viele waren denn in dieser Reihe* (in der ersten)*?*
   Marcel zählt sie mit den Augen aus.
9. M: *9.*
10. N: *Und in dieser Reihe* (in der zweiten)*?*
11. M: *10.*
12. N: *Sind das gleich viele?*
13. M: *Mhm* (bejahend).

Zu diesem Zeitpunkt ist nicht klar, ob Marcel generell nicht über den Invarianzbegriff verfügt, ob die Anweisungen nicht verständlich waren, ob er über den Begriff "gleichviel" nicht verfügt. Es ist ebenfalls nicht klar, ob er bei kleineren Anzahlen die Aufgabe lösen könnte.

Marcels Umgang mit der Sprache zeigt, dass er die Situation nicht in dem intendierten Sinne: es werden 2 Reihen gelegt, die gleich viele Bohnen enthalten, auffasst. Er geht in der Situation auf jede Aufforderung ein, ohne die vorausgegangenen Fragen oder Tätigkeiten miteinzubeziehen. Dadurch erscheint die an ihn gerichtete Sprache sehr ungenau. Es wird deshalb nicht klar, ob er nicht über die Begriffe verfügt, die überprüft werden sollen, oder die sprachlichen Anweisungen zu unpräzise sind.

Kann Marcel den Begriff „gleichviel" auf zwei Reihen mit je 4 Bohnen anwenden? Um diese Fragen zu überprüfen, werden ihm 4 Bohnen ungeordnet hingelegt. Es wird erwartet, dass Marcel die Bohnen in einer Reihe anordnet und eine weitere Reihe mit vier Bohnen hinlegt. Den ersten Teil, die Anordnung der Bohnen in eine Reihe, führt Marcel aus. Er zählt die 4 Bohnen. Die Aufforderung, eine weitere Reihe mit Bohnen zu legen, die gleich viele enthält, wird von ihm wieder anders gedeutet. Er legt eine Reihe aus 12 Bohnen oberhalb der Viererreihe. Dann verlängert er die Viererreihe. Da die Anweisung, sich auf 4 Bohnen pro Reihe zu beschränken, nicht erteilt wurde, kann seine Handlung als korrekt bezeichnet werden.

14. N: *Sind jetzt in beiden Reihen gleich viele?*
15. M: *Ja.*
16. N: *Wollen wir mal durch Zählen überprüfen?*
17. M: *Ja.*
18. N: *Marcel, dann fang mal an!*
    Marcel zählt beide Reihen zusammen durch.
19. M: *1, 2, 3, ... 12 oben, 13, 14, ... 20, 21, 22, 24, 25 unten.*
20. N: *Mhm, woher weißt du, dass in jeder Reihe gleich viele sind?*
21. M: *Sieht man doch.*

Unsere Frage knüpfen an seine Handlung an, obwohl es dadurch nicht möglich ist, den Invarianzbegriff an der Anzahl 4 zu überprüfen. Marcel "sieht" (21), dass beide Reihen gleich viele Bohnen enthalten. Damit orientiert er sich erneut an der räumlichen Ausdehnung. Das Überprüfen der Anzahlen in beiden Reihen durch Zählen stoppt er bei der letzten Bohne der ersten Reihe "12 oben" (19), zählt dann an der zweiten Reihe weiter und erhält "25 unten". Die 23 lässt er aus. Seine Nennung "25 unten" verletzt den kardinalen Aspekt: Die untere Reihe enthält nicht 25 Bohnen. In dieser Situation zeigt Marcel Unsicherheiten im quantifizierenden Zählen im Bereich bis 25.

Es ist außerdem noch nicht geklärt, ob er über den Begriff "gleichviel" verfügt. Dazu müsste er beide Reihen als unterschiedlich und nicht als Einheit auffassen. Er kann keine Strategie benennen, mit der er einen Vergleich durchführen könnte. Erneut befolgt er eine Anweisung, er zählt, ohne dieser Tätigkeit einen weiteren Sinn zu verleihen - zu zählen, um eine Anzahl zu ermitteln, die für einen Vergleich benötigt würde.

10.4.1.2 Zur Fähigkeit Anzahlen zu erfassen und die Gleichmächtigkeit von Mengen festzustellen

Im nächsten Schritt wird anhand von Zahlenplättchen und Bohnen überprüft, ob er Zahlzeichen kleiner als 10 die entsprechende Anzahl Bohnen zuordnen kann. Das gelingt ihm, ebenso wie die Umkehrung der Aufgabe. Mit dieser Aufgabe zeigt er ebenfalls, dass er Zahlen kleiner als 10 lesen kann. Da er die Bohnen beim Zählen zuerst aufreiht und dann auf einen Haufen zusammenschieben kann, erfasst er anscheinend in diesem Zahlbereich, dass sich die Anzahl durch die räumliche Transformation nicht ändert.

Immer noch besteht die Frage, ob er sich unter "gleichviel" etwas vorstellen kann. Wir bitten ihn, Frau B. und mir jeweils gleich viele Bohnen zu geben.

1. N: *Prima! Und jetzt möcht' ich, dass du Frau B und mir Bohnen gibst, und zwar so, du kannst dir eine Zahl aussuchen, dass wir dir sagen müssen, wie viel das ist, aber wir jeder gleich viele haben.*
2. M: *Wie?*
3. N: *Du denkst dir eine Zahl aus. Du gibst uns so viele Bohnen und wir sollen jeder gleich viele haben und wir sollen jeder hinterher sagen, wie viele das sind.*
4. M: *Ja, irgend'ne Zahl ausdenken und ich muss die dann rausholen.*
5. N: *Ja und zwar Frau B geben und dann mir - ganz genauso viele.*
6. M: *Ja, aber ihr dürft das doch nicht sehen.*
7. N: *Ja.*
   Ich schließe die Augen und lege meine Hand hin.
8. M: (Zu Frau B) *Ja, du auch. Oh, Mann, das nervt mich* (der Lärm auf dem Flur).
   Marcel legt Frau B 2 Bohnen in die Hand, Frau N 4 Bohnen.
9. M: *Augen auf!*
   Frau N und Frau B spielen "sich ärgern", weil sie nicht gleich viele haben.
10. B: *Ich hab 2.*
11. N: *Und ich hab 4. Ich hab mehr.*
12. B: *Das ist gemein. Warum hab ich nur 2?*
13. M: *Ja, weil ich das rausgesucht hab.*
14. B: *Warum hast du mir nicht auch 4 gegeben?*
15. M: *Ihr habt doch gesagt, ich kann mir was ausdenken.*
16. B: *Du kannst dir das aussuchen, das stimmt. Warum hast du Frau N nicht auch 2 gegeben, wenn du mir 2 gegeben hast?*
17. M: *Stimmt eigentlich.*
   Der Vorgang soll wiederholt werden.
18. N: *Jetzt machen wir das noch mal. Ich möchte genauso viele haben wie Frau B!*
19. B: *Das ist sonst nämlich gemein!*
20. *Okay.*
   Marcel legt jetzt jedem von uns beiden 3 Bohnen in die Hand.

21. N: *Siehst du, jetzt haben wir gleich viele. Marcel, wir wollen mehr haben, aber immer noch gleich viele.*
Marcel legt Frau N. 7 Bohnen in die Hand und Frau B 3. Beim Vergleich der Hände wundert sich Marcel.
22. M: *Äh, cool,* (zu Frau N gewandt) *ich dachte, ich hätte dir auch 3 gegeben. Ich wusste nicht, ob ich dir drei gegeben habe, weil ich dir zuerst gegeben habe. Ich habe einfach rausgenommen und dann hab ich so geguckt und dir 3 gegeben.*
23. N: *Probier noch mal, so dass wir gleich viele* (betont) *haben.*
Marcel wiederholt den Vorgang. Er zählt die Bohnen wieder nicht aus, er legt willkürliche Anzahlen, so dass Frau B 11 und Frau N 16 Bohnen erhalten. Sie halten ihre Hände nebeneinander.
24. N: *Sind das gleich viele?*
25. M: *Nein.*
26. N: *Wer hat mehr von uns?*
27. M: *So wie ich das sehen, da* (Er zeigt auf Frau N.s Hand).
28. N: *Meinst du, ich habe mehr?*
29. M: *Ja! Weil das mehr aussieht?*

Marcel versteht einen Teil der Anweisung: Er gibt Frau B und Frau N Bohnen, sie haben die Augen geschlossen und er darf sich die Anzahl der Bohnen aussuchen. Dies entspricht auch seiner Wiederholung der Anweisung (4, 6). Der gespielte Streit hilft ihm, die Anweisung um den Aspekt "gleichviel" zu erweitern (10-12). Diesen Begriff kann er bei der Anzahl 3 umsetzen. Hier achtet er sehr genau darauf, jedem drei Bohnen zu geben (20). Er zählt die Bohnen jeweils sorgfältig aus. Beim Vergleich von 3 und 7 Bohnen verhindere ich ohne Absicht diesen Vorgang, indem ich die Hand schließe, nachdem er mir die Bohnen gegeben hat. Vielleicht wurde dadurch eine andere Strategie zum Vergleichen, das Schätzen der Anzahlen, eingeleitet. Marcel stellt die Ungleichheit der Anzahlen fest (21). Sein Wundern lässt die Frage stellen, ob er über das visuelle Abschätzen hinaus über eine Strategie verfügt, gleichmächtige Mengen im Zahlbereich bis 20 zu bilden. Auch im nächsten Versuch mit 11 und 16 Bohnen kann er den Vergleich bezogen auf "mehr" oder "weniger" durchführen, aber keine Gleichheit herstellen (23-28).
Erneut wird in der Kommunikation deutlich, dass Marcel nur Aspekte der gesprochenen Sprache aufgreift und dadurch die von uns vorgegebenen Bedingungen einschränkt. Marcel kann Anzahlen bis 10 ermitteln, darüber hinaus aber keine gleichmächtigen Mengen erzeugen. Seine Strategie des

Schätzens ist für diese Tätigkeit nicht erfolgreich. Im Zahlbereich >10 kann Marcel die Frage nach der Gleichmächtigkeit von Mengen nicht beantworten.

10.4.2 Zur Zählfähigkeit

Marcel kann verbal bis 21 fehlerfrei vorwärts zählen, dann nur noch lückenhaft. Bis 39 gelingt es ihm, eine Zahlenreihe aufzusagen, die auch Einer enthält, dann zählt er weiter: 80, 90, 98, 100.

Rückwärtszählen kann er gar nicht. Über das Nennen der Vorgänger soll er schrittweise zum Rückwärtszählen angeleitet werden. Auf die Frage, welche Zahl vor 5 kommt, welche genau um 1 kleiner ist als 5, antwortet er 4. Die Weiterführung dieser Aufgabe zeigt jedoch, dass er sich unter dem Vorgänger von 4 oder unter der Frage, welche Zahl um 1 kleiner als 4 ist, nichts vorstellen kann (1-10).

1. N: *Welche kommt vor 4?*
2. M: *6.*
3. N: *Welche ist um 1 kleiner als 4?*
4. M: *Wie?*
5. N: *1 weniger als 4?*
6. M: *Welche kleiner ist?*
7. N: *Ja.*
8. M: *1 ist kleiner.*
9. N: *Richtig, 1 ist kleiner und welche ist denn genau um 1 kleiner als 4?*
10. M: *Weiß ich nicht.*

Im Weiteren wird überprüft, ob er Zahlen schreiben kann. Dies gelingt ihm bis 10. Ab 12 vertauscht er konsequent die Ziffern und liest sie konsequent in der richtigen Lautfolge vor. Auch in der Umkehrung behält er seine Technik bei. Nach Hinweisen kann er sich korrigieren, diese Korrektur ist jedoch nicht stabil. Die Beobachtungen in den Stunden zeigten, dass er durchaus in der Lage ist, auch zweistellige Zahlen korrekt zu notieren, allerdings nicht in jeder Stunde. Deshalb verwundert es, dass er seine Strategie des Vertauschens so konsequent anwendet.

Zusammenfassung[71]

• *Ein Versuch, die Vorstellungen zur Invarianz von Anzahlen zu ermitteln*

Nach dieser Sitzung ist zu vermuten, dass Marcel noch nicht sicher über den Invarianzbegriff von Mengen verfügt. Bevor festgestellt werden kann, ob eine Eigenschaft bezüglich Veränderungen invariant bleibt, muss diese Eigenschaft erkannt werden können.

• *Zur Zählfähigkeit*

Marcel zeigt, dass er bis ca. zwanzig sowohl verbal als auch quantifizierend zählen kann. Diese Fähigkeit nutzt er jedoch nicht, wenn er Mengen größer als Zehn vergleichen soll. Dabei schätzt er die Mengen ab. Er orientiert sich an ihrer räumlichen Ausdehnung. Diese Verhaltensweise wird von Kindern gezeigt, die noch nicht über den Invarianzbegriff verfügen (Maier, 1990).

• *Zur Fähigkeit Anzahlen zu erfassen und die Gleichmächtigkeit von Mengen festzustellen*

Marcel kann zählen. Er kann vorgegebenen Mengen (kleiner als 10) die Anzahl zuordnen. Er kann Anzahlen (kleiner als 10) Mengen zuordnen. Er zeigt, dass er in diesem Bereich weiß, dass sich die Anzahl bei räumlicher Verlagerung nicht verändert. Seine Verhaltensweisen beim Umgang mit Mengen mit weniger als 10 Elementen lässt vermuten, dass er über den Begriff der Äquivalenz von Anzahlen nur in kleinen Zahlbereichen (kleiner als Zehn) verfügt. Es bleibt zunächst fraglich, ob er die Erfahrungen in diesem Zahlbereich, dass die Anzahl der Elemente durch eine räumliche Transformation unverändert bleibt, auf einen größeren Zahlbereich übertragen kann.

Marcel zeigt Schwierigkeiten mit dem Begriff „gleichviel", was die Einschätzung über die Entwicklung seines Invarianzbegriffs in Frage stellt. Gleichzeitig scheint er sicher über die Bezeichnungen „mehr" oder „weniger" zu verfügen. Dazu wird die ihm vertraute Strategie des Abschätzens benötigt. In der Spielsituation - er soll Frau B. und mir gleich viele Bohnen geben, scheint er über Vorstellungen zur Gleichzahligkeit von Mengen zu verfügen, diese Kenntnis jedoch nicht immer zu aktivieren. Vor allem nutzt der sein Wissen nicht zur Kontrolle der Handlung. Es fragt sich, ob er die Handlungsausführung über Zählen kontrollieren könnte, wenn er unterschiedliche Anzahlen als „gleichviel" bezeichnet. Sein Wissen scheint teilweise unverbunden nebeneinander zu stehen.

---

[71] Eine Eingrenzung der Kenntnisse und Fähigkeiten des Kindes fällt schwerer als in den übrigen dargestellten Fällen. Deshalb werden die zusammenfassenden Deutungen der Beobachtungen anders notiert.

● *Zum Sprachverständnis*

Als problematisch bei der Erfassung seiner Fähigkeiten erweist sich die Umsetzung von sprachlich gegebenen Anweisungen, von denen er oft nur Aspekte umsetzt. Der Eindruck von isoliertem Verständnis könnte auch aus einer Zerstückelung des sprachlichen Kontextes resultieren. Marcel scheint die Situation als Ganze nicht zu verstehen und reagiert unmittelbar auf jede Äußerung, teilweise auf Aspekte von Äußerungen. Dies lässt die Anweisungen als ungenau und unpassend erscheinen.

Vergleichbare Probleme werden für Kinder mit Schwächen im symbolischen Verständnis beschrieben. „They have a strong tendency to take words literally" (Grauberg 1998, S. 4). Das Einbeziehen von situativen Elementen zur Deutung der gesprochenen Sprache erfordert es, gleichlautenden Aussagen mehrere Bedeutungen zuzuweisen. *„Überprüfe durch Zählen"* bedeutet bei der Bestimmung von Quantitäten alle vorliegenden Elemente einer Menge zu zählen, bei der Frage nach der Gleichmächtigkeit von 2 Reihen von Bohnen die *„gleichen"* Objekte *„Bohnen"* als zu unterschiedlichen Mengen zugehörig zu deuten und dementsprechend einzeln zu zählen.

Die isolierte Aufnahme der sprachlichen Anweisungen könnte durch seine Schwäche in der Konzentrationsfähigkeit verstärkt werden. Kleine Störungen wie sie im Schulalltag normal sind, z. B. Geräusche aus anderen Klassen, lassen ihn völlig vergessen, was er gerade tun wollte. Dies führt zu sehr kurzen Handlungs- und Situationssequenzen.

Welche Kenntnisse zeigt Marcel?
● Er kann ungefähr bis 20 zählen.
● Er kann mit den Relationen „mehr" und „weniger" in der Beobachtung umgehen.

Was bereitet Marcel Schwierigkeiten?
● Er verfügt noch nicht über den Invarianzbegriff von Anzahlen.
● Er scheint nur über Schätzen Mengen bezüglich der Relation „gleichviel" vergleichen zu können.
● Er scheint Schwierigkeiten zu haben, unsere Anweisungen zu verstehen.

10.4.3 Zweite Einzelsitzung

Marcel lehnt nach Aussagen der Mutter Rechnen sehr massiv ab und äußerte auch starke Vorbehalte gegen unsere Beobachtungen. Deshalb sollte ihm diese Sitzung Spaß machen. Auf keinen Fall sollte er sich uns gegenüber verschließen. Zur Überprüfung der Zahlbegriffsentwicklung wurde deshalb zunächst auf mathematikdidaktisches Material verzichtet und statt dessen Bonbons (Maoams) mitgebracht, mit denen sich die Bündelung in fünf sowie zehn gut darstellen lässt, weil eine rechteckige Packung immer 5 Bonbons enthält. Jeweils zwei Packungen sind mit der gleichen Geschmacksrichtung gefüllt und entsprechend farbig gekennzeichnet. So lässt sich mit den Maoams der Zahlenraum bis 100 darstellen. In der Situation soll sich ergeben, wieweit Marcel sich in diesem Bereich orientieren kann und wieweit er einfache Rechenaufgaben lösen kann.

Marcel hat eine Dinosaurier- (Scharfzahn) und einer Batmanfigur mitgebracht. Diese Figuren erweisen sich als günstig, weil die damit durchführbaren Handlungen geringe Anforderungen an ein Abstraktionsverständnis stellen. In der Arbeit mit Marcel gehen wir sehr auf seine Anregungen ein und versuchen die vorgegebenen Spielsituationen für eine Erhebung seiner mathematischen Kenntnisse zu nutzen.

10.4.3.1 Zur Gleichmächtigkeit in einer Spielsituation: ein Paket enthält 5 Bonbons

Fünf einzelne Bonbons werden vor ihn hingelegt. Ein verschlossenes Päckchen liegt in der Nähe.

1. M: *Der* (Scharfzahn) *klaut die* (5 Bonbons) *und der Batman muss gukken, wie viel der geklaut hat.* (Er zählt mit den Händen der Batmanfigur.) *1, 2, 3, 4, 5. Jetzt krieg ich die.*
2. B: *Sind das alle, die er geklaut hat?*
3. M: *Ja. Ne, zählen die auch mit?* (Er meint ein volles Päckchen) *1, 2, 3, 4, 5, 6. Jetzt nehm' ich die.*

Marcel holt sein Auto, einen kleinen Gabelstapelwagen, um die Anzahl der Spielfiguren zu erhöhen.

4. M: *Da drauf?*
5. N: *Ja. Willst du mal 6 da drauf packen?*

6. M: *Ja. 1, 2, ...6* (Er legt 5 Bonbons und das Päckchen darauf) *Guck, es geht.*
Marcel beschreibt die Tätigkeit der Spielfiguren und nimmt dann die jeweilige Rolle ein. Er kann die Anzahl der fünf Bonbons bestimmen (1), zählt jedoch ebenfalls das ganze Päckchen als ein Objekt (3). Damit unterscheidet er nicht zwischen einzelnen Bonbons und dem Paket und greift die Möglichkeit der Bündelung nicht auf. Es wird vorausgesetzt, dass er weiß, dass das Päckchen einzelne Bonbons enthält.
Mit dem Öffnen des Päckchens liegen 10 Bonbons auf dem Tisch. Marcel zählt die ungeordneten Bonbons und kommt auf 11.

10.4.3.2 Feststellen der Gleichmächtigkeit von Mengen - die Bezeichnung „gleichviel"
Marcel klemmt dem Dinosaurier einen Bonbon in die Fänge.

1. N: *Der Dino hat einen geklaut. Jetzt kommt der Batman, überrascht ihn, "Halt! Halt! Das sind meine!" Wie viel hat Batman noch?*

2. M: *Oh manno, jetzt hat er nur einen. Das findet er gemein.*
3. N: *Warum findet er das gemein?*
4. M: *Weil er nur 1 hat.*
5. N: *Dann mach mal so: "Gut", sagt Batman, "ich seh' ja ein, dass du auch Hunger hast. Dann darfst du dir so viel nehmen, dass wir beide gleich viele haben."*
Marcel nimmt Batman 5 Bonbons weg und gibt sie Dino.
6. M: *Dann kriegt Batman ein bisschen weniger.*

Marcel ergreift die Initiative. Der Einwurf des Batman wird von ihm aufgegriffen - Dino hat erst einen Bonbon, aber Batman wehrt sich - nicht jedoch die Frage, wie viel Batman denn verbleiben. Aus der neuen Spielidee lässt sich die Frage nach dem Begriff des "gleichviel" ableiten. Marcel ergreift scheinbar wahllos 5 Bonbons und ordnet sie dem Dino zu. Er hält es auch nicht für wichtig, dass die beiden Anzahlen ungleich sind [72].

7. N: *Das geht nicht. Batman muss gleich viele haben.*
8. M: *O.K.*
   Er nimmt Dino 2 Bonbons weg und gibt sie Batman.
9. N: *Und jetzt?*
10. M: *So vielleicht?*
    Er nimmt Batman wieder einen weg.
11. N: *Das könnte sein. Ich will mal zählen 1, 2, ...5. Ich hab 5. Wie viel hast du?*
12. M: *1, 2, ...5.*
13. N: *Sind das gleich viele?*
14. M: *Zähl noch mal deine durch.*
15. N: *1, 2,...5.*
16. M: *1, 2,...5, auch 5.*
17. N: *Sind das gleich viele?*
18. M: *Ja.*

Er erreicht schließlich durch probieren, dass beide Figuren je 5 Bonbons zugeordnet sind. Obwohl mein Hinweis auf die Anzahl 5 direkt vor seinem Zählvorgang liegt und er ebenfalls 5 zählt, vergisst er sofort wieder die von mir genannte Anzahl. Beim erneuten Zählen erkennt er allerdings, dass beide Spielfiguren gleich viele Bonbons haben. Bezogen auf die Anzahl 5 scheint er in der Spielsituation über den Begriff "gleichviel" verfügen (16-18).

10.4.3.3 Marcels Fähigkeit zu addieren

1. N: *Prima. Weißt du, wie viele in einer Packung sind? Weißt du das noch?*
2. M: *5 glaub ich.*
   Ich lege ihm 2 Packungen hin.
3. N: *Weißt du denn, wie viel, jetzt sind hier 5 drin, Wie viel 5 + 5 sind?*
4. M: *5 + 5 sind 10. Das weiß ich nämlich schon.*
5. N: *Weißt du denn auch, wie viel 5 + 5 + 1 ist?*

---

[72] Es fragt sich hier, ob Marcel über Alltagserfahrungen verfügt, die ein gleichmäßiges Teilen, ein überprüfen, ob jeder gleichviel hat, erfordern. Er hat eine zwei Jahre ältere Schwester und ist ein Kind, auf das immer Rücksicht genommen werden musste.

Ich lege zu den zwei Fünferpackungen einen einzelnen Bonbon.
6. M: *5 + 5 + 1?*
7. N: *5 + 5 + 1* (Ich lege dabei jeweils 1 Päckchen und einen einzelnen Bonbon vor ihn).
8. M: *6?*
9. N: *E,e* (verneinend).
10. M: *Ne, kann ja gar nicht gehn.*
11. N: *Kann nicht gehn, nein!*
12. M: *5 + 5* (er schaut auf seine Hände) ... *weiß nicht.*

Deutung

Marcel weiß, dass eine Packung 5 Bonbons enthält und kennt die Gleichung 5+5 = 10 (3-4). Die Formulierung der Frage enthebt ihn jedoch der Notwendigkeit, die Berechnung von 5 + 5 auf die beiden Packungen zu beziehen. Die Aufgabe 5 + 5 + 1 wird von mir durch zwei Packungen und einen einzelnen Bonbon veranschaulicht (7). Marcel müsste zur Verwendung des Materials sein Wissen aktivieren, dass in einer Packung 5 Bonbons enthalten sind und die Verbindung zu seinem Wissen herstellen, dass 5 + 5 = 10 gilt. Es ist nicht geklärt, wieweit er sich auf dieses Wissen bezieht. Er nennt zwar als Lösung 6 (8), aber eher als Frage formuliert und korrigiert sich, kann aber nicht begründen, warum die Lösung nicht stimmen kann. Sein Blick auf seine beiden Hände lässt vermuten, dass ihm die Finger zum Berechnen von 5 + 5 vertraut sind (12). Er scheint zu wissen, dass die Summe von 5 + 5 + 1 größer sein muss als 6.

13. N: *Gut, dann machen wir einen Zwischenschritt. Wie viel ist 5 + 5?*
14. M: *10.*
15. N: *Richtig. Das kannst du nämlich. Die packt sich der Dino beiseite. Der braucht Vorrat für den Winter. Da legt er seine Hand drauf. Geht das? Ja. Er sagt: "Ich hab 10" und dann sieht er den einen noch. Was ist 10 + 1?* (Dabei wird der eine Bonbon mit dem Auto zum Dino gefahren).
16. M: *10 + 1?*
Marcel schaut auf seine Hände. Er hält zuerst beide Hände hoch, um +1 zu veranschaulichen. Dabei streckt er mit einer Hand 5 Finger hoch, mit der anderen Hand 1 Finger.
17. M: *6?*

Deutung

Es ist hier nicht klar, ob Marcel dadurch überfordert wird, dass der Term dreistellig ist oder er nicht zur 10 addieren kann. Deshalb wird die Aufgabe zerlegt. Der erste Schritt 5 + 5 wird ihm vorgegeben und von ihm berechnet (13-14). Es scheint sich zu bestätigen, dass er 1 nicht zur 10 addieren kann, weil seine Finger zur Darstellung der Zahl 11 nicht ausreichen (16-17).

Marcel kann zwar in diesem Bereich zählen, anscheinend kann er Zählen nicht zur fortgesetzten Addition nutzen. Marcels Wissen scheint stark isoliert. Er führt kurze Anweisungen aus, zeigt jedoch keinen Transfer von einem Schritt zum anderen. Es fragt sich, ob seine Gedächtniskapazität dies nicht ermöglicht oder ob er isoliert Wissen erworben hat, das nicht auf verbindende Vorstellungen zurückgreifen kann.

Da die Finger nicht ausreichen, soll Marcel die Aufgabe anhand der Bonbons lösen. Es werden 2 grüne und 2 gelbe Packungen geöffnet. Marcel zählt 10 gelbe.

18. M: *10*

19. N: *10 gelbe. Wie viel grüne haben wir?*

20. M: *10,* (nachdenklich) *... gleich.*

In dieser Situation erkennt Marcel die Anzahl der grünen und gelben Bonbons als „gleichviel".

21. N: *Sind gleich viele, ja. Die Aufgabe war aber 10 + 1. Ich möchte, dass du dir mal 10 Maoams nimmst, und dann noch eines nimmst.*

22. M: *Wie?*

23. N: *Nimm dir mal 10 und dann noch 1 dazu.*

Marcel schiebt ohne zu zählen 10 Grüne auf einen Haufen und legt 1 Gelben dazu.

24. N: *Das ist die Aufgabe 10 + 1. Wie viel ist das? Jetzt kannst du zählen, dann weißt du's.*

25. M: *11.*

26. N: *Richtig. Du kannst nämlich zählen. Das wissen wir. Das haben wir gestern ausprobiert. Du kannst gut zählen bis 20. Was ist 10 + 1?*

27. M: *11.*

Nun wird die Ausgangsfrage 10 + 1 erneut gestellt (21). Marcel wird eine Handlung dazu diktiert (23). Er wird auf den Bezug zur Aufgabe hingewiesen. Eine Lösungsstrategie, das Zählen wird ihm vorgeschlagen (24). Diese engen Vorgaben, nach denen sich Marcel richten kann, klären kaum die

Frage, ob Marcel anhand von Material die Summe von 10 + 1 berechnen könnte[73].

Im weiteren Verlauf werden ihm Aufgaben zur Addition bis 10 vorgegeben. Dabei zeigt es sich, dass er im Bereich bis 10 seine Finger zur Anzahlerfassung und damit zur Addition nicht sicher nutzen kann, wenn der Summand größer als 5 ist. Da er jeweils eine Hand für einen Summanden verwendet, ist es ihm nicht möglich, die Summe durch Antippen mit den Händen auszuzählen (28-29, 37, 41).

28. N: *7+1?*
    Marcel streckt 2 Finger von der rechten Hand und 1 Finger von der linken hoch.
29. M: *3.*
30. N: *Fast richtig. Du musst deine Finger genau angucken. Zuerst brauchst du 7 mit deinen Fingern.*
    Marcel schaut auf seine 3 gestreckten Finger.
31. N: *Hast du 7?*
32. M: *Mhm.*
33. N: *Ich seh' nur 3. Ich seh' hier nur 2. Du brauchst 7 Finger.*
    Marcel nimmt die 2. Hand ganz dazu und schaut mich fragend an.
34. N: *Das sind 7. Und jetzt kommt noch einer dazu.*
    Marcel nimmt den 8. Finger und zählt die rechte Hand mit der linken aus.
35. N: *Wie viel sind das?*
36. M: *3.*
37. N: *Das sind 3* (zeigt auf rechte Hand) *und die dazu?* (zeigt auf linke Hand).
38. M: *5.*
39. N: *Und zusammen sind das?*
40. M: *35.*
    Wir zeigen ihm, wie zur Bearbeitung der Aufgabe alle Finger ausgezählt werden. Bei der Vorgabe weiterer Aufgaben mit kleineren Zahlen bestätigt sich seine Tendenz, Anzahlen zu schätzen (43, 50).
41. N: *Kannst du auch +2 rechnen? 4 + 2?*
42. M: (Spontan) *Das sind 5. Ja.*
43. N: *Nein, mhm, fast.*

---

[73] In der Arbeit mit den Kindern halte ich es für wichtig, eine Aufgabe zu beenden, selbst wenn die Lösung vorgegeben wird.

Marcel zählt seine Finger ab.

44. M: *6?*
45. N: *Richtig. Kannst du 3 + 2 rechnen?*
46. M: *Geht so.*
47. N: *Geht so? Sag mal, was ist das?*
48. M: *Glaube 4.*

Weitere Aufgaben werden mit Maoams durchgeführt. Dabei wird jeder Schritt durch verbale Vorgabe von mir angeleitet. 2+2:
Marcel streckt zwei Finger.

49. M: *Die Aufgabe ist aber kompliziert.*
50. N: *Mhm. Willst du die Maoams mal nehmen?*
51. M: *Mhm.*
52. N: *2 + 2.*
Marcel legt 2 Bonbons.
53. N: *Plus 2.*
Marcel legt 2 weitere Bonbons dazu.
54. M: *Sind 4.*
Mehrere Aufgaben mit Summanden, die kleiner oder gleich 5 sind werden ihm gegeben, die er auf diese Weise löst.

Deutung

Die schrittweise Vorgabe entlastet sein Gedächtnis sowie die Anforderungen an seine Sprachrezeption, die sich nur noch auf einen Schritt beziehen. Gleichzeitig wird durch die Zerlegung der Aufgabe diese für ihn nicht mehr als Einheit erkennbar. Bei weiteren Aufgaben stellt er so jeden Summanden durch Bonbons dar und nennt bei Summen bis zu 6 spontan die Lösung. Bei der Summe 8 kann er die Anzahl nicht spontan erfassen.

Auffällig ist hier, dass er jeden Summanden einzeln abzählt und zur Ermittlung der Summe nicht weiterzählt, sondern bei 1 beginnt.

10.4.3.4 Zur simultanen Erfassbarkeit von Mengen

Eine Überprüfung der visuellen simultanen Erfassbarkeit ergibt, dass Marcel bis zu 6 Elemente simultan erfassen kann. Das ist ein ungewöhnlich hoher Wert. Die übliche Grenze liegt bei 4 bis 5 Elementen, auch für Erwachsene. Seine Lehrerin erzählt, dass Marcel ein gutes Gedächtnis für Farben hat. Er konnte spontan 10 Streichholzschachteln, die mit Buntpapier beklebt waren - jeweils eine andere Farbe für eine andere Anzahl Streichhölzer - in die richtige Reihenfolge bringen und erkennen, welche Schachtel fehlt, wenn eine entfernt wurde. Diese Fähigkeit bezog sich nicht auf die Anzahl von Streichhölzern, sondern nur auf die Farbe. Da die Lehrerin dieses Material genutzt hatte, um die Reihenfolge der Zahlen bis 10 zu veranschaulichen, vermutete sie damals, dass Marcel über die Kenntnis der Reihenfolge der Zahlen bis 10 verfügt.

10.4.3.5 Weiterzählen

Die Merkfähigkeit für Farben soll genutzt werden, um zu überprüfen, ob Marcel die Idee des Weiterzählen aufnehmen kann. Vor Marcel werden 5 Bonbons von einer Farbe und 2 von einer anderen hingelegt.

1. N: *Jetzt hast du 5 von der einen Farbe und 2 von der anderen Farbe. Jetzt musst du 5 nicht mehr zählen. Da kannst du gleich weiterzählen.*
   Marcel kann nicht weiterzählen.
2. M: *5, 4, 2 (leise).*
3. N: *Nein, du musst weiterzählen. Dann fang von vorne an.*
4. M: *1, 2, 3...7.*

Auch alle weiteren Summen aus 5 und einer anderen Zahl bis zu 5 + 5 werden immer von 1 beginnend ausgezählt. Da Marcel die Zahlenreihe aufsagen kann, werden ihm die Aufgabe 5 + 1,+ 2, + 3, + 4, + 5 vorgelegt, mit der unausgesprochenen Frage, ob es ihm damit möglich ist, die Aufgabe weiterzählend zu berechnen. Marcel zählt immer von 1 an die Summe aus.

Um ihn darin zu unterstützen, von 5 an weiterzuzählen, tausche ich 5 einzelne Bonbons gegen eine Fünferpackung.

5. N: *Jetzt möchte ich gerne wissen, wie viele sind das?*
6. M: *2.*
7. N: *Nein. Das ist eine Packung. In der Packung sind die 5 hier versteckt.*
8. M: *Du hast die auch hingelegt. Also sollte ich doch sagen, wie viele das sind.*
   Marcel deutet wiederholt mit dem Finger auf beides, die Packung und den einzelnen Bonbon.
9. N: *Du hast recht. Es sind 2 Dinge. Aber hier sind versteckt 5 Bonbons drin.*
10. M: *Ich habe gedacht, ich sollte sagen, wie viel das sind und dann sollte ich sagen, dass es 2 sind.*

Die Vorstellung, eine Packung für 5 einzelne Bonbons einzusetzen, wird von Marcel nicht aufgegriffen. Er sieht, dass es 2 Objekte sind (6-10). Deshalb wird der Tausch konkret durchgeführt und gezeigt, dass 5 einzelne Bonbons genauso hoch wie eine Packung sind. Da er sich beim Feststellen der Gleichheit an der räumlichen Ausdehnung orientiert, ist es ihm hier möglich, die Gleichheit festzustellen. Alle Aufgaben der Art 5 +1, 5 + 2 usw. werden jedoch dadurch gelöst, dass zunächst 5 Bonbons an der Pakkung abgezählt und von da aus weitergezählt wird.

Vor Marcel liegt eine Packung auf der Breitseite, der Einzelne daneben. Marcel zählt an der Packung von unten nach oben, als wären die Bonbons noch gestapelt. Deshalb stelle ich die Packung auf, so wie die Bonbons gestapelt waren.

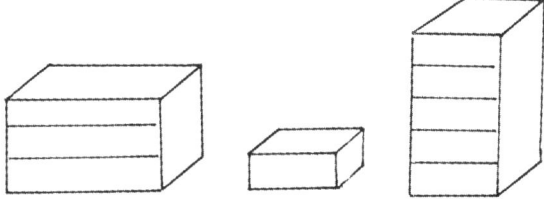

Deutung

Es gelingt nicht, Marcel zum Weiterzählen von 5 an zu veranlassen. Er kann es offensichtlich nicht. Die Unterscheidung von *einer* Packung mit *fünf einzelnen* Bonbons setzt die Einsicht in das Prinzip der Bündelung voraus. Erst als die Packung so liegt, wie 5 einzelne Bonbons gestapelt werden könnten, gelingt es ihm, mit der geschlossenen Packung die Summe der Bonbons zu bilden. Mit diesem Bild kann er in seiner Vorstellung die verborgenen Bonbons abzählen.

Marcel hat in dieser Sitzung bereitwillig mitgearbeitet und nach Aussagen der Mutter keinen Widerstand gegen weitere Sitzungen entwickelt.

Zusammenfassung

• *Zur Gleichmächtigkeit von Mengen*

In dieser Sitzung soll Marcels Kenntnis der Äquivalenz von Anzahlen weiter überprüft werden. Marcel stellt zwar nach Auszählen von zwei Mengen mit jeweils 5 Elementen, später auch bei zehn Elementen, fest, dass es gleich viele sind, diese Aussage machte er in der vorangegangenen Sitzung jedoch immer auf die entsprechende Frage im Anschluss an das Zählen von zwei Mengen. Deshalb ist es nicht sicher, ob die Äußerung in diesem Kontext bewusst oder zufällig richtig ist.

- *Zu Marcels Fähigkeit zu addieren*

Es zeigte sich, dass er einzelne Zahlensätze auswendig kann, z.B. 5 + 5. In der Regel erarbeitete er sich die Lösung jedoch über das Abzählen der Finger. Seine Vorgehensweise dabei lässt es fraglich erscheinen, ob Marcel dabei lediglich einen Prozess durchführt, oder Vorstellungen aufruft, die die Anzahl mit einer Menge in Verbindung bringen würde. Sein Einsatz der Finger deutet nicht darauf hin. Dies wird besonders deutlich bei Anzahlen, die größer sind als zehn, da er sowohl 6 als auch 11 auf die gleiche Weise mit den Fingern darstellt. Vermutlich ist mit dem Zählprozess nicht generell eine Vorstellung über eine Quantifizierung von Mengen verbunden.

- *Zum Weiterzählen*

Marcels vergebliche Versuche, weiterzuzählen, zeigen, dass er sich nach Fuson (siehe Padberg, 1992) auf dem Niveau 2 befindet: „Die einzelnen Zahlwörter können klar unterschieden werden. Statt der Form einszweidreiviervierfünfsechs ... hat die Zahlwortreihe für das Kind jetzt die übliche Form eins, zwei, drei, vier, fünf, sechs, ... Jedoch muss die Reihe bei Benutzung immer noch von eins an aufgesagt werden, ein Weiterzählen etwa von fünf aus ist noch nicht möglich" Padberg, 1992, S. 4f). Ein Ansatz, sich vom Zählen der konkreten Objekte zu lösen, zeigt sich an seiner Fähigkeit, an der verschlossenen Packung 5 Bonbons abzuzählen.

- *Zum Sprachverhalten*

So wie in der ersten Sitzung zeigen sich auch hier Probleme in der Kommunikation. Marcel bearbeitet Aspekte der geforderten Aufgaben und kann somit die komplexe Aufgabe nicht bearbeiten. Dies bezieht sich nur auf die mathematischen Inhalte. Seine Erzählung zu Beginn der Stunde zeigt ein anderes Sprachverhalten. Er spricht in längeren Sätzen und versteht in diesem Kontext auch längere Fragen und Hinweise ohne sie zu verkürzen.

Welche Kenntnisse zeigt Marcel?

- Er stellt beim Vergleich von zwei Mengen mit je fünf Elementen fest, dass es „gleichviel" sind.
- Er kennt einige Zahlensätze auswendig.
- Er kann eine Summe, die kleiner als 10 ist zählend ermitteln.
- Er ermittelt die Mächtigkeit von Mengen durch Auszählen der vollständigen Menge.
- Er kann Gespräche zu Inhalten führen, die ihn interessieren und dabei komplexe Fragen verstehen.
- Er kann bis zu 6 Elemente simultan erfassen.

Was bereitet Marcel Schwierigkeiten?

- Es ist noch nicht sicher, ob er generell über die Fähigkeit verfügt, kleine Mengen bezüglich ihrer Mächtigkeit zu vergleichen.
- Er zieht anscheinend aus der Kenntnis von Zahlensätzen wie 5+5=10 keine Schlüsse.
- Er verfügt nicht sicher über die Fähigkeit, seine Finger zum Berechnen der Summen richtig einzusetzen.
- Er kann noch nicht von einer bestimmten Zahl aus weiterzählen.

10.4.4 Dritte Einzelsitzung

10.4.4.1 Zur Reihenfolge der Zahlen

Marcel kann zwar zählen, es scheint jedoch nicht sicher, ob dies eine isolierte Fertigkeit ist. Er kann ebenfalls Zahlenkarten entsprechende Mengen zuordnen und umgekehrt. In dieser Sitzung wird die Integration beider Fähigkeiten, die Zuordnung von Zahlenkarten zu Mengen und das Sortieren dieser Mengen nach der Größe gefordert.

Zunächst soll Marcel Zahlenkärtchen mit den Ziffern 0 bis 9, die ungeordnet auf dem Tisch liegen, nach der Reihenfolge sortieren.

Marcel legt: 4, 8, 6, 0, 7, 9, 2, 5, 1, 3.

Diese Reihenfolge verwundert, weil Marcel sicher zählen kann. Deshalb soll er die Zahlen vorlesen, in der Hoffnung, dass er dem Klangbild entnehmen kann, dass die Reihenfolge so nicht stimmt. Marcel liest die Zahlen vor, stellt aber vermutlich keinen Zusammenhang zur Zahlwortreihe her. Es ist die Frage, ob Marcel über den Begriff "Reihenfolge" nicht verfügt, oder wie Frau B. vermutet, die Anweisung anders auffasst. Vielleicht hat er der sprachlichen Anweisung den Aspekt entnommen, der sich darauf bezog, die Karten in eine Reihe zu legen. Dabei auch noch auf die Reihenfolge zu achten, würde eine zweifache Aufgabe enthalten.

Mit der Frage nach der kleinsten Zahl und der jeweils nächstgrößeren soll versucht werden, die Reihenfolge mit ihm zu erarbeiten. Es fällt ihm schwer, die Eins abzurufen.

1. N: *Prima hast du das gelesen. Jetzt ist die Frage, kannst du mir sagen, was ist davon die kleinste Zahl?*
2. M: *Die kleinste Zahl?*
3. N: *Mhm* (bejahend).

4. M: *Die kleinste Zahl, ... die kleinste Zahl ist, ... oh, mann, komm doch schon raus! ...1.*
5. N: *Mhm, dann legen wir jetzt mal die 1 hier hin. Was ist die zweitkleinste Zahl? Welche Zahl ist jetzt von denen die Kleinste?*

Die Karte wird gesondert gelegt. Es wird auf die weiteren Karten der Reihe gezeigt. Marcel zeigt auf die 2 und schaut fragend.
Marcel ordnet die Zahlen wie folgt an:

1, 2, 3, 5, 4, 6, 8, 9, 7, 0

Deutung
Diese Aufgabe erfordert von Marcel, die Zahlen auf der symbolischen Ebene nach der Größe zu sortieren. Er kann die Größerrelation nur bis 3 richtig anwenden.

Deshalb soll die Zuordnung von Bonbons zeigen, ob er auf enaktiver Ebene die Anzahlen der Mengen von 0 bis 9 nach der Reihenfolge sortieren kann. Marcel wird zunächst aufgefordert, jeder Zahlenkarte die entsprechende Anzahl Bonbons zuzuordnen. Den ersten drei Karten ordnet er die Bonbons richtig zu. Nach der Zuordnung zur 4 stockt er. Marcel führt die Aufgabe jedoch zu Ende. Er ordnet der 0 vier Bonbons zu. Die Reihenfolge der Zahlenkarten wird von 9 ausgehend daraufhin überprüft, ob die Anzahl der Bonbons mit der Zahl auf der Karte übereinstimmt.

6. N: *Der 9 hast du ..*
7. M: *9 gegeben.*   1 2 3 5 4 6 8 9 7 0
8. N: *Der 8 hast du?*   □□□□□□□□□□
9. M: *8 gegeben.*   □□□□□□□□□
10. N: *Der 6?*   □□□□□□□□
11. M: *6 gegeben.*   □□□□□□□
12. N: *Und der 4?*   □□□□□
13. M: *4 gegeben.*   □□□□
14. N: *Und der 5?*   □□□
15. M: *5.*   □□
16. N: *Und der 3?*   □
17. M: *3.*
18. N: *Und der 2?*
19. M: *2.*
20. N: *Und der 1?*

21. M: *1.*
22. N: *Du hast jedem genau das Richtige gegeben. Bis auf einer Zahl.*
23. M: *Ich weiß schon welcher!*
24. N: *Welcher denn?*

Marcel zeigt verschmitzt auf die 0 und nimmt ihr die Bonbons fort.
Marcel wird darauf hingewiesen, was Reihenfolge bedeutet. Die Zahlen werden immer größer, es wird immer genau einer mehr.

25. N: *Guck, hier ist nur einer und hier sind zwei* (gezeigt wird auf die Reihe der Maoams). *Das siehst du. Ist die Reihenfolge bei dir richtig? Werden das immer genau einer mehr?*
    Marcel nickt.
26. M: *Mhm, es werden immer mehr.*
27. N: *Wollen wir mal gucken!*
28. M: *1, 2, 3, 4.*
    Marcel zählt statt 5 die 4.
29. B: (Räuspert sich).
    Marcel bricht das Zählen ab und schaut etwas verwirrt.
30. N: *Fang noch mal an.*
31. M: *1, 2, 3,* (er wird langsamer) *5, 4, 6, 8, 9, 7, 0.*
32. N: *Ist das die richtige Reihenfolge?*
33. M: *Ja.*

Deutung

Marcel überprüft unter Anleitung, ob jeder Karte die richtige Anzahl Bonbons zugeordnet wurde (6-24). Er erkennt seinen Fehler mit 0 und korrigiert ihn. Im weiteren Verlauf soll die Überprüfung unter dem Aspekt "Reihenfolge" durchgeführt werden. Marcel liest die Zahlenkarten vor. Sein Zögern bei 4 und 5 zeigt eine Irritation (28). Die Vierer- und Fünfermenge sehen gleichmächtig aus, da sie durch Marcels Anordnung annähernd gleichviel Platz brauchen. Seine Orientierung an der räumlichen Anordnung lässt ihn die Länge von 4 und 5 verwechseln. An der Länge der 9 und 7 zugeordneten Reihe kann man jedoch genau erkennen, dass die Reihe der 9 zugeordneten Bonbons länger ist als die der 7. Marcel bleibt dabei. Es ist die richtige Reihenfolge (31-33).
Da Marcel räumliche Ausdehnungen gut einschätzen kann, soll er durch Sortieren der Reihe nach der Längsten, sowie jeweils der nächstfolgenden die Reihenfolge richtig herstellen. Er erkennt die 9 als längste Reihe. Das

Zahlenkärtchen mit der 9 und die entsprechenden Bonbons werden gesondert gelegt.

Auf diese Weise gelingt es Marcel jetzt, die Reihen nach ihrer Länge zu sortieren. Er liest die Zahlenkarten vor und wird darauf hingewiesen, dass dies der Reihenfolge entspricht, die er vom Zählen her kennt. Marcel nennt mit geschlossenen Augen jeweils den Nachfolger von Zahlen bis 9, vorgegeben in der Reihenfolge der Zählzahlen. Es gelingt ihm jedoch nur teilweise, mit geschlossenen Augen, den Vorgänger zu nennen.

Im Verlauf dieser Stunde wird die Frage nach der Reihenfolge der Zahlkarten immer wieder aufgegriffen. Es gelingt jedoch nicht, einen Zusammenhang zwischen der verbalen Zählfähigkeit und der Reihenfolge der Plättchen herzustellen. Marcel ordnet nur die Plättchen 1, 2 und 3 in der Reihenfolge der Zählzahlen an.

10.4.4.2 Zur Addition und Subtraktion

Die Bonbons werden weiter genutzt, um mit ihm die Addition von 1 zu üben. Dabei wird der Längenvergleich der Bonbonreihen miteinbezogen. An die Reihe der 3 wird z.B. ein weiterer Bonbon gelegt und gefragt:

1. N: *3 + 1 ist genauso lang wie?*
2. M: *4.*
3. N: *4 + 1 ist genauso lang wie?*
4. M: *5.*

Deutung

Marcel braucht dabei nicht zu zählen. Er kann die Länge der Reihen an der Zahlenkarte ablesen.

Die Umkehrung, die Subtraktion, gelingt ihm, wenn sie von der Handlung begleitet wird, ebenfalls (es wird ein Bonbon weggenommen, er kann die zwei Reihen als gleichlang erkennen). Mit dem Längenvergleich gelingt ihm die Addition um 1, und teilweise die Subtraktion. Es zeigt sich, dass das Wissen um die Zahlwortreihe, die Zuordnung von Mengen zur Zahl, die Addition um 1, Wissen ist, das er nicht miteinander in Verbindung bringt. Die Herstellung der richtigen Reihenfolge der Zahlenkarten bis 9 erscheint als Folge der streng geführten Tätigkeiten und des engen Dialogs.

Bevor wir ein Spiel spielen, soll überprüft werden, ob Marcel Additionsaufgaben berechnen kann, ohne Material einzusetzen (5-9). Er verwendet stattdessen spontan seine Finger.

5. N: *2 + 1, was ist das?*
   Marcel verwendet die Finger.
6. M: *3.*
7. N: *Und 3 + 1?*
8. M: *4.*
9. N: *Und 4 + 1?*
   Marcel streckt 4 Finger der einen und 1 Finger der anderen Hand.
10. M: *Au weh, das geht doch gar nicht.*

Deutung
Die Vorgabe kleiner Additionsaufgaben soll zeigen, ob Marcel die in der Arbeit mit dem Material gezeigten Fähigkeiten zu addieren auch auf symbolischer Ebene durchführen kann. Er benutzt spontan seine Finger. Wie in der vorangegangenen Sitzung hat Marcel Schwierigkeiten, diese zur Berechnung einer Summe richtig einzusetzen. Im Unterschied zur vorigen Sitzung fällt ihm jedoch auf, dass er Summanden an zwei Fingern dargestellt, noch nicht addieren kann.

10.4.4.3 *Zur Null*
Beim Wegnehmen der Bonbons ergibt sich eine Schwierigkeit bei 1 - 1. Marcel stutzt:

1. N: *Ist genauso viel wie 0. Guck hier, wenn der Scharfzahn ankommt und frisst den einen auf, dann ist nichts mehr da, dann hat die 1 keinen mehr. Dann ist das 0. Komm, wir geben es ihm schnell wieder.* (Mit Scharfzahn wird das Wegnehmen gespielt).

Bereits beim Sortieren der Zahlkarten hatte Marcel Probleme, die Null richtig zu platzieren. Die Zahl Null bereitet Kindern mit Schwächen im symbolischen Verständnis häufig Schwierigkeiten. Unter dem kardinalen Zahlaspekt wird ein Zahlzeichen einer bestimmten Anzahl konkret vorliegender Objekte zugeordnet. Das ist bei Null nicht möglich. Das, worauf sich die Null bezieht, ist nichts. Es ist nichts da.
   Ein kurzer Dialog zeigt, wie schwer die Veranschaulichung dieses Gedankens ist:

2. B: *Es ist genau so ... Du hast einen Batman, wenn ich dir den wegnehme, da hast du dann?*
3. M: *Nur noch 2 Dinosaurier.*

4. B: *Und keinen Batman, den hab ich dann.*
5. M: *Und wenn du dann 1 Dinosaurier wegnimmst, dann ist nur noch 1 Dinosaurier da. Und wenn ich noch einen wegnehme ..*
6. B: *Dann hast du?*
7. M: *0.*

Zusammenfassung

• *Zur Reihenfolge von Zahlen*

In dieser Sitzung wird Marcels Fähigkeit Zahlen von 0 bis 9 in die richtige Reihenfolge zu bringen sowie Mengen in diesem Bereich nach der Anzahl zu sortieren, überprüft. Marcel gelingt beides nicht ohne Hilfe.

Seine Zählfähigkeit sowie die Ordnung von Mengen nach der Relation „mehr als" scheinen nicht miteinander in Verbindung gebracht zu werden. Marcel kann seine Kenntnis der Zahlwortreihe nicht nutzen, um die Mengen in die entsprechende Reihenfolge zu bringen. Unter Anleitung wird diese Reihenfolge zwar erarbeitet, er kann sie jedoch nicht selbst herstellen. Auch das Aufsagen der Zahlwortreihe hilft ihm nicht, den Fehler in seiner Anordnung zu erkennen.

• *Zur Addition und Subtraktion*

Marcel kann unter Zuhilfenahme des Längenvergleichs von Bonbonreihen im Bereich bis 10 jeweils 1 addieren und subtrahieren. Mit Hilfe seiner Finger kann er bis 4 jeweils 1 addieren.

• *Zur Null*

Er weiß, dass Null verwendet wird, wenn kein zu zählendes Objekt mehr da ist.

Welche Kenntnisse zeigt Marcel?

• Er kann an seinen Fingern bis zur Summe 5 jeweils 1 addieren.
• Er kann anhand des Längenvergleichs des Materials zu und von Zahlen bis 10 jeweils 1 addieren oder subtrahieren.
• Er kann in der beschriebenen Situation Null zuordnen.

Was bereitet Marcel Schwierigkeiten?

• Er kann die Reihenfolge der Zahlen bis 10 nicht ohne Hilfe herstellen.
• Er kann seine Kenntnis der Kleinerrelation („mehr", „weniger") zum Zuordnen von Zahlen zu Mengen nicht aufrufen.

10.4.5 Zu weiteren Einzelsitzungen

10.4.5.1 Vorstellungen zu Operationen und ihrer symbolischen Darstellung

Eine Überprüfung seiner Fingervorstellung ergibt, dass er Anzahlen ≤10 mit seinen Händen zeigen kann. Es gelingt ihm jedoch nicht mit einer dritten Hand größere Zahlen zu zeigen.

Versuche, einfache Gleichungen wie 2 + 3 = 5 mit Material darzustellen oder an Materialien abzulesen, scheitern.

Beispiele:

Marcel steckt zu 4 Objekten 5 dazu und notiert:

4 + 5 = 5.

Marcel denkt sich eine Aufgabe aus und schreibt sie auf:

16 + = 15 = 91. Er liest: 16 + = 15 = 19.

Damit zeigt er, dass er weiß, zu Aufgaben gehören Zahlen und Zeichen. Es wird jedoch nicht klar, ob er sich unter den Zeichen etwas vorstellen kann.

Marcels Schwierigkeiten im Umgang mit Gleichungen sollen genauer überprüft werden. Als erstes sollen Marcels Vorstellungen zu den Rechenzeichen und den damit durchführbaren Operationen überprüft werden: Kann er sich unter +, -, ·, : und = etwas vorstellen? Dies soll anhand einer Idee von Radatz (1989b, 1990), Marcel ein Bild zu einem vorgegebenen Term zeichnen zu lassen, erfragt werden. Marcel kann die Zeichen +, - und = benennen.

Marcel wird aufgefordert, auf einem Blatt zum Term 2 + 3, der mit Karten gelegt wurde, ein Bild zu malen:

1. M: *So ein Bild?* (zeigt auf die Zahlenkarten 2 + 3)
2. N: *Was steht hier?*
3. M: *2 + 3.*
4. N: *Und was bedeutet 2 + 3?*
   Marcel holt seine Federtasche aus dem Ranzen und murmelt unverständlich.
5. N: *Weißt du nicht? Habt ihr in der Schule vielleicht irgendwann mal ein Bild zu so was gehabt?*
6. M: *Ee,e* (verneint), *noch nie!*

Für Marcel stellen die drei Karten, 2, 3, + ein Bild dar. Er kann zur symbolischen Darstellung des Terms keine bildliche Vorstellung aufrufen und sich auch nicht erinnern, jemals eine gesehen zu haben. Die Aufforderung ein Bild, das zu dem Term 2+3 passt, zu malen, ist nicht verständlich. Er glaubt, noch nie ein entsprechendes Bild gesehen zu haben. In dieser Situation ist es gut, dass die Lehrerin, die ihm Förderunterricht erteilt hatte, an der Sitzung teilnimmt. Sie hatte im Einzelunterricht viel mit ihm an Materialien und Bildern gearbeitet und versucht ihn an Veranschaulichungen zu erinnern. Dies gelingt jedoch nicht.

Marcel möchte trotzdem gern ein Bild malen. Die Aufforderung bezieht sich auf den Kontext, ein Bild zur Darstellung des Terms 2 + 3 zu malen. Marcel bezieht sich nicht auf diesen Kontext. Somit reduziert sich die Aufforderung für ihn darauf, irgendein Bild zu malen.

7. N: *Na gut, dann mal das Bild. Da bin ich mal gespannt.*
8. M: *Welches Bild soll ich denn malen?*
9. N: *Ein Bild , dass ein Kind, das nicht weiß, was 2 + 3 ist und wann man das sagt, dass das 'ne Idee kriegt, wann man 2 + 3 sagt.*
10. M: *Soll ich das malen (zeigt auf die Steine, kratzt sich am Kopf)? Das geht doch nicht.*

Marcel deutet die Aufforderung ein Bild zu malen wörtlich. Ein Bild scheint für ihn keinen Bezug zum vorgegebenen Term aufzuweisen. Die Zahlenkarten 2, + und 3 zu malen, „geht nicht", das kann zwar gemalt werden, entspricht aber nicht seiner Vorstellung von einem Bild.

Seine Probleme im Verständnis von Aufgaben, Gleichungen sowie Anzahlen bestätigen sich im Verlauf eines Gesprächs.

11. M: *Mhm, ich kann noch schwerere Aufgaben.*
12. N: *Du kannst noch schwerere?*
13. M: *Mhm.*

Marcel sagt, dass er die Aufgaben nur ohne Zettel kann. Frau B fordert ihn auf, es uns vorzumachen. Er lächelt.

14. M: *z.B. 100 + 100 = 140*
15. B: *Aha, und was kannst du denn noch, z.B.?*
16. M: *6, 46 + 49 = 47*
17. B: *Aha und weiter. Das ist ja spannend.*
18. M: *Warte mal, wie geht noch mal die Aufgabe?*
19. B: *Macht dir das im kleineren gar keinen Spaß, im kleineren Bereich?*
20. M: *Doch.*
21. B: *Nimm mal kleinere Zahlen.*

22. M: *Doch, größere hab ich auch noch paar. Da hab ich auch noch so ein Buch, da hab ich zu Hause gelernt.*
23. B: *Ja.*
24. M: *99 + 100 = 97*
25. N: *Mhm. Jetzt nimm mal ne ganz große Zahl, die größte die dir einfällt.*
26. M: *96 + 180 = 88 + 90*
27. N: *Das ist ja ne Kettenaufgabe! Und jetzt nimm mal ne ganz kleine Aufgabe, die dir einfällt.*
28. M: *5+3= 4, glaub ich.*
29. N: *Ja? Gut.*

Deutung

Aus den Aufgaben, die Marcel nennt, wird deutlich, dass er die Form der Gleichung kennt, aber keinerlei Vorstellung zu Rechenoperationen aufruft. Nach unseren bisherigen Beobachtungen kann er Aufgaben dieser Größe nicht berechnen. Er zeigt jedoch, dass er auch einer Summe, die er an den Fingern berechnen kann, in dieser Situation ohne zu rechnen und ohne weitere Kenntnisse über größer oder kleiner von Zahlen abzurufen, eine Zahl zuordnet.

Während die Materialien weggepackt werden, erzählt Marcel weiter.

31. M: *Das sind die schwersten Aufgaben, die ich je gelernt habe.* (Er ist immer noch beeindruckt und lächelt.) *Für 99, 100 Mark kann man sich einen Jeep kaufen oder einen Porsche.*
32. N: *Kann dein Vater sich davon einen Jeep kaufen oder einen Porsche kaufen von 99 oder 100 Mark?*
   Diese Frage dient zur Abgrenzung seiner Aussagen von Spielzeugautos.
33. M: *Ja, macht er aber nicht. Weil er schon einen Volvo hat.*

Seine Erzählungen über den Preis von Autos, zeigt, dass für ihn Zahlen wie 99 oder 100 unüberschaubare Größen darstellen. Marcel weist uns gleichzeitig auch auf seine Auffassung vom Lernen hin, die sich als sinnloses Einprägen von Sätzen darstellt.

10.4.5.2 *Zum Operationsverständnis in Alltagssituationen*

Es fragt sich, ob Marcel über ein Operationsverständnis von Additionen in einem für ihn bedeutsamen Kontext durchführen kann. Er interessiert sich sehr für Tiere und wird darin von seinen Eltern unterstützt[74]. Im folgenden werden ihm Aufgaben, in eine Sachsituation eingebettet, gestellt. Marcel soll die Aufgabe lösen, aber keine formale Gleichung zuordnen. Ebenso wenig wird eine Notation verlangt. Ausgangssituation ist die Idee eines Besuchs in einem Tierpark mit seiner älteren Schwester.

1. N: *Du bist mit deiner Schwester in Hagenbecks Tierpark.*
2. M: *Da geh ich hin.*
3. *(...)*
4. N: *Ja vielleicht, wenn's Wetter wieder schöner ist. Und dann seht ihr den Löwenvater und die Löwenmutter und die haben 2 Junge. Wie viel Löwen sind das zusammen?*
5. M: *2 Junge, 2 Junge, dann noch 2 Junge?*
6. N: *Ja.*
7. M: *Und ein Löwenvater sind 3.*
8. N: *Und die Löwenmutter.*
9. M: *Sind 4.*

Marcel verwendet zwar die Finger um die Anzahlen darzustellen, zählt aber nicht ab.

10. N: *Richtig. Und dann geht ihr zu den Nashörnern. Nashörner sind selten.*
11. M: *Doch, gibt's.*
12. N: *Ja, aber im Zoo sind Nashörner selten. Und da ist die Nashornmutter und der Nashornvater und die haben ein Junges. Wie viel sind das zusammen?*
13. M: *(Zählt an den Fingern,) Ein Nashornvater, eine Nashornmutter und ein Nashornjunge und ein Nashornmädchen sind 4.*
14. N: *Dann kommst du zu den Giraffen. Da sind 2 junge Giraffen und 3 ganz große Giraffen. Wie viel sind das zusammen?*
15. M: *(Spontan) 5.*
16. N: *Ja. Wusstest du das auswendig?*
17. M: *Ja, aber die gibt's nicht mehr. Es gibt nicht mehr so viele.*

Marcel kann aus der Sachsituation eine Addition ableiten. In diesem Kontext berechnet er die Aufgaben richtig, wobei er die Nashornfamilie um ein weiteres Nashornkind bereichert. Diese Aufgaben machen ihm Spaß. Er

---

[74] Marcels Vater ist Tierarzt.

bedauert das Klingelzeichen und konzentriert sich bis zum Schluss auf unsere Fragen.

Zusammenfassung

● *Vorstellungen zu Termen und Gleichungen auf symbolischer Ebene*
Marcel kennt zwar die in der Schule bearbeiteten Operationszeichen, scheint aber keine Vorstellung dazu abrufen zu können.

Marcel zeigt mit dem Nennen seiner eigenen „Aufgaben", dass er im Zusammenhang mit Termen und Gleichungen keine Größenvorstellung aufruft. Lernen scheint für ihn blindes Manipulieren mit Zahlennamen zu sein. Dies zeigt sich am Beispiel einer Gleichung im Bereich bis Zehn, für deren Nennung er weitere Kenntnisse über Zahlen nicht aufruft. Zahlen im Bereich bis 100 scheinen für ihn nicht verständlich.

● *Rechnen in Alltagssituationen*
Dieser Eindruck ändert sich jedoch beim Bearbeiten der Rechenaufgaben im Kontext „Tierpark". Hier kann Marcel einfache Rechenaufgaben mündlich durchführen. Dabei verwendet er meistens nicht seine Finger zum Zählen.

Seine rechnerischen Kenntnisse scheinen bisher an einen konkreten Kontext sowie an einen kleinen Zahlbereich gebunden. Die symbolische Darstellung von Gleichungen scheint ihm fremd.

Welche Kenntnisse zeigt Marcel?

● Er kennt die Operationszeichen + und - und kann sie benennen.
● Er kann im Kontext „Tierpark" einfache Rechenaufgaben lösen.
●

Was bereitet Marcel Schwierigkeiten?

● Er kann zu den Operationen + und - keine Bilder malen.
● Er stellt unsinnige Gleichungen als „schwere" Aufgaben auf und zeigt damit mangelndes Operations- und Symbolverständnis.

10.4.6 Sechste Einzelsitzung

10.4.6.1 *Rechnen im Kontext „Geld"*

Da Marcel sich in den Ferien mit seiner Mutter über Preise von verschiedenen Dingen unterhalten hat, z.B. über die Höhe von Preisen von CDs sinnvoll diskutiert hat, soll überprüft werden, ob Marcel im Kontext „Geld" einen Zugang zum Rechnen findet. Marcel hatte in seinen Äußerungen über die Preise von Autos unrealistische Vorstellungen geäußert. Allerdings übertreffen diese Beträge den Erfahrungsbereich des Kindes. Nach den bisherigen Beobachtungen liegen seine Orientierungsmöglichkeiten höchstens im Bereich bis 20. Es könnten jedoch Teilaspekte von Kenntnissen vorliegen, die er im Sinne der subjektiven Erfahrungsbereiche (Bauersfeld, 1985) im Kontext Geld abrufen könnte.

Die Hoffnung, dass Marcel mit Geld rechnen kann, scheint sich nicht zu bestätigen. Er kann die Summe von 2 Groschen nicht bilden. Die weiteren Übungen zeigen, dass er anscheinend auch keine Vorstellung davon hat, wie Geldstücke gegen gleichwertige Geldstücke getauscht werden können. Er tauscht einen Groschen gegen einen anderen Groschen sowie gegen zwei Fünfpfennigstücke. Weiteren Umtausch führt er nicht durch. Dies würde die Vorstellung einer Äquivalenz - hier von verschiedenen Geldstücken - voraussetzen, die er auch in anderen Kontexten nicht oder nur mühsam aufbauen konnte.

Im Weiteren wird deshalb überprüft, ob es ihm möglich ist, „einzukaufen" oder zu „verkaufen", ein Maoam kostet einen Pfennig. Diese Situation bereitet ihm offensichtlich viel Spaß. Er führt Eins-zu-Einszuordnungen durch und kann sogar herausgeben, als Frau B mit einem 2-Pfennig-Stück bezahlt und ein Maoam kaufen möchte. Problematisch wird der Prozess, als Frau B. mit einem Zehnpfennigstück bezahlt und 6 Bonbons kaufen will.

Das Herausgeben von 4 Pfennigen beim Kauf von 6 Bonbons würde voraussetzen, dass er die Wertgleichheit von 6 Bonbons und 4 Pfennigen mit einem Zehnpfennigstück erkennt oder eine Strategie zur Verfügung hat, die Differenz von 6 zu 10 zu bilden.

Dieser Kontext verhilft ihm jedoch zu einem Zugang zur symbolischen Darstellung von Gleichungen.

Mit den Zahlenplättchen wird ein Term gelegt. Schrittweise wird Marcel angeleitet diesen Term in eine entsprechende Anzahl Bonbons zu übersetzen.

Erste Aufgabe: 3 + 1

1. M: *3 Maoams habe ich hier.*
2. N: *Du kaufst zuerst 3 und dann kaufst du noch welche. Dann kommt nämlich dein Freund. Dann kaufst du für deinen Freund noch?*
3. M: *Einen.*
4. N: *Mhm.*
5. M: *Also nehm' ich mir mal diesen.*
6. *(...)*
7. N: *So und jetzt steht hier ein plus und eine 1, das bedeutet?*

8. M: *Dass ich mir noch einen holen kann.*
9. B: *Mhm.*
10. *M: Ich werde mir noch einen holen* (Er gibt Geld).
11. *B: Nimm dir einen.*
12. ...
13. B: *Das kriegst du dann wieder.*
14. *Marcel schiebt ihr ein Fünfpfennigstück hin.*
15. M: *Und das kriegst du.*
16. N: *Lies mir das vor.*
17. M: *3 + 1.*
18. N: *Wieviel sind das zusammen?*
19. M: *4.*
Ich lege das Gleichheitszeichen und die 4 neben den Term.

Deutung
Marcel kann die symbolische Darstellung des Terms mit Pfennigen und
Bonbons nachvollziehen. Er kann die Summanden ablesen und die Summe
bilden und bezahlt mit einem Zehnpfennigstück. Die Anforderung wird
durch den Tauschprozess, der mit der Idee des Einkaufens verbunden ist,
sehr anspruchsvoll. So weiß Marcel zwar, dass er zuviel bezahlt hat und
etwas herausbekommen müsste, aber nicht wie viel.

In dieser Situation verfügt Marcel über einen Aspekt, der ihm in der vorigen Situation noch nicht geläufig war: Wenn der Wert des gezahlten
Geldbetrags den Wert der gekauften Ware übersteigt, wird Geld herausgegeben.

Weitere Beispiele zeigen, dass er Additionstermen die Einkaufshandlung
zuordnen kann.

1. M: *Ja, ich hab's richtig, ja ich bin der Sieger* (Er streckt seine Hände in
die Luft).
2. N: *Jetzt pass auf, was jetzt passiert. Jetzt kommt deine Schwester an aus
der Klassenreise.*
3. M: *Ne, die ist im Hansaland, im Hansapark.*
4. N: *Also gut, jetzt kommt ein Mäuschen an.*
5. M: *Piep, piep, piep.*
6. N: *Und das Mäuschen sieht, dass du 5 Maoam hast, weißt du, was die
Maus macht?*
7. M: *Die nimmt mir die einfach weg.*
8. N: *Die frisst dir 2 auf* (schiebe 2 Bonbons beiseite).

9. M: *Dann hab ich leider nur noch 3. ... Was denn jetzt?*
Ich lege die Gleichung dazu und fordere ihn auf, vorzulesen.
10. M: *5-2=3.*
11. N: *Ja.*
12. M: *Jetzt kommt die Wühlmaus noch mal .*
13. N: *Ja, jetzt kommt die Wühlmaus noch mal.*
14. M: *Und nimmt mir noch 1 weg.*
15. N: *Ja.*
16. M: *Das sind 2.*
17. N: *Prima, jetzt sag mir mal was ich hinlegen muss* (an Zahlenkärtchen).
18. M: *2.*
19. N: *Und wie kann ich zeigen, dass die Wühlmaus was weggenommen hat, mit welchem Zeichen?*
Marcel nimmt das Minuszeichen.
20. N: *Ja , und was muss ich , wie viel hat sie denn weggenommen?*
21. M: *1.*
22. N: *Wo kommt der 1 hin?*
Marcel schiebt die 1 hin.
23. N: *1 hat die Wühlmaus weggenommen und das zeigt uns jetzt, wie viel du noch hast.*
24. M: *2.*
25. N: *Lies vor.*
26. M: *3-1=2* (Die 2 wird gequietscht).
27. N: *Super. Das machen wir jetzt noch mal mit Geld.*
28. M: *Ich bin der König.*
29. N: *Du bist der König.*

Deutung
Marcel bearbeitet den Term Schritt für Schritt. Er gibt passende Geldbeträge für die entsprechende Anzahl Bonbons und kann den Term berechnen. Heute ist er sehr aktiv. Er freut sich über das richtige Ergebnis. Beim Angebot, eine Rechengeschichte zu gestalten, ergreift er die Initiative und führt die Geschichte weiter. Die 2 als Subtrahend vorgegeben greift er auf, nennt den Term und berechnet ihn. Entsprechend seinen Angaben lege ich die Gleichung. Marcel formuliert in Form der Geschichte eine neue Aufgabe und berechnet das Ergebnis. Die Zuordnung von den Zahlenkarten kann er leisten, aber nur schrittweise mit Hilfe von Fragen, die den nächsten Schritt einleiten. Marcel gelingt alles. Er freut sich.

10.4.6.2 Marcels Selbstwertgefühl bezogen auf seine mathematischen Leistungen und seine Gruppenzugehörigkeit

Anhand von Zahldarstellungen auf Karten gibt Marcel uns heute Einblick in seine psychische Befindlichkeit. Zunächst sollten diese eingesetzt werden, um nach seinen Vorstellungen zu „Malaufgaben", die im Unterricht gerade behandelt werden, zu fragen. Marcel betrachtet die Bilder als Kinder und beschreibt die Beziehung der Kinder. Dies ist eine symbolische Handlung, die Bilder werden als Zeichen für Kinder und eine fiktive Beziehung eingesetzt.

M: *Ich hab ne Idee, was wir jetzt machen. (Greift mit der Hand nach dem 3. Bild. Ich schiebe das 3. Bild dazu)*

M: *Die steht da jetzt drauf und die mögen sich ja gar nicht,* (er schiebt die Häuser auseinander, als ich eines wieder weiter wegschieben will, protestiert er) *Nein, das nicht* (Er schiebt alle drei in einer Reihe etwas auseinander).

Und die mögen sich überhaupt nicht. Der (das erste Bild, Nr. 1) *mag den nicht* (den in der Mitte, Nr.2), *der* (das letzte Bild, Nr.3) *mag den nicht* (den in der Mitte), *und die mögen sich überhaupt nicht, ne?*

Und der (Nr. 3) *fragt den* (Nr.2) *ob der Mathe kann, nö sagt der* (Nr. 2) *und der* (Nr. 3) *fragt den* (Nr. 1) *ob der Mathe kann, ja ich kann's, sagt der* (Nr. 1). *Ja, ich kann's auch, sagt der* (Nr.3).

Und der (Nr. 2) *sagt, ne, ich kann das nicht, und dann haben die, dann haben die beiden* (Nr. 1 und 3) *vor den* (Nr.2) *zu verprügeln, ne.*

Und dann sagt der plötzlich: Ich kann aber Deutsch. Und dann sagen die, äh, ist das öde. Da ist ja Mathe viel besser und da wollen die ihn total verkloppen und dann woll'n die den grün und blau schlagen

und dann sagt er plötzlich: Ich kann doch Mathe. (Dabei schiebt Marcel Nr. 2 nach oben aus der Reihe heraus). *Und dann, dann gehen die alle hier hoch* (er schiebt die Karten entsprechen) *und dann sind die alle Freunde.*

Deutung

Eines der Kinder wird von den beiden anderen nicht gemocht. Sie wollen ihn verprügeln, "weil er nicht Mathe kann". Dieses Kind verweist auf seine

Leistungen im Deutschunterricht, aber die sind für die erteilte Zuwendung nicht relevant. Diese wird dem Kind erst zuteil, als er sagt "ich kann doch Mathe".

Auslöser in dieser Situation könnte der Hinweis auf "Malaufgaben" sein. In einer der Unterrichtsstunden mit diesem Thema wurde es allen anderen Mitschülern sehr deutlich, dass Marcel selbst die sprachlichen Hinweise zum Umgang mit Steckwürfeln nicht umsetzen konnte. Marcel drückt mit seiner Geschichte die Sorge aus, von anderen wegen seiner Lernschwierigkeiten abgelehnt zu werden. Diese Sorge ist berechtigt, nicht nur wegen der Äußerungen der Kinder der Kleingruppe, sondern auch, weil er mit seinen Interessen für kindliche Lieder und Spiele nach Aussagen der Lehrerin zunehmend weniger Kinder in der Klasse findet, die diese Interessen teilen.

Marcels Ende der Geschichte ist auf die Situation bezogen positiv zu deuten. Heute gestaltete er viel selbst und konnte viele Aufgaben lösen. Deshalb scheint die Perspektive, integriert zu werden, erreichbar. Gleichzeitig scheint Marcels Ansatz zur Lösung seines Problems fragwürdig, weil er keinen Ausgleich für schwache Rechenleistungen zulässt.

Die Anerkennung seiner Persönlichkeit von seinen Leistungen in Mathematik abhängig zu machen, scheint er auch zu Hause zu empfinden.

Mutter (freundlich): Marcel, kommst du mal bitte?
Marcel: Aber nur, wenn du nicht Mathe mit mir machst!

Zusammenfassung

* *Einkaufen und Verkaufen*

Marcels Probleme, die Gleichwertigkeit von unterschiedlichen Anzahlen zu erkennen, zeigen sich ebenfalls im Umgang mit Geld. Er kann keinen Groschen oder Fünfer in andere Münzen umtauschen. In der Spielhandlung wird verlangt, dass er „einkauft" und „verkauft". Der Tauschprozess von Pfennigen in Bonbons und seine Umkehrung wird von ihm durchgeführt, solange die Geldbeträge und Anzahl der Bonbons einer Eins- zu Eins-Zuordnung entsprechen. Schwierigkeiten bereitet es ihm, wenn das nicht der Fall ist, also Geld herausgegeben werden müsste.

Diese Aufgabe ist sehr komplex. Es setzt zunächst das Erkennen der Gleichwertigkeit von einem Geldstück von größerem Wert mit mehreren einer kleineren Einheit voraus. Zudem wird das Erkennen der Differenz der bezahlten Ware und ihrem Wert sowie dem Wert des bezahlten Betrages notwendig. Dies gelingt Marcel beim Vergleich der Werte von 1 und 2 Pfennigen, aber nicht bei 6 und 10 Pfennigen.

- *Zur symbolischen Schreibweise von Gleichungen*

Im Kontext Geld gelingt es ihm erstmals sowohl die Addition als auch die Subtraktion symbolisch darstellen. Bei der Addition entnimmt er eine Handlung der vorgegebenen symbolischen Darstellung, bei der Subtraktion ordnet er den Term einer Handlung zu. Seine Weiterführung der Aufgabenstellung lässt vermuten, dass der Umgang mit der symbolischen Darstellung der Gleichungen für ihn eine Bedeutung hatte, im Unterschied zu den ersten Sitzungen. Das Einbeziehen von Tauschprozessen in die Aufgabenstellungen kann er noch nicht selbstständig, aber unter Anleitung durchführen.

- *Marcels emotionale Befindlichkeit*

Die Arbeit mit Geld ist emotional stark besetzt. Dies kommt auch bei Marcel wiederholt zum Ausdruck. Er freut sich über die Arbeit mit Geld, er ärgert sich, wenn er aufgrund von einer Subtraktion etwas abgeben soll, er verschenkt es lieber freiwillig.

Marcel öffnet sich in dieser Situation soweit, dass er uns, in eine Geschichte gekleidet, Sorgen bezogen auf Selbst- und Fremdbilder in Bezug auf seine Schwierigkeiten beim Lernen von Mathematik mitteilt.

Welche Kenntnisse zeigt Marcel?

- Er kann Kaufen und Verkaufen, wenn die Anzahl von Bonbons und Münzen genau übereinstimmt.
- Er kann herausgeben, wenn die Differenz 1 beträgt.
- Er lernt einfache Gleichungen zu einer Handlung zu notieren.

Was bereitet Marcel Schwierigkeiten?*

- Er kann den Wert von den in der Situation vorgegebenen Waren nicht einschätzen.
- Er kann Münzen nicht in gleichwertige andere umtauschen.
- Er kann den genauen Betrag einer Differenz nicht ermitteln, wenn der Wert des bezahlten Geldstücks den der Ware um mehr als 1 übersteigt.

10.4.7 Siebte und achte Einzelsitzung

Die bisherigen Beobachtungen haben deutlich gemacht, dass Marcel sein scheinbar isoliert gespeichertes Wissen in einen sinnvollen Zusammenhang einbetten muss. Der Zahlbereich, in dem er eine Orientierung zeigt, ist kleiner als 10. Eine weitere Arbeit mit dem Kind sollte deshalb zunächst grundlegende Fähigkeiten thematisieren. Ein wichtiger Begriff ist der der Reihenfolge. Marcels Arbeitsverhalten hat sich geändert. Es scheint, als würde er in dem für ihn überschaubaren Bereich entdecken, was es bedeutet, Einsicht in mathematische Zusammenhänge zu entwickeln.

10.4.7.1 Zur Fähigkeit, Reihenfolgen einzuhalten

10.4.7.1.1 Beim Spielen: Wer ist an der Reihe?

Bei bisherigen Spielen haben wir immer zu zweit gespielt. Marcel musste also neben dem Spielverlauf nur beachten, dass er abwechselnd mit seiner Partnerin an der Reihe war. Zu Beginn dieser Sitzung spielen wir zu dritt. Probleme ergeben sich für uns unerwartet aus seiner Schwierigkeit, die Reihenfolge der Spielteilnehmer einzuhalten. Wiederholt ist er der Auffassung übergangen worden zu sein und entsprechend verärgert.

10.4.7.1.2 Zur Reihenfolge der Zählzahlen

Marcel kann zählen, er kann Anzahlen erkennen, aber er ist nur begrenzt zu einer Integration beider Aspekte in der Lage. So fällt es ihm schwer, Reihenfolgen der Zählzahlen herzustellen und diese zum Ordnen von Mengen einzusetzen. Deshalb kann er seine Fähigkeit zu zählen auch nicht immer nutzen, um Summen zu bilden.

Anhand von Piroschkapuppen[75] und Bonbons soll mit Marcel der Zusammenhang von Zahlwortreihe und kardinalem Aspekt von Mengen erarbeitet werden. Marcel soll Piroschkapuppen nach der Größe sortieren. Den Puppen werden Namen von 1 bis 6 gegeben. Diesen Namen entsprechend sollen Bonbons zugeordnet werden. Mit dieser Konstellation wird den Zahlzeichen von 1 bis 6 ebenfalls die Größerrelation zugeordnet.

Marcel baut zuerst die Puppen auseinander und staunt über deren Anzahl. Die Umkehrung, die Puppen wieder ineinanderzustecken, gelingt ihm nicht. Dies würde voraussetzen, dass er sie nach der Größe sortieren kann.

Wir stellen die Puppen ungeordnet vor ihn hin. Marcel erkennt zwar die Größte, kann aber nicht auf Anhieb die richtige Reihenfolge herstellen. Er vergleicht zwar eine ausgewählte Puppe mit der als letztes zugeordneten. Dabei berücksichtigt er nicht, dass die Herstellung der Reihenfolge eine Relation ist, die sich sowohl auf die vorausgehende, wie auf die nachfolgende Puppe bezieht.

---

[75] Immer kleiner werdende Puppen, die ineinander zu stecken sind.

Nachdem es ihm gelungen ist, die Reihenfolge herzustellen, erfolgt die Zu-ordnung von Namen. Die Puppen werden ihrer Größe entsprechend 1, 2, 3, 4, 5 und 6 genannt. Marcel gelingt es nicht auf Anhieb, jeder Puppe so viele Bonbons zuzuordnen wie der Name angibt. Immer an den Puppen orientiert zählt Marcel hier ohne Schwierigkeiten vorwärts. Rückwärtszählen fällt ihm schwer. Er übt mit großem Eifer so lange, bis es ihm gelingt.

1. M: *Noch mal! 6, 5, 3, nein, noch mal 1, äh, 6, 5, 4, 3, 2, 1.*
2. N: *Hervorragend!*
3. M: *Das war's!*
   Die Übung wurde immer mit Blick auf die Puppen durchgeführt. Marcel versucht mit geschlossenen Augen rückwärts zu zählen.
4. M: *Mal sehn mit Augen zu: 6, 5, 4, 3, 2, 1.*

Deutung
Marcel ist sehr motiviert, diese Aufgabe zu bewältigen. Er arbeitet sehr selbständig. Da ihm die Umkehrung des Zählens nur mit Mühe gelingt, stellt er sich selbst Übungsaufgaben. Diese übt er so lange, bis er sich sicher genug fühlt.
Nach dieser Arbeit bemüht er sich erneut vergeblich, die Puppen zusammenzupacken.

10.4.7.1.3 Beim Schwimmen
Marcel erzählt uns, dass er gern Schwimmen geht und von Sprungtürmen unterschiedlichster Höhe springt.

1. M: *Ich spring von Dreier und vom Einer.*
2. N: *Das find ich gut. Auch vom Zehner ist das total heiß, ne.*
3. N: *Was ist denn höher, vom Dreier oder vom Einer?*
4. M: *Och, wenn du erst mal auf dem Dreier stehst, hochgehst, dann noch, dann springst du runter, dann spürt man total die Luft, ne.*
   „Hochgehen" kann man auf der Treppe zum Sprungturm. Hier ist vermutlich das kurze Abheben vor dem eigentlichen Sprung gemeint.
5. N: *Du sag mal, Marcel, was ist höher, der Dreier oder der Einer?*
6. M: *Mhm, kann man sagen, der Einer ist kleiner, der Dreier ist größer.*
7. N: *Ja.*
8. M: *Weil der Dreier größer ist, ne.*
9. N: *Ja.*
10. M: *Und der Zehner ist am größten, ne.*

Marcel erzählt weiter über die Schwimmoper, ein Schwimmbad mit unterschiedlichsten Sprungtürmen. In diesem Kontext gelingt es ihm, eine Verbindung zur Reihenfolge von Zahlen zu erfassen.

11. N: ..., z.B. der allerkleinste von den Sprungtürmen...

12. M: Ist der Einer.

13. N: Genau, und was kommt dann?

14. M: Der .... Einer, der kleinste von den Sprungtürmen ist der Einer.

15. N: Ja, und dann?

16. M: Der größte jetzt?

17. N: Mhm, der Nächste, wer kommt nach dem Einer?

18. M: Der Zweier.

19. N: Und nach dem Zweier?

20. M: Der Dreier.

21. N: Und wer ist dann höher?

22. M: Der Vierer, aber den gibt's gar nicht.

23. N: Den gibt's nicht. Und was ist dann höher?

24. M: Der Zehner glaub ich ... Fünfer, den gibt's.

Seine Vertauschung von Fünfer und Zehner erscheint bezogen auf seinen Tonfall eher auf ein Abrufen der verschiedenen Sprungtürme zu beruhen, als eine Verwechslung der Höhe zu sein.

25. N: Den Fünfer gibt's und der Fünfer kommt noch vor dem Zehner.

26. M: Es gibt alles nur in der Schwimmoper.

Deutung

Marcel erzählt weiter von seinen Erfahrungen im Schwimmbad. Im Kontext seiner Erzählung vom Schwimmbad ist Marcel über die Reihenfolge der Sprungtürme ganz sicher. Marcel verbindet hier die Reihenfolge mit sensorischen Erfahrungen wie Luftzug am Körper oder der Frage, von welcher Höhe er einen Kopfsprung machen würde. Die wachsende Steigerung der Höhe gewinnt damit für ihn eine spürbare Bedeutung.

Seine Sicherheit in der Beschreibung seiner Erfahrungen beim Springen zeigen, dass er in diesem Kontext mit der Reihenfolge von Zahlen eine Bedeutung verbindet. Die Erfahrung von Unterschiedlichkeiten lässt die Anordnung der Sprungtürme bezogen auf ihre Höhe wichtig erscheinen. In dieser Situation strahlt Marcel große Sicherheit aus. Er erzählt von Bereichen, die ihm Spaß machen und in denen er etwas leisten kann, selbst wenn er sich den Kopfsprung von Zehnmeterbrett noch nicht zutraut.

Zusammenfassung

• Reihenfolge

Mit dem Spiel zu Beginn der siebten Sitzung wird deutlich, dass Marcel auch in dieser Situation Probleme hat, die Reihenfolge der Spielpartner einzuhalten. Das Thema Reihenfolge wird ebenfalls beim Zusammenstecken der Puppen bedeutsam. Es gelingt ihm weder zu Beginn noch gegen Ende der Stunde, die Puppen ineinander zu stecken. Auch das Ordnen der Puppen nach der Größe ist für ihn zwar leistbar, aber nicht trivial. Nachdem er die Puppen geordnet, ihnen die Namen von 1 bis 6 sowie die entsprechende Anzahl Bonbons zugewiesen hat, übt er, die Zahlenreihe rückwärts aufzusagen. Er löst sich selbst vom Material indem er die Augen schließt. Auch dabei gelingt es ihm, die Reihenfolge einzuhalten. Seine Sicherheit in der Reihenfolge dieser Zahlen zeigt er, als es ihm gelingt, diese wieder herzustellen, selbst wenn bis zu 3 Zahlenkarten entfernt wurden.

• Motivation und Selbständigkeit

Marcel ergreift verstärkt Eigeninitiative und stellt sich selbst Aufgaben.

Welche Kenntnisse zeigt Marcel?

- Es gelingt ihm, die Piroschkapuppen nach der Größe zu ordnen.
- Er kann den Piroschkapuppen Zahlen bis 6 und gleichzeitig die entsprechende Anzahl von Tieren (bildliche Darstellung) zuordnen.
- Er kann im Kontext Schwimmbad einen Größenvergleich der Sprungtürme vornehmen und scheint dadurch eine Bedeutung der Größerrelation von Zahlen zu entwickeln.
- Er lernt, die Reihenfolge der Zahlen bis 6 den Puppen zuzuordnen und rückwärts aufzusagen.

Was bereitet Marcel Schwierigkeiten?

- Er hat Schwierigkeiten, die Piroschkapuppen wieder zusammen zu bauen.
- Er hat Probleme zu erkennen, wann er in der Spielsituation an der Reihe ist.

10.5 Diskussion der Fallstudie Marcel

10.5.1 Zu Marcels Kenntnissen

Im Laufe der Sitzungen wird es erkennbar, dass Marcel dem Unterricht einer dritten Klasse selbst in der Gruppe der Leistungsschwachen nicht folgen kann. Seine Probleme mit grundlegenden Begriffen wie Reihenfolge, Äquivalenz von Mengen, Zählfähigkeit, Invarianz bei gleichzeitiger hoher Ablenkbarkeit zeigen eine Leistungsfähigkeit, die unter der eines durchschnittlichen Schulanfängers liegt.

„gleichviel"
Dieser Begriff wird in den verschiedensten Kontexten immer wieder überprüft. Marcel kann zunächst Mengen nicht nach dem Kriterium der Gleichmächtigkeit ordnen. Da er generell die Frage „sind es gleich viele?" mit ja beantwortet, manchmal seine Antwort richtig ist, manchmal nicht, kann nicht genau gesagt werden, ob er dieses Konzept entwickelt hat. Es scheint, als könne er es auf einen sehr kleinen Bereich anwenden.

Invarianz von Mengen
Die Verfügung über dieses Konzept setzt voraus, dass er feststellen kann, ob Mengen gleichviel Elemente enthalten. Marcels Umgang mit Material lässt es möglich erscheinen, dass er in einem eingeschränkten Zahlbereich über dieses Konzept verfügt.

Zählfähigkeit
Marcel kann vermutlich bis 22 verbal zählen. Da seine Leistungen sehr stark von seiner Tagesform abhingen, soll hier keine präzisere Angabe erfolgen. Beim quantifizierenden Zählen kommt es zum Übersehen oder mehrfachen Zählen von Elementen. Dies wurde bereits bei 10 Elementen beobachtet. Nach dieser Erfahrung ist es für ihn nicht eindeutig, welche Zahl einer Menge zuzuordnen ist. Dies könnte seine Schwierigkeiten, Anzahlen als gleich zu erkennen, verständlich machen.

Marcel kann zunächst nicht rückwärts zählen. Er kann nicht weiterzählen von einer bestimmten Zahl aus. Er verfügt damit nicht über das Konzept „Vorgänger" bzw. „Nachfolger" von Zahlen. In der Regel setzt er Zählen nicht zum Vergleich von Anzahlen ein. Nach Beendigung der Beobachtungen kann Marcel im Bereich bis 6 rückwärts zählen.

Mehr oder weniger
Bezogen auf die Unterscheidung von Anzahlen war es Marcels bevorzugte Strategie zu schätzen. Vielleicht beruht darauf seine Sicherheit in der Festellung von „mehr" oder „weniger".

Addieren und Subtrahieren
Marcel kann in einem für ihn überschaubaren Kontext, in einem Zahlbereich kleiner als zehn, addieren und subtrahieren. Er verwendet dazu teilweise seine Finger und kennt einige Zahlensätze auswendig. Über diese Fähigkeiten verfügt er nicht sicher. Er kann seine Finger nicht immer sicher einsetzen und erhält deshalb teilweise Lösungen, die mit dem Abrufen eines kardinalen Zahlaspekts nicht vereinbar wären. Die symbolische Darstellung von Termen oder Gleichungen ist ihm zunächst fremd. Er kennt die Bezeichnungen für die Zeichen +, -, =, scheint aber zu symbolischen Darstellungen von Operationen keine Vorstellungen abrufen zu können. Dies scheint sich im Laufe der Beobachtungen zu ändern.

Das Ableiten von Summen aus einer gerade durchgeführten Handlung gelingt ihm nur mit Anleitung.

Die Reihenfolge von Zahlen und Anzahlen
Marcel kann zwar zählen, aber selbst im Bereich bis 9 nicht Zahlenkarten in einer dem Zählen entsprechenden Reihenfolge ordnen. Auch die Zuordnung von Bonbons erweist sich nicht als ausreichende Unterstützung.

Das Erfassen von Reihenfolgen erwies sich als Problem, das über die Ordnung der natürlichen Zahlen auch andere Bereiche betraf. Es zeigte sich bei seiner Bearbeitung von Sachsituationen, bei denen er alle einzelnen Elemente erfasste:

* *Er konnte aus einer Bildergeschichte das richtige Zeichen für die Operation Minus entnehmen, er konnte erkennen, welche Zahlen für die Ausgangsmenge und die Endmenge standen.*
* *Er hatte aber Probleme, sowohl die Ziffern, als auch das Zeichen in der richtigen Reihenfolge zu notieren.*
* *Es fiel ihm schwer, Zahlen nach der richtigen Reihenfolge zu ordnen.*
* *Beim Spiel zu dritt, mussten wir auf die Einhaltung der Reihenfolge der Spielpartner bestehen. Er hatte wiederholt den Eindruck, er sei an der Reihe.*
* *Es war nicht trivial, die "Puppen aus der Puppe" nach der Größe zu sortieren.*

- Er hat es nicht geschafft, die Puppen wieder zusammen zu stecken.
- Nach Aussagen der Lehrerin zeigte sich diese Problematik generell in der Durchführung von Handlungen, die mehrere Schritte erfordern. Es zeigte sich beim Umsetzen mehrschrittiger Bastelanweisungen ebenso wie bei der Bearbeitung eines Arbeitsblatts im Deutschunterricht. Marcel wusste nicht, was er tun sollte. Leitfragen wie „Was brauchst du dazu?", halfen ihm, seine Handlungen zu steuern.

Zum Umgang mit Geld

Marcels Äußerungen über Preise zeigen, dass er keine realistische Vorstellung über die Preise von Alltagsgegenständen hat. Auch im Umgang mit Geld beschränkt sich der Zahlenraum auf Beträge kleiner als 10 (Pfennig). Marcel kennt die Äquivalenz von verschiedenen Darstellungsformen nicht. Er kann deshalb Geld nicht umwechseln. Beim Einkaufen von Bonbons gelingt ihm deshalb der Tausch, wenn der Geldbetrag und Anzahl der Bonbons genau übereinstimmen. Ein Herausgeben von Geldbeträgen ist für ihn bereits bei einer Differenz von 4 nicht mehr durchführbar.

Nach kurzer Zeit gelingen Marcel erste Ansätze zum Tausch und zur eigenständigen Darstellung von Gleichungen.

Marcels Arbeitshaltung

Marcel hat im Unterricht immer alle formalen Voraussetzungen erfüllt und in der Regel versucht das zu tun, was der Lehrer gesagt hat. Die Umsetzung der Anweisungen des Lehrers gelang Marcel nicht immer, weil er sie oft nur teilweise erfasste.

Er erweckte den Eindruck, die von außen zu beobachtenden Handlungen nachzuvollziehen oder mitzumachen. Seine Tätigkeiten schienen jedoch auf der Oberfläche stehen zu bleiben. Sie erhielten ihren Sinn als Anpassungsleistung - den anderen Kindern wurde nicht bewusst, wie wenig Marcel von dem verstand, was sie taten.

Auf dieser Ebene schien auch Marcels Arbeit an mathematischen Inhalten angesiedelt. Im Laufe der Einzelsitzungen wurde deutlich, dass sich Marcel isoliert Kenntnisse angeeignet hat, die nicht ausreichend von individuellen Bedeutungen unterstützt sind. So geben seine Aussagen über „schwere Aufgaben" (5. Sitzung) einen Einblick seiner Vorstellung vom „Lernen", die als Einprägen von Formalismen verstanden werden kann, von denen er weiß, dass andere sie mit Bedeutung erfüllen. Er kann die Bedeutung jedoch nicht teilen. Lernen bezogen auf Mathematik scheint für ihn aus Einprägen von Zahlen und Operationszeichen zu bestehen, die verknüpft werden, so dass sie aussehen wie Gleichungen. So verbleibt er in seinem Verhalten wie in seinem Lernverhalten auf der Ebene der Nachahmung äußerlich zu beobachtender Tätigkeiten. Diese Tätigkeiten werden von ihm nicht mit einer mathematischen Bedeutung versehen. Sie sind für ihn relevant, weil sie von ihm erwartet werden. Ein „Nichterfüllen-können" dieser Erwartungen wird verbunden mit der Vorstellung ein ungeliebter Mensch zu sein.

Dies scheint ein entscheidender Grund für seine Lernprobleme zu sein. Die Nachahmung von Handlungen, die angeleitete Durchführung von jeweils einem Schritt einer komplexen Tätigkeit, muss vom Verständnis für die Handlung begleitet sein, sonst verbleibt das Kind auf der Ebene der Nachahmung. Selbst die Einbeziehung unterschiedlicher Modalitäten im Sinne eines „Lernen mit allen Sinnen" kann nicht lernfördernd wirken, wenn die individuelle Bedeutungszuweisung fehlt.

Marcel eignet sich Prozeduren an. Er lernt die Finger zum Abzählen und zur Ausführung von Operationen einzusetzen, er schreibt Aufgaben von der Tafel ab, er lässt sich von seiner Lehrerin schrittweise zu Tätigkeiten anleiten. Es scheint jedoch, als würde er dabei deklaratives Wissen zum inhaltlichen Kontext der Tätigkeiten nicht abrufen.

Beispiele:
So kann er zu einer gegebenen Anzahl die entsprechende Zahl seiner Finger strecken. Er ruft dieses Wissen jedoch nicht ab, wenn er dem Term $3 + 5$ als Lösung 35 zuordnet oder mit 2 Fingern der einen und 2 Fingern der anderen Hand nicht in der Lage ist $2 + 2 = 4$ zu berechnen.

Er kann verbal zählen, er kann quantifizierend zählen, ruft dieses Wissen jedoch nicht ab, wenn er Zahlenkarten in die richtige Reihenfolge bringen soll.

Marcels Umgang mit Sprache
Im Unterschied zu den übrigen dargestellten Kindern wurde bei Marcel nicht auf eine Störung der auditiven Wahrnehmungstätigkeit[76] hingewiesen. In der Kommunikation mit ihm ergaben sich jedoch Probleme, dadurch dass er häufig Sprache nur begrenzt umsetzen konnte. Dies bezog sich sowohl auf seinen aktiven wie passiven Sprachgebrauch. Es zeigte sich im Unterricht, indem er kontextbezogene Hinweise nicht zur zusätzlichen Deutung

---

[76] Die Aussagen des Neurologen bezogen sich auf funktionelle Störungen, über deren genaue Ausprägung er sich jedoch nicht äußern mochte.

nutzen konnte und oft nur Fragmente von gesprochenen Sätzen verstand. Es zeigte sich ebenfalls in der Einzelsitzung.

Seine Schwierigkeiten im Sprachverständnis zeigten sich weniger in vertrauten Bereichen. So zeigten seine Erzählungen, dass er auch komplexere Sachverhalte darstellen konnte. Dabei fiel es ihm nicht schwer, die Reihenfolge mehrschrittiger Tätigkeiten einzuhalten. Bei dem Versuch, aus Sachsituationen Rechenanlässe zu entwickeln, konnte jedoch ein weiterer Hinweis für Marcels Schwierigkeiten vermutet werden. Lurija/Judowitsch (1970) wiesen auf die Bedeutung der Phantasie hin, die es ermöglicht, sich etwas vorzustellen, von einer gegebenen Situation aus weitergehen und sie in der Vorstellung verändern zu können. Sprache verliert damit ihre unmittelbare Situationsgebundenheit. Marcel kann zwar aus seinem Gedächtnis Wissen abrufen, z.b. über die verschiedenen Paar Schuhe, die er hat. „Stell dir vor, du hättest ein Paar Schuhe der Marke xy" ist für ihn nicht nachvollziehbar, weil er ein solches Paar nicht hat. Es ist ebenfalls nicht möglich, die Abwesenheit seiner Schwester mit einer Rechenaufgabe in Verbindung zu bringen, wenn als Grund für deren Abwesenheit nicht genau der wirkliche genannt wird. Solche Phantasien gelingen Marcel nur begrenzt, z. B. im Zusammenhang mit Tiergeschichten.

Diese Situationen verdeutlichen Schwierigkeiten, wie sie Kinder mit Schwächen im symbolischen Bereich zeigen. „Male ein Bild" wird als Aufforderung wörtlich genommen, ohne die zusätzlichen Informationen miteinzubeziehen, die der Kontext hier erfordert.

Es kommt einem Abstraktionsprozess gleich, das jeweils für den mathematischen Kontext Bedeutsame zu erkennen und von den realen Situationsaspekten abzusehen. In diesem Zusammenhang werden seine Probleme mit der Erfassung von „Gleichheit" ebenfalls relevant. Mit der Lösung von den konkreten Eigenschaften der Situation wird es möglich, das für den mathematischen Inhalt Gleiche in verschiedenen Situationen wiederzuerkennen.

Marcels Schwierigkeiten, sich bereits bei Alltagserfahrungen von der konkreten Situation zu lösen und sie in der Vorstellung zu verändern, lässt die Kluft zwischen einem symbolischen Umgang mit Zahlen, der das Ablösen konkreter Eigenschaften voraussetzt und dem, was er bereits leisten kann, deutlich werden.

Marcels Auffälligkeiten im Verständnis von Sprache erscheinen im Kontext seiner Erzählungen sowie im Zusammenhang mit seinen geringen und isolierten Kenntnissen mathematischer Begriffe weniger ein Problem auditiver Funktionen, als ein Problem kognitiver Fähigkeiten zu sein. Lernen als Nachahmungsprozess zu begreifen, der auf einer äußeren Ebene verbleibt, ist nicht mit einer Sinndeutung der Situation verbunden. Sprachrezeption ohne ausreichende Deutung des semantischen Kontexts erweist sich als Belastung für das Gedächtnis, das durch die Zusammenfassung von komplexen Tätigkeiten zu einer Handlung entlastet wird. Deshalb scheint es verständlich, dass Marcel in Gesprächen, die sich auf ihm vertraute Gegebenheiten beziehen, ein anderes Sprachverhalten an den Tag legt.

Sein unmittelbares Eingehen auf jede Aufforderung ohne die bisherigen miteinzubeziehen zeigt sein Unverständnis der Situation generell. Jeder neue Impuls erscheint eine neue Situation zu gestalten, deren Zusammenhang zur vorigen nicht deutlich wird. Dies erinnert an die Beschreibung der retardierten Zwillinge Lurija/Judowitschs (1970), die in hohem Maße ablenkbar waren und von jedem Impuls zu einer Unterbrechung der gerade begonnen Tätigkeit veranlasst wurden. Es wird hier die Aufmerksamkeitsfokussierung angesprochen. Marcel scheint im Sinne von Breitenbach (1995) jeweils neue Oberprogramme des Verhaltens aufzurufen und die sprachlichen Impulse als neue Situation begreifen. Bei Marcel scheint es nicht alleine an einer erhöhten Ablenkbarkeit zu liegen, wie die extrem niedrigen Werten des Tests zur Überprüfung der Konzentrationsfähigkeit zeigen, dass er Situationen so zerlegt erlebt. Marcel scheint in Situationen die Orientierung auf einen semantischen Kontext zu fehlen. Die individuelle Bedeutungszuweisung wurde als wichtiger Faktor zur Fokussierung der Aufmerksamkeit beschrieben (Lurija 1992; Roth, 1994). Marcels Reizgebundenheit und kurztaktiges Sprachverständnis scheint in deutlichem Zusammenhang mit der mangelnden Fähigkeit zur Deutung von Situationen zu stehen.

Folgerungen aus den Beobachtungen

Die entscheidenden Erfolge der Arbeit mit diesem Kind sind darin zu sehen, dass er in elementaren Problemstellungen Einsichten zu entwickeln beginnt, symbolische Darstellungen von Gleichungen oder Termen mit Sinn erfüllt werden. Dies zeigt sich auch beim Begriff der Reihenfolge. Damit sind erste Ansätze zu beobachten, das isoliert auswendig gelernte Wissens mit eigenen Erfahrungen zu verbinden.

Wenn Marcel jedoch auf eine für ihn bedeutsame Weise weiter lernen soll, braucht er einen Unterricht, der seine individuellen Voraussetzungen berücksichtigt. Dafür ist das Wissen um seine Kenntnisse fundamental. Nach Marcels derzeitigen Leistungen zu urteilen, klafft die Lücke zwischen dem von ihm mit Bedeutung verbundenem Wissen und dem Wissen seiner leistungsschwachen Klassenkameraden so weit auseinander, dass er eigene

Unterrichtsangebote bräuchte. Dies scheint selbst in einer Kleingruppe nur sehr schwer möglich, weil Marcel so leicht ablenkbar ist, dass er durch die Arbeit der anderen Kinder sehr leicht irritierbar wäre. Es stellt sich die Frage, ob der Unterricht in einer integrativen Regelklasse, in der zwar für einige Stunden Lehrer parallel unterrichten können, die aber gleichzeitig mehrere Schüler hat, die besondere Aufmerksamkeit benötigen, einem Kind wie Marcel die nötige Unterstützung geben kann.

Schwierig für die Beurteilung waren die unterschiedlichen Aussagen über seine Leistungsfähigkeit. Selbst wenn Marcel in einem IQ-Test eine durchschnittliche Intelligenz bescheinigt wurde und seine Aufnahmefähigkeit unter der Verabreichung der Medikamente leidet, konnte er in der Zeit unserer Beobachtung auch an Tagen mit guter Leistungsfähigkeit nur Leistungen zeigen, die weit hinter denen eines Drittklässlers zurückliegen. Von diesem Status ausgehend sind Automatisierungsübungen zur Rechenfähigkeit noch nicht angebracht.

Gleichwohl hat Marcel einige mathematische Tätigkeiten gelernt. Dazu gehört das Zählen, das Wissen einiger Zahlensätze, ein begrenztes Wissen um mehr oder weniger von Mengen.

Er hat sich jedoch nicht nur isoliertes Wissen angeeignet, sondern damit eine Vorstellung vom Lernen entwickelt, die von Nachahmung oder Auswendiglernen geprägt war. Die Vorstellung, dies sei unter Lernen zu verstehen, erweist sich als hinderlich, seine Kenntnisse aus dieser Isolierung zu lösen. Darin zeigt sich ein entscheidender Unterschied zu den anderen beobachteten Kindern. Alle anderen Kinder haben nach Bedeutungszuweisungen gesucht und dabei situations- und kontextspezifische Aspekte mit einbezogen. Marcel scheint selten nach einer Bedeutung zu suchen, sondern fragt kleinschrittige Handlungsanweisungen ab.

Ein Unterricht, der es Marcel nicht ermöglicht, Bedeutungen zu erkennen, ist nicht nur vertane Zeit, sondern unterstützt eine passive, unselbständige Haltung gegenüber Lernmöglichkeiten. In den Beobachtungen konnte er erste Erfahrungen machen, diese Haltung aufzubrechen. Marcel hatte wie jedes andere Kind nicht immer Lust zu arbeiten. Trotzdem sagte er einmal in einem Nebensatz, dass es ihm immer interessant erscheine, was er mit uns machen könne. Er begann wiederholt, die Initiative zu ergreifen, eigene Aufgaben zu entwickeln oder Aufgaben von sich aus weiter zu entwickeln. Diese Haltung gilt es weiter zu unterstützen.

11 Mögliche Folgen einer beeinträchtigten Sprachrezeption

In dieser Arbeit wurde ein Schwerpunkt der Beobachtungen auf die Frage fokussiert, welche Auswirkungen eine den Beteiligten unbekannte Störung im Bereich der auditiven Wahrnehmungstätigkeit auf die Aneignung mathematischer Inhalte haben kann.

Alle beobachteten Kinder hatten Schwierigkeiten in der Rezeption von Sprache im Mathematikunterricht, was sich bei allen auf ihre Begriffsentwicklung sowie ihre Strategien in Problemlöseprozessen auswirkte. Einige Bezeichnungen, die einen eindeutigen Informationsgehalt[77] haben, wurden von ihnen als mehrdeutig empfunden. Erschwert wurde damit u. a. das Erkennen der Anordnung von Zahlen, der Erwerb des Stellenwertbegriffs sowie die Entwicklung eines Verständnisses von mathematischen Operationen.

Bereits die Schwierigkeit, die Klangbilder von 2 oder 3 zu unterscheiden, erschwert den Erwerb von Wissen, z.B.:

$$2 + 2 = ? \qquad\qquad 2 \cdot 2 = ?$$
$$2 + 3 = ? \qquad\qquad 2 \cdot 3 = ?$$
$$3 + 3 = ? \qquad\qquad 3 \cdot 3 = ?$$
$$2 < 3\ ?\quad 2 = 3\ ?\quad 2 > 3\ ?$$

Diese Unsicherheiten setzen sich bei der Erweiterung des Zahlbereichs fort: Was ist gemeint,

15 oder 50 ?

17 oder 70 ?

105 oder 150 oder 115 ?

Schwierigkeiten in der Sprachrezeption werden deshalb situative sowie langfristige Folgen haben:

* situativ im Abruf von Konzepten, in die Informationen eingebettet werden sollen,
* langfristig für die Entwicklung von Konzepten und deren Bezüge untereinander.

---

[77] Hier soll nicht auf die Frage eingegangen werden, ob das im Sinne konstruktivistischer Ansätze überhaupt möglich ist.

11.1 Situative Auswirkungen einer nicht erkannten, beeinträchtigten Sprachrezeption

Je nach Gestaltung der Situationen gewinnt die Sprachrezeption unterschiedliche Bedeutung. In Situationen mit hohem Anteil an zusätzlichen Informationen wie die Durchführung von vertrauten Tätigkeiten, die Bearbeitung von Aufgaben, die eher visuelle Informationsverarbeitung erfordern, ist der Anspruch an auditive Informationsverarbeitung geringer als in Situationen mit hohem sprachlichen Anteil, neu zu erarbeitender Information und geringem Anteil situativer Deutungsmöglichkeiten.

Dies bezieht sich auf organisatorische Fragen ebenso wie auf die Erarbeitung neuen Wissens, aber ebenso auf den Umgang mit Fragen, die die Unterrichtsorganisation, Arbeitsformen, sowie allgemeine Regeln betreffen.

In einzelnen Situationen konnte beobachtet werden, dass Anweisungen zur Durchführung von Arbeiten, zur Organisation der Arbeit, zur Steuerung des eigenen Verhaltens nicht verstanden wurden. Besonders schwer fiel es, Hinweise, die an die Gruppe gerichtet waren, aufzunehmen. Probleme im Verständnis von Anweisungen und Hinweisen schränken die Möglichkeit ein, Hilfen, die an die Klasse gegeben werden, anzunehmen. Ebenfalls wird die Möglichkeit eingeschränkt, zu gehorchen. Damit werden Fehldeutungen des Verhaltens provoziert.

Auswirkungen konnten ebenfalls für den kognitiven Bereich des Lernens beobachtet werden. Es scheint schwer, ähnlich klingende Zahlen zu unterscheiden. Da sich die Verbalisierung einer Zahl aus dem Nennen ihrer Ziffern sowie dem Nennen ihres Stellenwerts zusammensetzt, können in beiden Bereichen, isoliert oder gemeinsam, Verständnisschwierigkeiten auftreten. Besonders schwierig scheint es, Zahlen mit Null auditiv zu erfassen, eine Problematik, auf die McCloskey (1992) hingewiesen hat. Die Null wird als Ziffer zwar geschrieben, aber nicht immer genannt: zweihundertfünf und zweihundertfünfzig. Eine zu gering akzentuierte Aussprache der Endungen oder Umgebungslärm lässt die Unterschiede in den Klangbildern verwischen. Für eine geringere auditive Diskriminationsfähigkeit können so die Verbalisierungen von 205, 215, 350, 305, 150 oder 315 als gleiches Klangbild erscheinen.

Werden Zahlen nicht richtig verstanden, können verbal vorgegebene Aufgaben nicht richtig gelöst werden, Eigenschaften von Zahlen nicht richtig zugeordnet werden: 15 ist ein Vielfaches von 3, 50 ist kein Vielfaches von 3[78]. 15 ist eine ungerade Zahl, 50 ist eine gerade Zahl. Der Nachfolger von 15 ist 16, von 50 ist er 51, usw.

Situativ war ebenfalls der Abruf von Bezeichnungen erschwert: Wie heißt der Nachfolger von 199?, sowie der Abruf von Konzepten: Was ist ein Nachfolger? Und die dazugehörigen Prozeduren: Wie finde ich den Nachfolger?

Schwierigkeiten in der Entschlüsselung der Klangbilder belasten das Gedächtnis. Bei beeinträchtigter Sprachrezeption ist Sprachentschlüsselung stärker ein Mustererkennungsprozess, bei dem überprüft werden muss, welches Konzept gemeint sein könnte. Damit wird die selektive Aufmerksamkeit gebunden. Die Schnelligkeit in der Sprachverarbeitung ist reduziert. Bereits erworbenes Wissen kann nicht so schnell abgerufen werden, wenn zuvor Alternativen überprüft werden müssen. Dies wird Auswirkungen auf die Fülle der gleichzeitig von außen kommenden zu verarbeitenden Information haben, da das Arbeitsgedächtnis mit diesem Prozess bereits belastet ist, sowie auf das Verarbeitungstempo. Die Fähigkeit der Verarbeitung von komplexen Informationen kann deshalb reduziert scheinen. Dies kann jedoch eine Fehldeutung sein, wenn man bedenkt, dass die Informationsverarbeitung für das Kind durch den erhöhten Anteil am Vergleich von alternativen Konzepten sehr viel komplexer ist.

11.1.1 Langfristige Folgen einer nichterkannten, beeinträchtigten Sprachrezeption

Die Störung der situativen Sprachrezeption hat langfristige Auswirkungen auf die Entwicklung von Konzepten und deren Bezüge untereinander. Bereits im Bereich bis 10 führt die Verwechslung ähnlich klingender Wörter zu Schwierigkeiten, Eigenschaften einer ganz bestimmten Zahl zuzuordnen. Im Zahlbereich bis 100, wenn die Zahlen von 13 bis 19 mit den Zehnerzahlen von 30 bis 90 verwechselt werden können, ist die Entwicklung des Stellenwertbegriffs sowie die Verfügung über die Reihenfolge der Zahlen gefährdet. Was ist kleiner, 13 oder 30? Wie heißt der Nachfolger von 14, wie der von 40? 15 + 1= ? 50 + 1 = ? 15 + 10 = ? 50 + 10?

Mit der Entwicklung von Zahlvorstellungen gehört zur internen Repräsentation von Zahlen ebenfalls die Fähigkeit, Bezüge dieser Zahl, ihre Eigenschaften sowie Operationen mit dieser Zahl als semantisches Netz zu

---

[78] Hier kann sowohl die Unterscheidung von 15 und 50 wie von ein und kein schwer fallen.

speichern. Wenn in der Begriffsentwicklung nicht eindeutig Klangbilder unterschieden werden können, können Eigenschaften nicht eindeutig zugeordnet werden. Deshalb ist beim Aufbau mathematischen Wissens die Entwicklung interner Repräsentationen gefährdet, wenn die Informationsaufnahme nicht eindeutig ist.

Die negative Entwicklung setzt sich fort, weil
- bei der Erweiterung des Zahlbereichs die Vorkenntnisse nicht ausreichend sind,
- neue Zahlen hinzukommen, die verwechselt werden können,
- die Sprachrezeption nach wie vor häufiger als bei nicht gestörter auditiver Funktion mehrdeutige Wörter unterscheiden muss, der Abruf eines passenden Konzepts aber von den Vorkenntnissen abhängt.

„Welches Konzept auf der Basis von Sprachinputs generiert wird, richtet sich nach der gesamten Informationslage, in der sich das HS-System[79] während der Sprachrezeption befindet" (Herrmann 1995, S. 140).

Wie bei der Unterscheidung von erworbener sowie entwicklungsbegleitender Dyskalkulie stellt sich eine Schwäche in der Rezeption von Sprache bei der Entwicklung von Konzepten anders dar, als bei bereits gebildeten Konzepten. Wenn bereits Konzepte gebildet wurden, ist der Abruf dieser Konzepte bei unzureichender Kontextinformation gefährdet. Es kann zu Verwechslungen kommen. Diese können jedoch in der Kommunikation korrigiert werden. Müssen Konzepte erst gebildet werden, ist die Entwicklung von reichhaltigen, internen Repräsentationen mit vielfältigen Bezügen zu bereits erworbenem Wissen in Frage gestellt. Die Zuordnung von Eigenschaften und Beziehungen, über Sprache vermittelt, erfolgt dann nicht eindeutig zu dem entsprechenden Objekt. Die Entwicklung von Konzepten, das Erkennen von Gemeinsamkeiten, von Strukturen ist jedoch wesentlich für die Entwicklung des semantischen Netzes. Sie ist Voraussetzung für Transferbildungen, das Erkennen von Rechenvorteilen. Sabrinas Erkenntnis, dass sich Folgen von Einerziffern im Bereich bis 100 immer wiederholen, die Transferfähigkeit von Zahlensätzen aus dem Bereich bis 10 oder 20 auf andere Bereiche bis 100, ist eine wichtige Voraussetzung, sich vom Zählen zu lösen.

Die Entwicklung der beschriebenen Unklarheiten z. B. über den Stellenwertbegriff, über die Reihenfolge der Zahlen, über Bezeichnungen von Zahlen, verhindert die Zuordnung von Erfahrungen mit Anzahlen, mit Größen

---

[79] Hörer-Sprecher-System

auf enaktiver oder ionischer Ebene zu symbolischen Darstellungen. Beim Erwerb von Konzepten ermöglicht Sprache unabhängig von selbst durchgeführter konkreter Tätigkeit den weiteren Erwerb von Konzepten, deren Erweiterung, den Erwerb zusätzlicher Eigenschaften von Objekten und Operationen, den Erwerb abstrakten Wissens, den Zusammenhang symbolischer Darstellungen und individueller Erfahrung. Wird der Wissenserwerb durch Schwierigkeiten in der Sprachwahrnehmung belastet, scheint der Erwerb abstrakten Wissens, der nicht unmittelbar aus individueller Erfahrung erfolgt, damit ebenfalls belastet.

Unklarheiten im Umgang mit Zeichen auf der symbolischen Ebene verhindern das Erkennen von Gemeinsamkeiten. Bei den Kindern wurde beobachtet, dass Wissen isoliert angeeignet wurde, ohne ausreichende Bezüge zu vorhandenem Wissen zu erkennen. Durch die Isolierung von Wissen können widersprüchliche Konzepte länger bestehen bleiben: Z. B. Zählen vorwärts oder rückwärts mit unterschiedlicher Reihenfolge, die Zuordnung von unterschiedlichen Zahlennamen zu einer Anzahl. Die Isolierung von Wissen bewirkt ebenfalls, dass neue Erfahrungen, die fehlerhaftes Wissen korrigieren könnten, nicht zu einer Korrektur führten, weil die Beziehung nicht erkannt wurde, Eindeutigkeiten nicht erfahren wurden. Die Isolierung von Wissensteilen unterstützt die Möglichkeit, gleiche Bezeichnungen unterschiedlichen Konzepten zuzuordnen. Im Alltag, bei der Rezeption gleicher Wörter wie Bank als Geldinstitut oder als Möbelstück, entspricht die Isolierung der beiden Konzepte der Erfahrung. Im Mathematikunterricht hingegen verhindert die Gleichbezeichnung von Größen wie 1 m = 20 cm = 1 cm wie sie Sabrina[80] vornahm, das Erkennen ihrer Bezüge untereinander: 1 m = $5 \cdot 20$ cm = $100 \cdot 1$ cm.

Darin könnte eine der Ursachen dafür liegen, dass die Kinder eher geringe Rechenfertigkeiten entwickelten, nur langsam Fortschritte machten und Schwierigkeiten hatten, Strukturen und Beziehungen zu erkennen. Es stellt sich die Frage, ob für die Kinder unter diesen Bedingungen Klangbilder zu Symbolen werden können, mit denen in der Vorstellung vergleichbare Tätigkeiten wie in der Handlung durchgeführt werden können.

Sprache ermöglicht Klassifizierungen, das Kind muss diese Vorgänge jedoch mit Bedeutung versehen können. Es muss Merkmale, nach denen sor-

---

[80] Die Einzelsitzung wurde hier nicht dargestellt.

tiert wird, erkennen können. Damit wirkt sich eine beeinträchtigte Sprachrezeption langfristig auf die Bildung von abstrakten Begriffen aus.[81]

11.1.2 Auswirkungen auf die Entwicklung von Einstellungen zum Lernen von Mathematik und zum Mathematikunterricht

Wie bei der Verarbeitung mehrdeutiger Sprachzeichen bekannt, führte die
Erfahrung von Mehrdeutigkeiten zu einer Suche nach Bedeutungszuweisungen. Ein Erfolg im Unterricht hängt neben der Teilnahme am Unterrichtsgespräch wesentlich mit von konkret vorliegenden Aufgabenlösungen ab.
Häufig wird im Unterricht zu wenig der Prozess der Problembearbeitung
bewertet und mehr Gewicht auf die Frage gelegt, ob das Ergebnis richtig
oder falsch ist. Diese im Mathematikunterricht als typisch erfahrene Bewertung veranlasst Kinder oft, die gemeinsam geteilte Sinnzuweisung darin zu
suchen, etwas „richtig zu machen". Sie fragten, „wie muss ich es hier machen?", was bei Marcel in der Anpassung an die äußere Tätigkeit kumulier-
te, sinnvoll für ihn, aber nicht unter der Perspektive eines Verständnisses
der mathematischen Inhalte.

Mit der Betonung der Einübung prozeduralen Wissens ohne Anbindung
an mathematisches deklaratives Wissen, fehlt die Möglichkeit, diese Prozeduren unabhängig von situationsspezifischen Hinweisen zu nutzen und in
nicht vertrauten Situationen anzuwenden. Ohne das Bemühen um bezie-
hungsvolles Lernen bleiben die Inhalte isoliert. Sie bleiben nur bezogen auf
die Deutungsmuster der Situation, in der sie erworben wurden.

Es besteht die Gefahr, dass sich die Aufmerksamkeit der Kinder weniger
auf die Entschlüsselung von Sprache richtet, so dass selbst in Situationen, in
denen Klangbilder eindeutig aufgenommen werden könnten, auf diese als
Quelle der Informationsverarbeitung nicht zurückgegriffen wird.

Als weitere Folge kann die Entwicklung individueller Kompensationsmechanismen gedeutet werden, die vermutlich nicht bewusst sind und deshalb
von der Umgebung schlechter unterstützt und verstanden werden. Wenn

---

[81] „Es war nicht das erste Mal, dass sie sich in Wörtern gefangen fand, fremd und allein, nicht
taub und auch keine HÖRENDE. Und nur ungefähr und ohne, dass sie es ausdrücken konnte, spürte
sie, dass die WÖRTER, diese hohe Auszeichnung, nach der ihre Eltern immer strebten, zugleich
etwas Bestimmtes und Unbestimmtes waren, zugleich eine feste Form hatten und doch ganz offen
waren. Das gleiche Wort konnte eine wirkliche Sache in der WELT bedeuten oder auch eine Vorstellung, über die sich alle heimlich bei einer Zusammenkunft geeinigt hatten, zu der jeder, außer
ihren Eltern und ihr selbst, eingeladen war." (Green, 1991, S. 77)

Kinder Anweisungen nicht befolgen, führt das beim Lehrer zu Deutungen der Verhaltensweisen. Nichtverstehen von Hinweisen zur Arbeitsorganisation kann sich negativ auf die individuelle Arbeitsorganisation auswirken. Die Reaktionen der Umgebung auf Missverständnisse in diesem Bereich können als Kränkungen empfunden werden.

Die wiederholte Erfahrung, bei der Lösung von Aufgaben zu versagen und mit entwickelten Verhaltensweisen missverstanden zu werden, führt in der Regel zu negativen emotionalen Reaktionen. Die Folgen gestörter Kommunikationsprozesse und möglicherweise daraus resultierender Schwierigkeiten beschreibt Lempp wie folgt: "Schon der Umstand, dass ein Kind sich in seiner Aufnahmefähigkeit und in der Fähigkeit, die aufgenommenen Umweltreize zu verarbeiten, von seinen Mitmenschen unterscheidet, muss zu einer geringen Verschiebung der Erlebnisweisen und damit auch zu einer geringen Beeinträchtigung der Verständnismöglichkeit mit der Umwelt führen. ... Man kann sich den Vorgang an der Vorstellung verdeutlichen, wie die Verständigungsmöglichkeit mit einem Blinden oder Tauben wäre, bei dem die Umwelt nicht zur Kenntnis nähme, dass sie blind oder taub sind. ... In erheblich verdünntem Verdünnungsgrad ist die Situation aber bei den Teilleistungsgestörten, insbesondere den Kindern, die ausgeprägte Teilerfassungsschwächen im optischen und auditiven Bereich haben, ähnlich" (Lempp, 1976, S. 288f). Die sekundäre Neurotisierung, die Lempp als Folge dieser Störung beschreibt, ist bei Sabrina nicht zu beobachten. Sie deutet sich bei Maria und Ulrike an und kann jedoch noch aufgefangen werden. Aus Marcels Äußerungen könnte auf eine sekundäre Neurotisierung geschlossen werden.

Für die Kinder erweisen sich unterrichtliche Kommunikationsprozesse sowie allein der Aufenthalt in einer größeren Gruppe als besonders belastet. Daneben machen sie wiederholt die Erfahrung von Misserfolgen im Mathematikunterricht. Notwendig wäre eine Individualisierung der Angebote mit dem Versuch, Situationen zu gestalten, denen die Kinder einen Sinn bezogen auf den mathematischen Kontext entnehmen können. Damit würden Erfolgserlebnisse ermöglicht und einer passiven und rezeptiven Haltung sowie der Entwicklung sekundärer Neurotisierung vorgebeugt.

11.2 Grenzen von Fördermöglichkeiten im Rahmen des Unterrichts

Wie bereits geschildert, war es von den konkreten Anforderungen des jeweiligen Unterrichts abhängig, ob die Kinder in der Lage gewesen waren, mitzuarbeiten[82] oder nicht.

Als hinderlich für eine Mitarbeit der Kinder erwies sich ein Unterricht, der stark auf Schnelligkeit in der Sprachverarbeitung ausgerichtet war, eine Überbetonung der Anforderungen an die Sprachwahrnehmung enthielt. Hinderlich war ebenfalls eine große Unruhe in der Klasse sowie ein hoher Lärmpegel.

Von wesentlicher Bedeutung für die Mitarbeit scheint ein individualisierender Unterricht zu sein, der es den Kindern ermöglicht, ihre Kenntnisse miteinzubringen, wie es besonders bei Sabrina der Fall war. In dem vielfältig gestalteten Unterricht, der mehrere Modalitäten der Informationsverarbeitung miteinbezog, ergaben sich für Sabrina Möglichkeiten der aktiven Teilnahme, was sich positiv auf ihr Lernverhalten auswirkte. Trotzdem vermochte selbst in diesem Unterricht die Lehrerin nicht, die Ursachen sowie das Ausmaß der Schwierigkeiten des Kindes zu erfassen.

Marcels Lehrer gelang es unter den gegebenen Umständen nicht, für das Kind Lernangebote zu entwickeln, von denen es profitiert hätte.

In Marias und Ulrikes Fall behinderten die Arbeits- und Verhaltensweisen der beiden Mädchen auf sehr unterschiedliche Weise eine Teilnahme am Unterrichtsgeschehen. In beiden Fällen wirkte sich die Situation der Klasse insgesamt beeinträchtigend auf die Lernfähigkeit der Kinder aus. In Marias Beispiel erkannte die Lehrerin (im 3. Schuljahr), dass das Kind große Lücken in den Vorkenntnissen hatte. Ihr Unterricht bot dem Kind jedoch wenig Möglichkeiten, bereits erworbene Kenntnisse miteinzubringen. Die Lehrerin sah durch die Situation der Klasse und Marias Verhaltensweisen bedingt für Maria auch keine Ansatzpunkte, in den Unterricht miteinbezogen zu werden. Auch nach der Rückstufung in die zweite Klasse wurde trotz differenzierter Angebote die Aufarbeitung fehlender Vorkenntnisse nicht unterstützt. Die Verflechtung der verschiedenen Faktoren wurde bereits dargestellt. Im Unterschied dazu erkannte Ulrikes Lehrer zwar ihre Schwierigkeiten, vertraute jedoch ebenso auf die Fähigkeiten des Kindes. So fühlte sich

---

[82] Als Mitarbeit soll hier bereits die aufmerksame Teilnahme am Unterricht aufgefasst werden.

Ulrike angenommen. Es wurde ihr erleichtert, eine aktivere Haltung im Mathematikunterricht zu entwickeln.

In allen beobachteten Fällen war es für die Lehrerinnen und Lehrer im Rahmen des Unterrichts nicht möglich, ausreichend genau zu erkennen, welche Kenntnisse und Vorstellungen die Kinder entwickelt hatten, welche Hilfen sie in der Situation Unterricht brauchten. In den beobachteten Stunden wurden die Kinder in nichtfrontalen Phasen von der Lehrerin oder dem Lehrer und von mir, sowie im Fall Marcel auch von Frau B unterstützt. Die Situation hatte somit für die Dauer der Beobachtungen Ähnlichkeiten mit einer Doppelbesetzung. Die Beobachtungen zeigten deutlich, dass trotzdem Hilfen nicht effektiv genug gegeben werden konnten.

Die Arbeit mit dem Kind in einer Einzelsituation war notwendig, um individuelle Vorkenntnisse abklären zu können, Vermutungen über Leitsymptome genauer zu überprüfen sowie Ansatzpunkte für mögliche Kompensationsmechanismen mit dem Kind zu entwickeln.

Bei allen beobachteten Kindern war eine Erhebung ihrer mathematischen Kenntnisse sowie bei den drei Mädchen eine medizinisch-psychologische Diagnostik zu einem Zeitpunkt erfolgt, zu dem bereits große Lücken in den Vorkenntnissen der Kinder bezogen auf die Klassenstufe entstanden waren. Für diese Situation ist eine zeitweise Einzelförderung ebenfalls notwendig, um bei anderen Kindern schon vorhandene Vorkenntnisse nachträglich zu erwerben. In einer Einzelsituation ist es ebenfalls leichter, Ansatzpunkte für Kompensationsmechanismen zu entwickeln, den eigenen Umgang mit verbaler Information bewusst zu machen, sowie Fehlhaltungen gegenüber dem Mathematiklernen zu korrigieren. Es bleibt zu hoffen, dass damit ebenfalls das Selbstbewusstsein der Kinder gefördert wird.

Förderunterricht in Einzelsituationen oder Kleingruppen wird vorgehalten, Kinder auszugrenzen und eine Diskriminierung durch die Gruppe zu provozieren.

Ablehnung gegen die Arbeit in der Einzelsituation wurde zunächst von Maria und Marcel gezeigt. Bei Maria bezog sie sich auf den Wunsch, im Klassenverband zu verbleiben, weil parallele Unterrichtsangebote attraktiver schienen und sie Ausgrenzungen befürchtete. Teilweise wehrte sie sich auch dagegen, die Grenzen ihres Wissens zu erfahren. Diese Einstellung verlor sich jedoch rasch, als sie merkte, dass sie von den Einzelsitzungen profitieren konnte.

Marcels Ablehnung gegen die Einzelsitzungen bezog sich zunächst auf eine Ablehnung gegen Arbeiten mit mathematischem Inhalt. Auch er legte diese ablehnende Haltung rasch ab.

In den von mir unterrichteten und besonders beobachteten Klassen äußerten stets viele Kinder einer Klasse den Wunsch, sich an einer Einzelförderung zu beteiligen. Die Einzelarbeit wurde von den Kindern nicht als Diskriminierung, sondern als besondere Aufmerksamkeit empfunden.

Aus den genannten Gründen scheint es notwendig, bei den beschriebenen Rechenschwächen, vorliegende Schwierigkeiten von Kindern genauer zu erfassen und Unterrichts- und Einzelbeobachtungen zu verbinden. Einzelbeobachtungen sind für eine individuelle Diagnostik wichtig, Unterrichtsbeobachtungen für die Überprüfung von Lernhindernissen, die eine Integration in den alltäglichen Unterricht behindern. Für eine Förderung der Kinder hängt die Notwendigkeit, diese einzeln durchzuführen, vom Zeitpunkt der Feststellung des Bedarfs sowie vom Ausmaß der Beeinträchtigungen ab. Gerade bei Störungen der Sprachrezeption darf hierbei nicht der große Vorteil unterschätzt werden, den Einzelarbeit im Unterschied zur Arbeit im Klassenverband bietet, insbesondere weil dann keine zusätzlichen Anforderungen an Lautdiskrimination und auditives Gedächtnis bestehen.

11.3 Kompensationsmöglichkeiten

Die bisherigen Ausführungen bezogen sich immer darauf, dass genaue Kenntnisse über gestörte Teilfunktionen sowie über das Ausmaß der fehlenden oder fehlerhaften Vorkenntnisse den Lehrerinnen, Lehrern und Eltern nicht vorlagen. Mit dem genaueren und detaillierten Wissen um die Art der Beeinträchtigung ergeben sich Ansatzpunkte für Kompensationsmechanismen.

Die Problematik der unzureichenden Lautdiskrimination und Speicherung ist in der Sprachheil- und Schwerhörigenpädagogik bekannt. Im Umgang mit Schwerhörigen ist die Absicherung der Kommunikation über Zeichen, Schrift und andere Formen der visuellen Kommunikation selbstverständlich. Kinder mit Teilfunktionsstörungen, die sich in einer Störung der Sprachrezeption zeigen, sind nicht schwerhörig oder gehörlos. Insbesondere für den Lehrer entstehen größere Probleme, die Kommunikation geeignet zu steuern, wenn ihm die vorliegenden Schwierigkeiten nicht bekannt sind. Einem Kind mit einer Beeinträchtigung der Sprachwahrnehmung, dessen Probleme rechtzeitig erkannt werden, können vielfältige Angebote zur Entwicklung von Ausgleichsstrategien angeboten werden, die eine möglichst "verlustlose" Kommunikation mit dem Kind zum Ziel haben. Sie sind für die Entfaltung seiner Intelligenz unerlässlich[83], erleichtern es ihm, selbständig zu werden und in der Mathematik ein Werkzeug zur Lebensbewältigung zu erfahren.

Ein erster Schritt besteht in der Kenntnis der Problematik, durch die Fehldeutungen der individuellen Kompensationsstrategien vermieden werden. Die Kinder müssen nachfragen dürfen, bei einem anderen Kind oder der Lehrerin.

Für Kinder mit Störungen der Sprachrezeption scheint es hilfreich, eine ruhige Lernumgebung zu gestalten. Unterstützend für die Entwicklung abstrakter Kenntnisse scheint es, wenn die Situation ausreichende zusätzliche Informationsmöglichkeiten vermittelt, wie z. B. ein ausführliches Tafelbild. Für alle Kinder, insbesondere für rechenschwache, ist es wichtig, dass sie so lange auf enaktiver bzw. ikonischer Ebene arbeiten können, wie es für die Entwicklung angemessener Vorstellungen notwendig erscheint.

Bei Ulrike wurde deutlich, dass auch der individuelle aktive Sprachgebrauch Hinweise auf fehlendes Verständnis vermitteln kann. Der Lehrende sollte deshalb bei sich und dem Kind zumindest an den kritischen Stellen auf eine präzise Verwendung der Sprache achten.

Im Unterrichtsgespräch können Antworten der Kinder auf Fragen der Lehrerin oder des Lehrers wie „was verstehst du darunter?" Hinweise darauf geben, welches Konzept vom Kind abgerufen wurde. Der präzise Gebrauch mathematischer Fachwörter wie das Beispiel „Ulrike" in Bezug auf die Verwendung von „verkleinern" statt „kürzen" zeigte, kann ebenfalls dazu beitragen, Unklarheiten in der Begriffsbildung abzubauen.

Zur Entwicklung von Kompensationsmechanismen genügt es nicht, zusätzliche Modalitäten der Informationsaufnahme miteinzubeziehen. Unterschiedliche Modalitäten der Informationsverarbeitung allein ermöglichen nicht automatisch die intendierte Sinngebung. Dies wurde in den vergeblichen Versuche des Förderlehrers, Maria über Rhythmen und die Verwendung von Kieselsteinen das Einmaleins beizubringen, besonders deutlich.

Die Informationen müssen bedeutsam sein. Dies bezieht sich auf die verschiedensten Aspekte der Informationsverarbeitung. Wie die neuropsychologische Ansätze zeigen, werden Aufmerksamkeitsprozesse so gesteuert, dass die zu verarbeitende Information bewertet wird (Roth 1994; Damasio 1995). Enthält eine Information nicht den Aspekt individueller Bedeutsam-

---

[83] Sacks nimmt in seinem Buch "stumme stimmen" darauf Bezug, wie fundamental für die Erschließung der Welt und der Sprache eine möglichst frühe Kommunikation, sei es über eine Laut- oder über eine Gebärdensprache ist (Sacks, 1992).

keit, sei es, dass die Fokussierung der Aufmerksamkeit dies verhindert, sei es, dass die Inhalte zu fremd sind, sei es, dass der Bezug zu Gedächtnisinhalten nicht hergestellt werden kann oder wesentliche Unterschiede oder Gemeinsamkeiten in der Wahrnehmungstätigkeit nicht erkannt werden können, wird die Information nicht verarbeitet. Dies trifft auch auf mathematische Lernprozesse zu. Wenn bei der Erarbeitung mathematischer Inhalte von dem Kind keine Bedeutungen erkannt werden können, prägt sich das Kind vielleicht die Abfolge von einzelnen Handlungen einer Prozedur ein. Eine Vernetzung des mathematischen Inhalts mit erworbenem Wissen scheint jedoch fragwürdig.

Die Tauglichkeit von Kompensationsmechanismen muss deshalb daran gemessen werden, ob sie den Kindern eine individuelle Sinngebung ermöglicht, die konsensfähig mit der mathematischen Begrifflichkeit ist.

Die bisher eher im pädagogischen Bereich angesiedelten Vorschläge können ohne besondere mathematik-didaktische Kompetenzen nicht erfolgreich sein. Zum einen sind diese für den Lehrer und die Lehrerin eine Voraussetzung, um zu erkennen, über welche für die vorliegende Aufgabenstellung erforderlichen Kenntnisse das Kind verfügt und über welche nicht. Neben Hilfen zur Entwicklung von Kommunikationsmechanismen erweist sich die Analyse der Komplexität der Anforderungen von Problemlösesituationen als Chance, die Kinder an eine aktive Auseinandersetzung mit Problemen heranzuführen. Am Beispiel von Sabrina wurde deutlich, dass Schwierigkeiten in Teilbereichen der Problembearbeitung nicht zu einer generellen Unfähigkeit der Bearbeitung von Mathematikaufgaben führen müssen.

Die Lehrerin erkannte in der Analyse der Aufgabenstellungen Aspekte, die Sabrina lösen konnte und andere, die ihr schwer fielen. Für diese bot sie Unterstützung an und ermöglichte dadurch Sabrina eine aktive Mitarbeit im Unterricht. Voraussetzung dafür ist die Kenntnis elementarer Aspekte einer komplexen Aufgabenstellung, um bei einem Kind isolierbare Schwierigkeiten zu erkennen, die ebenso punktuell überbrückt werden. Eine fundierte Sachkenntnis ist damit eine wesentliche Voraussetzung, Kinder mit Störungen von Teilfunktionen gezielt zu unterstützen. Sie ist weiterhin notwendig, um die Tragfähigkeit individueller Lösungswege zu erkennen und festzustellen, wieweit diese als eigener Zugang zu einer bestimmten Lösungsprozedur gewertet werden können. Damit können dem Kind andere Wege aufgezeigt werden als die, an denen es bisher gescheitert ist. Damit kann die Lehrerin die Tragfähigkeit individueller Problemlösestrategien erkennen.

Marias Lehrerin[84] bemühte sich um differenzierte Angebote, erkannte dass es Maria schwer fiel diese anzunehmen, vermochte jedoch nicht zu erkennen, warum die von ihr vorgeschlagenen methodischen Herangehensweisen sich eher als hinderlich für Marias Begriffsbildung darstellten.

11.4 Rechenschwächen - das Problem des Kindes?

Durch die Beobachtungen wurde deutlich, dass die Leistungsfähigkeit der Kinder im Mathematikunterricht nicht von wenigen Variablen, die in der Person des Kindes liegen, bestimmt werden. Sabrina verfügt über viele Teilfunktionen, die für die Mitarbeit im Unterricht benötigt wurden. Die differenzierten Unterrichtsangebote ermöglichten es ihr, aufmerksam und mit Freude am Unterricht teilzunehmen, so dass sie in bestimmten Bereichen durchschnittliche Leistungen bezogen auf die Anforderungen des Unterrichts zeigen konnte.

Auch für Maria war es möglich, auf einige Angebote des Unterrichts geeignet zu reagieren. In der dritten Klasse konnte sie jedoch in der Regel keinen Zugang zu den Anteilen der Aufgaben finden, die sie zu leisten in der Lage war. Eine Ausnahme bildete die schriftliche Addition und Subtraktion. Nach der Rückstellung in die zweite Klasse fühlte sie sich dort zwar mehr angenommen und arbeitete mit, konnte jedoch aus den Angeboten des Unterrichts kaum Hilfen zur Entwicklung von Vorstellungen entnehmen.

Ulrike hatte bis zur 6. Klasse eine sehr stark passiv ausgerichtete Haltung entwickelt. Sie verstand vielfach verbal gegebene Informationen nicht, versuchte, ihre Schwierigkeiten über das Einprägen von Verfahrensweisen auszugleichen. Sie hatte zwar die Grundrechenarten unzureichend automatisiert, vermochte jedoch verschiedene Angebote des Unterrichts anzunehmen.

Marcels Leistungen liegen weit hinter denen einer dritten Klasse zurück. Er konnte die Angebote des Unterrichts nicht nutzen, um einen Zugang zu mathematischen Begriffen zu entwickeln.

In allen Fällen zeigten sich Auswirkungen der gestörten Sprachrezeption auf die Begriffsbildung der Kinder. Die beeinträchtigten Bereiche der Wahrnehmungstätigkeit können jedoch nicht als alleinige Ursache für die Leistung im Mathematikunterricht angesehen werden. In Marias und Ulri-

---

[84] Im zweiten Schuljahr.

kes Fall beeinträchtigte u. a. die eigene Haltung der Kinder ihre Fähigkeit, Angebote des Unterrichts wahrzunehmen. Diese, aus biographischen Aspekten resultierenden Einstellungen, wirkten sich auf die momentane Leistungsfähigkeit aus. Zudem beeinflussten in beiden Fällen die Verhaltensweisen der Mitschüler die Arbeitsfähigkeit der Mädchen. In Ulrikes und Sabrinas Fall erwies sich die Unterstützung der Eltern als positiv für die Entwicklung der Begriffsbildung. Maria fand in ihrer Familie keine Unterstützung. Sie geht inzwischen auf eine Sonderschule.

Die Leistungsfähigkeit in einer bestimmten Situation erweist sich von verschiedenen, aufeinander einwirkenden Faktoren bestimmt. Dazu gehören u. a. Folgende:

Aufgabenstellung
Aufgaben sind unterschiedlich in ihren Anforderungen an Vorkenntnisse, Problemlösefähigkeiten und die zu ihrer Bearbeitung benötigten Modalitäten. Sie fordern das Gedächtnis und das Vorstellungsvermögen auf unterschiedliche Weise. Je nach Repräsentationsform werden unterschiedliche Teilfunktionen für ihre Bearbeitung benötigt.

Methodisch-didaktische Vorgehensweisen
Methodisch-didaktische Vorgehensweisen wirken ebenfalls auf die individuellen Anforderungen an die Mitarbeit im Unterricht ein. So kann sich die Gestaltung des Unterrichts eher unterstützend oder behindernd auf ein Kind mit Schwierigkeiten auswirken. Welche Maßnahmen jedoch eher unterstützend wirken, ist von der Art der Störung der Teilfunktion abhängig.

Lehrerinnen und Lehrer
So spielt die Kompetenz der jeweiligen Lehrerinnen und Lehrer eine große Rolle, bezogen auf ihre Fähigkeiten,
– die Bedürfnisse des Kindes zu erkennen, die sich aus seinen gestörten Teilfunktionen ergeben,
– aus vorhandenen Diagnosen Ideen für methodische Herangehensweisen abzuleiten,
– aus den Ansätzen des Kindes entnehmen zu können, welche Teile von Aufgaben es bereits alleine lösen kann, für welche geringe Hilfestellungen notwendig sind, welche Teile noch erarbeitet werden müssen.

Eltern
Kinder mit Teilfunktionsstörungen machen ein Erziehungsverhalten notwendig, das auf die Schwächen des Kindes eingeht und sich teilweise von dem Umgang mit Kindern ohne Schwächen unterscheidet. Bei Marcel konnten zeitweise Unterbrechungen des gewohnten Alltags Anfälle auslösen, was die Eltern veranlasste, spontane Entscheidungen zu vermeiden und ihn durch immerwiederkehrende Routinen zu entlasten.

Da die Kinder häufig Misserfolge erleben, sind Hilfen der Eltern für viele betroffene Kinder von entscheidender Bedeutung für die Entwicklung von Selbstbewusstsein, Selbständigkeit und Leistungsfähigkeit. Nicht immer fällt es Eltern leicht, die Probleme ihres Kindes anzunehmen und mit entsprechender Geduld Hilfen zu geben.

Mitschülerinnen und Mitschüler
Die Klassenkameraden können durch ihr Verhalten wesentlich die Leistungsfähigkeit eines Kindes unterstützen. Sie können Nachfragen oder auch Abschreiben zulassen. Sie können durch eigene Unruhe störend wirken. Sie müssen akzeptieren, dass nicht alle Kinder einer Klasse gleich behandelt werden können.

Nicht jedes Kind kann es ertragen, wenn ein Mitschüler unruhig ist oder häufig nachfragt. Nicht jedes Kind kann es ertragen, wenn einem anderen Kind Aufmerksamkeit auf andere Weise zuteil wird.

Diagnostiker
Das rechtzeitige Erkennen einer vorliegenden Störung ist von großer Bedeutung für die Möglichkeit, Hilfen anzubieten. Beratung von Eltern und Lehrern ist von dieser Seite von besonderer Bedeutung, um unnötige therapeutische Angebote zu vermeiden und notwendige nicht hinauszuzögern.

Organisatorische Rahmenbedingungen der Schule
Organisatorische Rahmenbedingungen, wie z.B. die Doppelbesetzung in integrativen Maßnahmen, die Möglichkeiten einer Schule, Fördermaßnahmen zu erteilen, wirken sich auf die Möglichkeiten der Lehrerinnen und Lehrer aus, sich um einzelne Schüler zu kümmern.

Situative Faktoren

Situative Faktoren, wie z.B. Lärm oder Ablenkungen, die aus der unmittelbaren Nähe der Schule erwachsen, wirken sich auf die Fähigkeit der Kinder aus, ihre Aufmerksamkeit zu steuern.

Individuelle Voraussetzungen des Kindes

Die individuellen Voraussetzungen die Kindes wie die Stärke seine Teilfunktionen, seine Vorkenntnisse bezogen auf die Aufgabenstellung, seine Fähigkeiten zur Aufmerksamkeitssteuerung, seine Motivation zu arbeiten, seine Haltung im Lernprozess, seine Lernfähigkcit, scinc Fähigkeit Komplexität zu verarbeiten, wirken sich ebenfalls auf die Leistungsfähigkeit des Kindes aus.

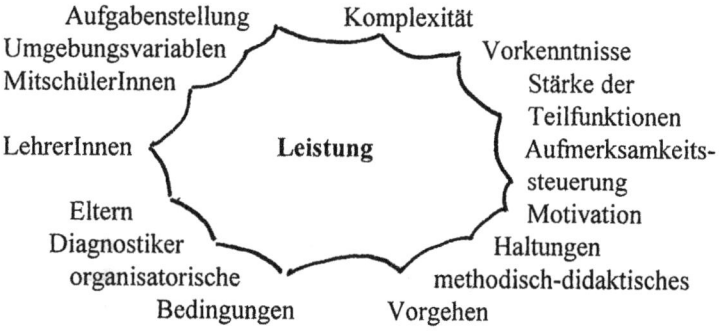

Das aus dem Sportunterricht bekannte Schwungtuch wird am Rand von vielen Händen gehalten. Ein Ball oder ein anderes Spielzeug können dabei getragen und in Bewegung gehalten werden.

Dieses Bild lässt sich auf die mathematische Leistungsfähigkeit übertragen. Wenn man sich die Faktoren, die in ihrer Gewichtung sicherlich nicht gleichwertig sind, am Rande eines Schwungtuchs angeordnet vorstellt, und den Ball durch die Leistung in einer bestimmten Situation ersetzt, so ist die Bewegung des Tuches und die Fähigkeit, den Ball zu tragen, mit von der Stärke und der Verteilung der beteiligten Faktoren abhängig. Wenn die individuellen Voraussetzungen des Kindes, seine Vorkenntnisse, seine Teilfunktionen, sein Interesse besonders ausgeprägt sind, ist die Leistungsfähigkeit in einer bestimmten Situation in wesentlich geringerem Maß von der Stärke der anderen Faktoren abhängig, als bei einem Kind mit Schwächen in einem bestimmten Bereich. Wenn ein Faktor ausfällt, können andere Faktoren unter größerer Anstrengung einen Ausgleich schaffen und das Tuch in Bewegung halten. Fallen zu viele Faktoren aus oder fallen sie auf einer Seite aus, ist die Leistungsfähigkeit insgesamt gefährdet, eine Kompensation in Frage gestellt.

Die Leistungsfähigkeit ist damit von situativen Faktoren abhängig. Die Vielzahl solcher Situationen jedoch bestimmt die längerfristig zu beobachtende Leistungsfähigkeit.

Ob ein Kind mit einer Beeinträchtigung in einer Teilfunktion eine Rechenschwäche entwickelt, hängt damit nicht allein von dem Kind und der Schwere der Beeinträchtigung ab. Sie hängt ebenfalls nicht allein von der Lehrerin oder dem Lehrer oder den Mitschülern sowie den Eltern ab. Wieweit eine vorliegende Problemstellung zu bewältigen ist, liegt mit an der Modalität der Informationsaufnahme und -verarbeitung. Ebenfalls spielen die Vorkenntnisse der Kinder eine Rolle. Die Leistungsfähigkeit in einer bestimmten Situation wird ebenfalls davon beeinflusst, ob die Lehrerin oder der Lehrer Hilfen zur Kompensation beeinträchtigter Fähigkeiten geben können. Sie hängt mit von den situativen Bedingungen ab, wie ablenkender Umgebungslärm, oder dem Verhalten der Mitschüler.

Als Sabrina die Spielführung bei Mister X übernahm, reichten ihre Vorkenntnisse in Teilbereichen nicht aus, sie wusste nicht sicher, wie eine Zahl geschrieben wird. Ihre Lehrerin gab ihr genau diese Information. Bedingt durch die Schwäche der auditiven Wahrnehmungstätigkeit konnte Sabrina eine Zahl nicht sicher verstehen, auch dabei wurde sie von ihrer Lehrerin unterstützt. Sie hatte ausreichende Vorkenntnisse, um das Prinzip des Spiels zu verstehen. Sie war motiviert, ihre Mitschüler ebenfalls. Sie verfügte über die prozeduralen Fähigkeiten, das Spiel durchzuführen. Die Aufgabenstellung überforderte sie nicht. In dieser Situation wurden ihre Schwäche aufgefangen, so dass sie eine erfolgreichen Leistung zeigen konnte.

Ob ein Kind mit einer Rechenschwäche diese überwinden kann, hängt nach diesem Modell ebenfalls nicht allein von dem Kind ab, sondern von der Möglichkeit Veränderungen zuzulassen. Beeinträchtigte Funktionsbereiche können gestärkt werden, individuelle Kompensationsmechanismen können Hilfen geben, beeinträchtigte Funktionssysteme auszugleichen, ungünstige Rahmenänderung können verändert werden. Ulrikes Leistungen werden zunehmend besser. Sie hat mehr Selbstbewusstsein entwickelt und geht anders an Problemstellungen heran.

Die Ausprägung einer Rechenschwäche ist demnach nicht als statisch zu betrachten, sondern Prozessorientiert.

So wie das Bild den Hinweis auf die Abhängigkeit individueller Leistungsfähigkeiten von verschiedenen, sich beeinflussenden Variablen enthält und damit auf Kompensationsmechanismen individueller Beeinträchtigungen verweist, enthält es ebenfalls den Hinweis auf die Begrenztheit der Möglichkeiten aller an diesem Prozess Beteiligten. Nicht jede ungünstige Lernvoraussetzung muss unabänderlich zu einer schwachen Rechenleistung führen. Aber nicht jede Bedingung des Unterrichtsalltags ermöglicht die Entwicklung von Kompensationsmechanismen für jedes Kind, das deren bedarf.

12   Literaturverzeichnis

Aebli, H. (1988). Begriffliches Denken. Wissenspsychologie. Mandl, H. / Spada, H. München, Psychologie-Verl.-Union

Anghileri, J. (1995). Language, Arithmetic, and the Negotiation of Meaning. In: For the Learning of Mathematics, 15, Nov.

von Aster, M. / Göbel, D. (1990). Kinder mit umschriebener Rechenschwäche in einer Inanspruchnahmepopulation. In: Zeitschrift für Kinder und Jugendpsychiatrie, 18, 23 - 28

von Aster, M. G. (1991). Gibt es ein Dyskalkuliesyndrom? Störungen beim Mathematiklernen. Lorenz, J. H. Köln, Aulis

Athen, H. / Griesel, H. H. (1978). Mathematik heute 6. Hannover, Schroedel.

Athen, H. / Griesel, H., Hrsg. (1976). Mathematik heute 10, Hannover

Ayres, J. (1984). Bausteine der kindlichen Entwicklung

Badian, N. A.: Dyscalculia and nonverbal disorders of learning. In: Myklebust, H. R. (Hrsg.): Progress in Learning disabilities (Vol. 5, S. 235 - 254) New York: Stratton

Baroody, A. J./Ginsburg, H. P. (1983). The Effect of Instruction on Children's Understanding of the "Equals" Sign. In: The Elementary School Journal, Vol. 84, No. 2

Bauer, L.: Christian (1991). Eine Fallstudie über Lernschwierigkeiten im mathematikunterricht der 1. Jahrganststufe. In: mathematik lehren, Heft 49

Bauer, H.H. (1988). Die mehrdimensionale Untersuchung hör- und sprachgestörter Kinder. In: Frühförderung interdisziplinär, 7.Jg.

Bauersfeld, H. (1978). Kommunikationsmuster im Mathematikunterricht - Eine Analyse am Beispiel der Handlungsverengung durch Antworterwartung. In: Bauersfeld, H. (Hrsg.): Fallstudien und Analysen zum Mathematikunterricht. Hannover

Bauersfeld, H. (1993 a). Drei Gründe, Geometrisches Denken in der Grundschule zu fördern. In: mathematica didactica 16, Bd. 1

Bauersfeld, H. (1993 b). Lehr-Lern-Prozesse bei Hochbegabten. In: Journal für Mathematikdidaktik (3/4)

Bauersfeld, H. (1993). Fundamental Theories for Elementary Mathemtatics Education. In: Innovation in Math Education by Modelling and Applications. Hrsg.: J. de Lange, Chr. Keitel, I. Huntley, M. Niss. Ellis Horwood, New York

Bauersfeld, H. (1985). Ergebnisse und Probleme von Mikroanalysen mathematischen Unterrichts. In: Empirische Untersuchungen zum Lernen und Lehren von Mathematik, Wien

Bauersfeld, H. (1995). Wahrnehmen - Vorstellen - Lernen. Bemerkungen zu den neurophysiologischen Grundlagen im Anschluss an G. Roth. In: Madelung/Fauser: Imagination

Baulig, V. (1994). Psychogene Aspekte von Rechenstörungen. In: Behindertenpädagogik, 33. Jg., Heft 3, S. 269 - 274

Behr, M. / Erlwanger, S. / Nichols, E. (1980). How children view the equal sign. In: Mathematics Teaching, Sept., No. 92

Berk, L. E. (1995). "Kindliche Selbstgespräche und mentale Entwicklung." Spektrum der Wissenschaft Januar

Betz, D. / Breuninger, H. (1982). Teufelskreis Lernstörungen.Analyse und Therapie einer schulischen Störung. München

Blocherer, S. (1995). Was machen wir nur mit Marcel? Eine Fallstudie zur Beobachtung eines rechenschwachen Kindes in einer integrativen Regelklasse. Hausarbeit zur ersten Staatsprüfung. Hamburg

Breitenbach, E. (1993/94) Erfahrungen mit der sensorischen Integration in der schulischen Praxis. In: Beratungszentrum Integration (Hrsg.): Nehmt die Kinder (wahr), wie sie sind. Teilleistungsstörungen. Berichte und Arbeitsmaterialien über Workshoptagungen und Referate im Beratungszentrum Integratio BZI, Hamburg

Brügelmann (1991). Modelle des Schriftspracherwerbs und seiner Störung. In: J. H. Lorenz (Hrsg.): Störungen beim Mathematiklernen, Aulis, Köln

Brüggebors, G. (1992). Einführung in die Holistische Sensorische Integration (HSI), Teil 1: Sensorische Integration (SI) und holistische Evaluation, Dortmund (borgmann publishing)

Brüggebors, G. (1994). Einführung in die Holistische Sensorische Integration (HSI), Teil 2: Von der HSI zur Holistischen Sensorischen Balance (HSB), Dortmund, (borgmann publishing)

Büchner, I./ Balhorn, H. (1991). Wie lernen Kinder lesen? 4. Folge. In: Grundschulunterricht 41 (1994) 6Brügelmann: Modelle des Schriftspracherwerbs und seiner Störung. In: Jens H. Lorenz (Hrsg.): Störungen beim Mathematiklernen, Aulis, Köln

Damasio / Damasio, H. (1992). "Sprache und Gehirn." Spektrum der Wissenschaften 11

Damasio, A. R. (1995). Descartes' Irrtum. Fühlen, Denken und das menschliche Gehirn. München

Davis, R. B. / Mc Knight, C. C. (1979). Modelling the Process of Mathematical Thinking. In: The Journal of Children's Mathematical Behavior, Vol. 2, No. 2, 3

Davis, R. B. / Jockhusch, E./Mc Knight, C. C. (Spring 1978). Cognitive Processes in Learning Algebra. In: The Journal of Children's Mathemtical Behavior, Vol. 2, No. 2

Deal, L.V. / Haas, W. H. (1996). Hearing and the Development of Language and Speech. In: Folia Phoniatr Logop no. 48

Dehaene, S. (1992). Varities of numerical abilities. In: Cognition, 44, S. 1 - 42

Dörner, K. / Plog, U. (1984). Irren ist menschlich oder Lehrbuch der Psychiatrie/Psychotherapie. Rehburg-Loccum, Psychiatrie-Verlag GmbH

Döser, U.: Rechenschwäche. Verflixter Dreisatz. In: Hamburger Abendblatt, 2. 5.1992

Donaldson, M. (1991). Wie Kinder denken. Intelligenz und Schulversagen. München, Piper

Ebeling, A. (1989). "Teufelskreis Lernstörungen" - auch in Mathematik? In: Die Grundschulzeitschrift 24

Einsiedler, W. (1996). Wissensstrukturierung im Unterricht. Neuere Forschung zur Wissensrepräsentation und ihre Anwendung in der Didaktik. In: Zeitschrift für Pädagogik, 42. Jg., Nr. 2. S. 167 - 192

Ellrott, D. (1993). Werden Linkshänder im mathematischen Anfangsunterricht benachteiligt? In: Grundschulunterricht 40, 6

Englbrecht, A. / Weigert, H. (1991). Lernbehinderungen verhindern. Frankfurt a.M., Diesterweg

Esser, G./Wurm-Dinse, U., u.a. (1994). Fehlhörigkeit, Sprachwahrnehmungsstörungen und LRS-Zusammenhänge? In: Bundesverband Legsthenie e. V. (Hrsg.): Legasthenie: Bericht über den Fachkongress 1993, Hannover

Esty, W. W. (1992). Language Concepts of Mathematics. In: Focus on Learning Problems in Mathematics, Vol. 14, Number 4

Esty, W. W. / Teppo, A. R. (1994). A General-Education Course Emphasing Mathematical Language and Reasoning. In: Focus on Learning Problems in Mathematics, Vol 26, No. 1

Fingerhut, R. / Manske, Ch. (1984). Ich war behindert an Hand der Lehrer und Ärzte. Protokoll einer Heilung. Reinbek

Flick, W. (1980). Mathematik in unserer Welt, Schöningh

Füssenich, I. / Heidtmann, H. (1984). "Bedeutung und Anwendung der Gesprächsanalyse innerhalb von Sprach- und Kommunikationsdiagnostik." Sonderpädagogik 14. Jg. Heft 2

Füssenich, I. (1994). Semantik. In: Baumgartner, S. / Füssenich, I. (Hrsg.): Sprachtherapie mit Kindern. München

Gallin, P. / Ruf, U. (1990). Sprache und Mathematik in der Schule. Zürich

Gallin, P. / Ruf, U. (1993). Sprache und Mathematik in der Schule. Ein Bericht aus der Praxis. In Journal für Mathematikdidaktik, Heft 1

Gallistel, C. R. / Gelman, R. (1992). Preverbal and verbal counting and computation. In: Cognition 44

Garlichs, A. / Hagstedt, H. (1991). Mathematik als erste Fremdsprache? In: Mathematik lehren und lernen. Festschrift für Heinz Griesel. Hannover

Geary, D. C. / Bow-Thomas, C. C. / Yao, Y. (1992). Counting Knowledge and Skill in cognitive Addition: A Comparison of Normal and Mathematicallx Disabled Children. In: Journal of Experimental Child Psychology 54, 372-391

Geary, D. C. (1993). "Mathematical Disabilities: Cognitive, Neuropsychological, and Genetic Components." Psychological Bulltin 114: 345-362

Gelman, R./Gallistel, C. R. (1992). The child's understandign of number. Cambridge, MA: Harvard University Press. Nach Gallistel, C. R./Gelman, R.

Gerster, H.-D. (1989/1995). Die Null als Fehlerquelle bei schriftlichen Rechenverfahren. In: Grundschule Glindemann, R./Cramon, D. Y. : Kommunikationsstörungen bei Patienten mit Frontalhirnläsionen. In: Sprache . Stimme . Gehör 19,1995

Goddard, S. (1996). A Teacher's Window Into the Child's Mind. Oregon, Fern Ridge Press

Gottschalk, J. / Bernhart, P. / Bock, H. / Heilmann, S. / Rauscher, A. (1992). Erstrechnen Teil 1. Handreichung für Sonderpädagogische Diagnose- und Förderklassen. Hrsg.: Staatsinstitut für Schulpädagogik und Bildungsforschung München, Würzburg

Graichen, J. (Februar/März 1975). Kann man legasthenische und dyskalkulatorische Schulschwierigkeiten voraussagen? In: Praxis der Kinderpsychologie und Kinderpsychiatrie, 24. Jg.

Graichen, J.: Neuropsychologie der Gedächtnisfunktionen bei Spracherwerbsstörungen (Manuskript)

Graichen, J. (1988). Gedächtnisprozesse bei Legasthenien und Rechenstörungen. In: Dummer-Smoch, L. (Hrsg.): Bericht über den Fachkongress 1988. Bundesverband Legasthenie e.V., Hannover

Graichen, J. (1989). Neuropsychologische Perspektiven. In: Grohnfeldt, M. (Hrsg.): Grundlagen der Sprachtherapie. Handbuch der Sprachtherapie Bd. 1, Berlin

Graichen, J. (1991/1995). Neuropsychologische Aspekte bei Lese-Rechtschreibschwächen. In: Niemeyer, W. (Hrsg.): Kommunikation und Lese-Rechtschreibschwäche: Sprachaneignung, Lesen, Schreiben, Rechtschreiben; Beiträge der internationalen Bremer Arbeitstagung des Wissenschaftlichen Instituts für Schulpraxis, Bremen, Bremen 1991. Bochum, 1995

Graichen (1995). Vortrag auf einer Tagung des Bundesverbands der Lerntherapeuten. 16./17. 2. 95

Green, Hanna (1981). Mit diesem Zeichen. Reinbek

Grauberg, E. (1998). Elementary Mathematikcs and Languagc Difficultics. London, Whurr Publishers Ltd.

Griesel, H. / Sprockhoff, W. (1987). Welt der Mathematik, 2. Schuljahr, Schroedel, Hannover

Griesel, H. / Postel, H. (Hrsg.) (1985). Mathematik heute, Gymnasium, 5. Schuljahr, Schroedel, Hannover

Grimm, H. (1988). Sprachliche und kognitive Probleme dysphasischer Kinder. In: Frühförderung intcrdisziplinär, 7. Jg.

Grissemann, H. (1992). Kinder mit Rechenschwierigkeiten - Schulpsychologie in der Sackgasse? Zürich, Institut für Sonderpädagogik der Universität Zürich.

Grissemann, H. (1991). Hyperaktive Kinder. Bern (Huber)

Grissemann, H. (1995). "Lesen - Denken - Schreiben" als Möglichkeit zur intensivierten Individualisierung in der Betreuung leserechtschreibschwacher Kinder. In: Zeitschrift für Heilpädagogik, 7

Grissemann, H. (1995). "Lesen - Denken - Schreiben" als Möglichkeit zur intensivierten Individualisierung in der Betreuung leserechtschreibschwacher Kinder. In: Zeitschrift für Heilpädagogik, 7

Grissemann, H. / Weber, A. (1982). Spezielle Rechenstörungen, Ursachen und Therapie:psychologische und kinderpsychiatrische Grundlagen der pädagogisch-therapeutischen Interventionen bei Kindern mit Dyskalkulie. Liebefeld/Bern, Hans Huber.

Grissemann, H. / Weber, A. (1993). Grundlagen und Praxis der Dyskalkulietherapie. Diagnostik und Interventionen bei speziellen Rechenstörungen als Modell sonderpädagogisch-kinderpsychiatrischer Kooperation. Bern

Günther, K.-B. (1995). Konzeption einer ganzheitlich-kommunikationsorientierten Frühförderung von Kindern mit schwerer Hörschädigung. In: Sprache . Stimme . Gehör 19

Hackethal, R. (1995). Kinder mit Sprachbehinderungen und Wahrnehmungsstörungen den Zugang zur Rechtschreibung über Schwierigkeitsstufen ermöglichen. In: Die Sprachheilarbeit 40, Heft 3

Hefendehl-Hebeker, L. (1982). Die Zahl Null im Bewusstsein von Schülern. In: Journal für Mathematikdidaktik, Heft 1

Heipcke, K. (1983). Die Wirklichkeit der Inhalte. In: Projekt: Konstitution von Inhalten und eigenständiges Lernen, Gesamthochschule Kassel, Fachbereich Erziehungswissenschaften/Humanwissenschaften

Herrmann, T. (1995). Allgemeine Sprachpsychologie. Weinheim.

Hobbs, A. (21. 9. 1994). Turn off, talk up. In: The Guardian,

Horowitz, F. D. In: Sua u. Robertson (Hrsg.) (1991). Infant Development Research. Springer

Käpnick, F. (1989). Untersuchungen zur Bedeutung elementaren sprachlich-logischen Könnens für die Allgemeinbildung des Unterstufenkindes und Möglichkeiten der systematischen Entwicklung dieses Könnens im Mathematikunterricht der Klassen 1 bis 3. Unveröff. Dissertation an der Akademie der Pädagogischen Wissenschaften der DDR, Berlin

Käpnick, F.: Untersuchungen zu Grundschulkindern mit einer potentiellen mathematischen Begabung (Manuskript)

Käpnick, F. (1996). Subjektive Zahlauffassungen von Grundschülern. In: Beiträge zum Mathematikunterricht, Vorträge auf der 30. Bundestagung für Didaktik der Mathematik. - Hildesheim

Kahl, R. (1992)Das Schwinden der Sinne. Film NDR

Kandel, E. (1996). Gehirn. Neurowissenschaften: eine Einführung. Kandel, E. Heidelberg, Spektrum

Kidd, D. H. / Lamb, C. E. (1993). Mathematics Vocabulary and the Hearing-Impaired Student: An Anecdotal Study. In: Focus on Learning Problems in Mathematics, Vol. 15, No. 4

Klauer, K. J. (1992). "In Mathematik mehr leistungsschwache Mädchen, im Lesen und Rechtschreiben mehr leistungsschwache Jungen?" Zeitschrift für Entwicklungspsychologie und Pädagogische Psychologie XXIV: 48-65

Klauer, K. J. (1994). Diagnose- und Förderblätter 4. Rechenfertigkeiten 4. Schuljahr, Berlin

Klix, F. (1980). Erwachendes Denken. Eine Entwicklungsgeschichte der menschlichen Intelligenz. Berlin, VEB

Krummheuer, G. (1992). Lernen mit Format. Elemente einer interaktionistischen Lerntheorie. diskutiert an Beispielen des mathematischen Unterrichts. Weinheim

Krutetskii, V. A. (1962). An Experimental Analysis of Pupils Mathematical Abilities. In: J. Kilpatrick/I. Wirszup (Hrsg.) Soviet Studies in the Psychology of Learning and Teaching Mathematics. Stanford Un./Un. of Chicago

Kutzer, R. (1981). Mathematik entdecken und verstehen, 2. Klasse, Frankfurt/M.

Lempp, R. (1976). Organische Psychosyndrome. In: Harbauer/Lempp/Nissen/Strunk: Lehrbuch der speziellen Kinder- und Jugendpsychiatrie, Berlin

Lempp, R. (1979). Teilleistungsstörungen im Kindesalter. Bern

Lempp, R. (1981). Eine Pathologie der psychischen Entwicklung. Bern

Lempp, R. (1988). Teilleistungsstörungen. In: Tölle, R.: Psychiatrie. Kinder- und jugendpsychiatrische Bearbeitung von Reinhart Lempp. Springer Verlag Berlin

Lempp, R. (1994). Organische Psychosyndrome. In: C. Eggers/R. Lempp/ G. Nissen/ P. Strunk: Kinder- und Jugendpsychiatrie, Berlin

Lewis, M. M. (1970). Sprache, Denken und Persönlichkeit im Kindesalter. Düsseldorf

Lörcher, G. A. (1990). Lernhindernisse im Mathematikunterricht der Grundschule. In: Lorenz, J. H. (Hrsg.): Lernschwierigkeiten: Forschung und Praxis, Köln

Lörcher, G. A. (1981). Ausländische Kinder im Mathematikunterricht - Lernschwierigkeiten und Fördermaßnahmen. In: Sandfuchs, U. (Hrsg.): Lehren und Lernen mit Ausländerkindern: Grundlagen, Erfahrungen, Praxisanregungen. Bad Heilbrunn/Obb.

Lorenz, J. H. (1987). Lernschwierigkeiten und Einzelfallhilfe. Verlag für Psychologie, Hogrefe, Göttingen

Lorenz, J. H. (1990). Teilleistungsschwächen. In: Lorenz, J. H. (Hrsg.): Lernschwierigkeiten: Forschung und Praxis, Köln

Lorenz, J. H. (1991a). Warum manche Kinder so schwer rechnen lernen. Dyskalkulie bei Grundschülern. In: Forschung an der Universität Bielefeld Nr. 3

Lorenz, J. H. (1991 b). Rechenschwache Grundschüler, Teil 1. In: Journal für Mathematikdidaktik, Jahrgang 12, Heft 1

Lorenz, J. H. (1992). Anschauung und Veranschaulichungsmittel im Mathematikunterricht. Göttingen

Lorenz, J. H. (1994). Früherkennung und Förderung bei Rechenschwächen mit und ohne Beziehung zur Legasthenie. In: Bundesverband Legasthenie e. V. (Hrsg.): Legasthenie: Bericht über den Fachkongress 1993, Hannover

Lorenz, J. H. / Radatz, H. (1993). Handbuch des Förderns im Mathematikunterricht. Hannover

Lurija, A. J. / Judowitsch, F. (1970). Die Funktion der Sprache in der geistigen Entwicklung des Kindes. Düsseldorf, Schwann.

Lurija, A. R. (1992). Das Gehirn in Aktion. Einführung in die Neuropsychologie. Reinbek.

Maier, H. (1975). Zum Problem der Sprache im Mathematikunterricht. In: Beiträge zum Mathematikunterricht 1975. Hannover, Schroedel

Maier, H. (1990). Didaktik des Zahlbegriffs. Schroedel, Hannover

Maier, H. (1991). Analyse von Schülerverstehen im Unterrichtsgeschehen. In: Maier/Voigt (Hrsg.: Interpretative Unterrichtsforschung, IDM Band 17, Köln

Maier, H. (1996). "Zur Sprache im Mathematikunterricht." unveröffentlichtes Vortragsmanuskript. Tagung Reinhardswaldschule.

Manthey, R. / Quak, U. / Schuldt, W.: (1992).Mathemax. Mathematik für Kinder im 1. Schuljahr, Ausgabe N. Berlin, Cornelsen

Marslen-Wilsow, W. D. / Welsh, A. (1978). "Processing interactions and lexical access during word recognition in continuos speech." Cognitive Psychology 10: 29-63

McCloskey, M. (1992). Cognitive mechanisms in numerical processing: Evidence from acquired dyscalculia. In: Cognition, 44

Meyer, S. (1993). Was sagst du zur Rechenschwäche, Sokrates? Luzern

Naggl, M. (1994). " 'Teilleistungsstörungen' - die Entwicklung eines Konzepts." Frühförderung interdisziplinär 13

Nickel, H. (1972). Entwicklungspsychologie des Kindes- und Jugendalters, Band I, Bern

Nolte, M. (1991). Strukturmomente des Unterrichts und ihre Bedeutung für das Lernen untersucht an Beispielen des Algebraunterrichts in einer lernschwachen Lerngruppe. Bad Salzdetfurth 1991. Bad Salzdetfurth

Nolte, M. / Kießwetter, K. (1996). "Können und sollen mathematisch besonders befähigte Schüler schon in der Grundschule identifiziert und gefördert werden? Ein Bericht über einschlägige Überlegungen und erste Erfahrungen." ZDM Zentralblatt für Didaktik der Mathematik 5: 143-157

Nolte, M. (1997). Isolierung der Schwierigkeiten - Ein überholtes mathematikdidaktisches Prinzip? Isolierung der Schwierigkeiten - In: G. Schäfer (Hrsg.): Das Elementare im Komplexen. Neue Wege zu einer fächerübergreifenden Allgemeinbildung um die Jahrtausendwende, Frankfurt a.M.

Padberg, F. (1992). Didaktik der Arithmetik, Mannheim

Piaget, J. / Inhelder, B. (1986). Die Psychologie des Kindes. Stuttgart, dtv/Klett-Cotta.

Pimm, D. (1995). Speaking mathematically. London: Routledge & Kegan Paul, 1987 (nach Anghileri, Julia

Pitt, M. A. / Samuel, A. G. (1995). "Lexical and Sublexical Feedback in Auditory Word Recognition." Cognitive Psychology 29

Pollak, I. / Picket, J. M. (1964). "Intelligibility of excerpts from fluent speech: Auditory versus Structural context." Journal of Verbal Learning and Verbal Behavoíor 3

Radatz, H. (1976). Individuum und Mathematikunterricht. Hannover

Radatz, H. (1986). Anschauung und Sehverstehen im Mathematikunterricht der Grundschule. In: Beiträge zum Mathematikunterricht, Vorträge auf der 20. Bundestagung für Didaktik der Mathematik. - Bad Salzdetfurth

Radatz, H. (1989a). "Lernschwierigkeiten und Fördermöglichkeiten im Mathematikunterricht." Die Grundschulzeitschrift 24.

Radatz, H. (1989b). Schülervorstellungen von elementaren Rechenoperationen. In: Beiträge zum Mathematikunterricht. In: Beiträge zum Mathematikunterricht, Vorträge auf der 23. Bundestagung für Didaktik der Mathematik. - Bad Salzdetfurth

Radatz, H. (1990). Was können sich Schüler unter Rechenoperationen vorstellen? In: MUP (Mathematische Unterrichtspraxis), 1. Quartal

Radatz, H. (1993) . Rechenschwäche - früh erkennen!? In: Grundschulunterricht 40, 6

Radatz, H. (1995). Leistungsstarke Grundschüler im Mathematikunterricht fördern. In: Vortragsmanuskript zum Vortrag auf der 29. Bundestagung für Didaktik der Mathematik

Radatz, H. / Schipper, W. (1983). Handbuch für den Mathematikunterricht an Grundschulen. Hannover, Schroedel

Radatz, H., Schipper, W., et al. (1981). Zum Mathematikunterricht an Grundschulen - Ergebnisse einer Lehrerbefragung. Bericht aus dem Fachbereich Erziehungswissenschaften - Didaktik der Mathematik. Göttingen, Universität Göttingen

v. Randow, G.: (7. 2.1992).Unverstandene Zahlenwelt. In: Die Zeit

Remschmidt, H. (1990). In: Reinhardt, D. / Harnack, G.-A. v. (Hrsg.). Therapie der Krankheiten des Kindesalters. Berlin, Springer

Roth, G. (1994). Das Gehirn und seine Wirklichkeit. Frankfurt a.M.

Ruth, J. (1997) : Aufmerksamkeitsdefizitstörung - eine Ursache für eine Rechenschwäche? Ulrike - ein Fallbeispiel. Unveröffentlichte Hausarbeit zur 1. Staatsprüfung im Fach Grundschulpädagogik, Hamburg

Sacks, O. (1992). Stumme stimmen, Reinbek

Schipper, W. (1982). Stoffauswahl und Stoffanordnung im mathematischen Anfangsunterricht. In: Journal für Mathematikdidaktik, Heft 3

Schmassmann, M. (1990). Dyskalkulie-Prävention im schulischen und ausserschulischen Alltag. In: Brunsting, M. / Keller, H.-J. / Steppacher, J. (Hrsg.): Teilleistungsschwächen. Prävention und Therapie. Luzern

Schmidt, R. / Rieger, H. / Schmittdiel, W. / Tietze, G. (Hrsg.) (1984). Mathematik. Denken und Rechnen 4, Braunschweig

Schmidt, R. / Rieger, H. / Schmittdiel, W. / Tietze, G. / Vespermann (Hrsg.) (1983). Mathematik. Denken und Rechnen 3, Braunschweig

Schöninger, J. (1989). Die Arithmasthenie (Rechenschwäche) - ein unbekanntes Problem. Auch wenn sie vielen bekannt ist. In: ZDM (Zentralblatt f. Didaktik d. Mathematik), 3

Schuck, K. D. (1994/95). "Gibt es eine pädagogische Diagnostik von Teilleistungsstörungen? Ein Plädoyer für die Berücksichtigung der Perspektive des Subjekts im Prozess von Diagnose und Förderung." BZI

Schweiger, F. (1995). Mathematik ist eine Sprache. In: Jahrbuch der Universität Salzburg 1991 - 1993, Verlag Roman Kovar

Schweiger, F. (1996). Die Sprache der Mathematik aus linguistischer Sicht. Vortragsmanuskript der Tagung für Didaktik der Mathematik, Regensburg

Shevarev, P. A. (1975). An Experiment in the Psychological Analysis of Algebraic Errors. In: Soviet Studies in the Psychology of Learning and Teaching Mathematics, vol. 12, Stanford, cal.

Smolka, D. (1996). Zuviel Fernsehen macht Kinder "sprachlos". In: Psychologie heute, Februar

Der Spiegel (34 / 1992). Besondere Note

Der Spiegel (49 / 1996). Fettes Blut

Stockmann, S. (1993). Rechenschwäche. Hilflos im Zahlendschungel. In: natur, 10

v. Suchodoletz, W. (1994). Teilleistungstörungen - pathogenetische Bedeutung, Diagnostik und Therapie. In: Frühförderung interdisziplinär, 13. Jahrgang

Twain, Mark (1974). Der kluge Anstreicher. In: Kritisches Lesen 1, Diesterweg, Frankfurt

Vallar , G./Papagno, C. (1993). Preserved Vocabulary Aquisition in Down`s Syndrome: The Role of Phonological Short-Term Memory. In: Cortex, 29, 467 - 483

Van de Walle, J./Thompson, C. S. (1981). Let's Do it. A Poster-Board Balance Helps Write Equations. In: Arithmetic Teacher, May

Voigt, J. (1993). Unterschiedliche Deutungen bildlicher Darstellungen zwischen Lehrerin und Schülern. In: Lorenz, J. H. (Hrsg.): Mathematik und Anschauung, Köln

Voigt, J. (1994). Negotiations of Mathematical Meaning and Learning Mathematics. In: Educational Studies in Mathematics 26: 275-298

Voigt, J. (1996). Empirische Untersuchungen in der Mathematikdidaktik. In: Kadunz, G. (Hrsg.): Trends und Perspektiven: Beiträge zum 7. Symposium zur "Didaktik der Mathematik" in Klagenfurt vom 26. - 30. 9. 1994, Wien

Wagner, H.-J. (1994). Die Bedeutung der Null innerhalb der Addition im Zahlenraum 0 bis 20 als Problem der Vermittlung. Dissertation, Heidelberg

Weinert, S. (1992). "Deficits in Aquiring Language Structure: the Importance of Using Prosodic Cues." Applied Cognitive Psychology 6

Weinert, S. (1993). Spracherwerb: Wie Kinder lernen, worüber Erwachsene kaum Auskunft geben können. Bedeutungen erfinden - im Kopf, mit Schrift und miteinander. Brügelmann, H. B. H. Konstanz

Wember, F. B. (1991). Frühdiagnostik bei Rechenschwäche. Störungen beim Mathematiklernen. Lorenz, J. H. Köln, Aulis.

Whorf, B. L. (1963). Sprache Denken Wirklichkeit. Beiträge zur Metalinguistik und Sprachphilosophie. Reinbek

Winter, H. (1982). Das Gleichheitszeichen im Mathematikunterricht der Primarstufe. In: mathematica didactica, 5, 185

Wittmann, E. Ch. / Müller, G. N. (1991). Mein Tausenderbuch aus dem Programm "mathe 2000", Düsseldorf

Wittmann, E. Ch. / Müller, G. N. (1990). Handbuch produktiver Rechenübungen, Band 1: Vom Einspluseins zum Einmaleins. Stuttgart

Wygotski, L. (1986). Denken und Sprechen. Frankfurt a.Main, Fischer Wissenschaft

Wygotski, L. (1987). Ausgewählte Schriften. Köln, Pahl-Rugenstein Verlag.

Die Zeit (10. 5. 91). Rechenschwäche

Zielinski, W. (1995). Lernschwierigkeiten. Stuttgart

Zitzelsberger, W. / Bernhart, P./ Bock, H./ Rauscher, A./ Schmidt, M. (1991). Erstrechnen, Teil 2. Handreichung für Sonderpädagogische Diagnose- und Förderklassen. (Hrsg.): Staatsinstitut für Schulpädagogik und Bildungsforschung München, Würzburg